本书为国家社科基金重大项目"当代中国转型社会学理论范式创新研究"(批准号 17ZDA112)阶段性成果

技术治理的运行机制研究

——关于中国城市治理信息化的制度分析

黄晓春 著

上海大学出版社
·上海·

图书在版编目(CIP)数据

技术治理的运行机制研究:关于中国城市治理信息化的制度分析/黄晓春著. —上海:上海大学出版社,2018.3
 ISBN 978-7-5671-3092-0

Ⅰ.①技… Ⅱ.①黄… Ⅲ.①城市管理—信息化—研究—中国 Ⅳ.①F299.23

中国版本图书馆 CIP 数据核字(2018)第 050475 号

责任编辑 邹西礼 封面设计 柯国富

技术治理的运行机制研究
——关于中国城市治理信息化的制度分析

黄晓春 著

上海大学出版社出版发行
(上海市上大路 99 号 邮政编码 200444)
(http://www.press.shu.edu.cn 发行热线 021-66135112)
出版人 戴骏豪

*

南京展望文化发展有限公司排版
上海市印刷四厂 各地新华书店经销
开本 890mm×1240mm 1/32 印张 8.75 字数 207 千
2018 年 3 月第 1 版 2018 年 3 月第 1 次印刷
ISBN 978-7-5671-3092-0/F·175 定价 38.00 元

目 录

引言　理解信息革命——驱动治理转型的结构性力量 / 1

第一编：技术治理的运行机理
——一个制度主义的分析框架

第一章　城市社会治理转型与技术治理兴起 / 21
　　第一节　新时期城市社会治理转型面临的主要挑战 / 22
　　第二节　城市社会技术治理的主要领域及深层挑战 / 30
　　第三节　回归一种总体性理论视角 / 40

第二章　技术治理的实现方式与运行机制 / 43
　　第一节　信息技术如何影响组织运作——理论溯源 / 46
　　第二节　聚焦互动机制：新分析思路的发展 / 58
　　第三节　本书的分析框架 / 69
　　第四节　理解技术治理的复杂后果 / 72

第三章　技术治理中的国家与社会关系 / 76
　　第一节　治理转型与当代中国国家与社会关系变迁 / 77
　　第二节　当前中国国家与社会关系的制度环境 / 86

第三节 技术治理中的国家与社会互动机制 / 100

第二编：技术治理的实践方式研究
——以基层政府的一门式电子政务中心为案例

第四章 作为新技术相对面的既有治理结构 / 111
第一节 聚焦城市基层社区公共服务的组织安排 / 111
第二节 制度安排的两面性：在开放与封闭间徘徊 / 124
小结与讨论：在科层与网络之间——既有结构的
长程运动 / 138

第五章 技术方案定型：治理结构型塑技术选择 / 140
第一节 一门式服务中心的初期架构及对新技术之
期望 / 141
第二节 三种待选技术方案 / 148
第三节 制度是如何思维的？ / 159
小结与讨论：从制度偏好看技术选择 / 162

第六章 技术扎根：现有结构的"虚拟"再造 / 165
第一节 现有结构的虚拟再造 / 165
第二节 制度匹配与新技术的"自我强化" / 181
小结与讨论：新技术扎根的深层基础 / 188

第七章 刚性的呈现：技术作为结构的一面 / 190
第一节 新技术的刚性"外显"与组织运行 / 190
第二节 理解技术治理的效率基础 / 200

第三编：技术治理与共建、共治、共享的社会治理格局
——当前国家与社会关系的一种缩影

第八章 公共管理多元参与的网格化治理实践：以 B 镇为例 / 206
  第一节 B 镇的网格化治理实践与改革尝试 / 207
  第二节 社会领域资源配置机制的模式与网格化实践的张力 / 216
  第三节 小结与启示 / 219

第九章 转型中的网络问政问效：以 N 市 Z 区为案例 / 221
  第一节 网络问政问效的缘起与基本经验 / 223
  第二节 网络问政问效平台运行遭遇的深层挑战 / 232
  第三节 改革的选择与困境 / 238

第十章 "社区通"的实践与制度内涵：以 S 市 B 区为例 / 241
  第一节 "社区通"技术治理实践的方式与成效 / 241
  第二节 "社区通"技术平台的制度内涵与启示 / 248

结语 技术治理及其超越 / 250
  第一节 作为一种治理机制的技术治理：源起与表现形式 / 251
  第二节 新视域下的治理转型及其深层问题 / 256
  第三节 超越技术治理的基本思考 / 262

主要参考文献 / 265

引言
理解信息革命——驱动治理转型的结构性力量

当代中国社会治理模式在过去 40 年间经历了巨大的转型与变迁：在治理机制上逐步从总体支配向技术治理转变,[①]在国家与社会关系上呈现了多样化态势,[②]在政府运行机制上更侧重于"行政发包"[③]与"项目治国"[④]。面对这种巨变,人们开始从多个维度回顾过去 40 年的改革历程：是什么推动了中国社会的治理转型？这种转型又带来了哪些深刻的结构性变化？学界的分析主要聚焦于制度变革释放的发展空间（比如单位制的解体带来的变化）、经济转型的社会后果、社会的发育以及随之带来的国家与社会关系新格局等领域。相比之下,中国社会快速进入信息时代所产生的深远影响则或多或少地被忽略了——这并不是说,目前研究缺少对社会治理领域信息化及其社会后果的勾勒,而是说多数研究仍限于现象层面的描述以及"应然"层次的设想,缺少对信息技术嵌入当代中国社会治理转型的机制与过程进行理论剖析与"深描"。

[①] 渠敬东,周飞舟,应星.从总体支配到技术治理——基于中国 30 年改革经验的社会学分析[J].中国社会科学,2009(6).
[②] 黄晓春,周黎安.政府治理机制转型与社会组织发展[J].中国社会科学,2017(11).
[③] 周黎安.行政发包制[J].社会,2014(6).
[④] 渠敬东.项目制：一种新的国家治理体制[J].中国社会科学,2012(5).

1995年1月,邮电部电信总局分别在北京、上海开通64K专线,开始向社会提供Internet接入服务,这意味着中国开始步入信息时代——尽管当时的网民数量有限。截至2017年6月,中国网民规模达7.51亿,占全球网民总数的1/5;互联网普及率为54.3%,超过全球平均水平4.6个百分点。① 在互联网快速发展的同时,新一代信息通信技术(ICT)也被广泛应用于中国政府治理、商业运营等多个领域,并成为中国经济社会发展的重要支持力量。毫不夸张地说,在过去20多年时间里,中国经历了一次快速的信息革命。然而,至今为止人们仍很少从整体上来认识和理解这次革命对中国社会变迁和治理转型所产生的深远意义。已有的研究虽然已经注意到信息技术对沟通交往方式的影响、对生活方式变革的推动、对社会动员的影响,但大多数研究更倾向于把这次信息革命视为社会变革的宏大背景,而缺乏对两者间复杂的相互嵌入机制和因果机理的分析。

本书主要聚焦当前社会治理领域引入新一代信息技术、以技术手段和技术思维推动治理创新的复杂过程与机制。引言部分将在分析当前中国信息革命特质的基础上聚焦三个核心问题:信息通信技术对中国社会联结机制的影响、对当代中国社会力量与机制成长的推动以及它对中国政府转型的深刻意蕴。这些初步的讨论将启发我们进一步思考以新技术推动当代中国社会治理转型所面临的机遇、挑战与深层问题。

一

信息通信技术(ICT)是一种通用技术(GPT),能带来经济与

---

① 中国互联网络信息中心.第40次中国互联网络发展状况统计报告[R/OL].(2017 - 08 - 03)[2018 - 03 - 07]. http://www.cnnic.cn/hlwfzyj/hlwxzbg/hlwtjbg/201708/t20170803_69444.htm.

社会运行的根本性重构。不同于增量式的技术进步(技术变革幅度较小并可以预期),通用技术意味着根本性的变革,它所带来的是技术发展里程碑式的跳跃。① 信息技术不同于制造技术或生产技术——尽管当代大多数制度理论和组织研究在提及"技术"的时候,指的是后者。相比而言,信息技术灵活开放得多,它更加容易被拆分,而且允许无数的设计和使用。"工业技术是肌力,而信息技术是大脑和神经系统。工业技术取代的是胳膊、手和肌肉,而信息技术替换的是传播、思考和计算"。② 信息技术革命至少和18世纪的工业革命一样,是个重大历史事件,导致了经济、社会与文化等物质基础的不连续模式。罗森伯格(Rosenberg)曾对此做了精辟描绘:"新信息技术不仅是个单纯的应用工具,而是有待发展的过程,使用者与操作者变成同一群人。因此,使用者能够控制技术,就像在互联网上一样。因而创造与操纵符号的社会过程,和生产与分配财富及服务的能力之间,便有了紧密的联系,这是历史上第一次,人类的心智成为一种直接的生产力,而不仅是生产体系中的决定性元素。"③如果更为深入地探求这一代信息通信技术的特质,可以发现以下四个方面的结构性特征:

特征之一是信息技术对距离、效率和存储的影响。现代信息技术可以很方便地帮助社会成员或组织克服地理距离上的鸿沟,当信息被数字化和共享之后,地理距离对于信息流动而言变得不大重要了,这使得人们在远距离范围内进行远程合作、协同解决问

---

① 世界银行.中国的信息革命:推动经济和社会转型[M].北京:经济科学出版社,2007.
② 简·芳汀.构建虚拟政府:信息技术与制度创新[M].北京:中国人民大学出版社,2004.
③ Rosenberg. Inside the Black Box: Technology and Economics[M]. Cambridge: Cambridge University Press,1982.

题以及发展高凝聚力的组织能力变得可能。① 信息技术同时也提供了现代组织更为高效处理事务的现实路径：电讯传播网络和因特网，使官僚机构能将某些任务实行集中管理，也可以将其他一些任务实行分权管理，从而以更高的效率和更灵活的方式来处理事务。从最近几年的实践来看，信息技术的运用还可以帮助公众更为快捷高效地与地方政府沟通。信息技术以共享数据库的方式提供了组织存储（包括收藏、组织和提取）的便捷路径，共享数据库可以保持信息总是处于易提取和易处理的状态。

特征之二是信息技术自身暗含着一种网络化逻辑，它有可能使运用该技术的系统在运作中呈现出网络特征。网络的形态似乎能够良好适应日趋复杂的互动。② 借助信息技术，人们现在可以在各种类型的组织（市场组织或政府组织之间）运作过程中，建立更加扁平化、更加多线性的沟通机制——这些都使信息流通和组织沟通的成本大为下降。再者，随着信息技术的广泛运用，各种电信、互联网络日益扩张，这使各种类型组织都产生了加入网络的欲望，因为在此过程中，身居网络的好处成倍增长——罗伯特·梅特卡夫（Robert Metcalfe）在 1973 年提出一个简单的数学公式，这个公式显示网络的价值会随着网络里节点数目的乘方而增加，这个公式是 $V = n^{(n-1)}$，其中 n 代表网络中的节点数目。③

特征之三是信息技术有可能使不同群体、组织聚合为一个高度整合的系统。在日益兴盛的信息技术革命浪潮中，不仅许多特定的技术逐步聚合为高度整合的系统（比如：微电子技术、光电子技术

---

① Huber, George P.. The Nature and Design of Post-Industrial Organizations[J]. Management Science 1984,30(8): 928 – 951.
② Kelley, Maryellen R.. New Process Technology, Job Design, and Work Organization: A Contingency Model[J]. American Sociological Review,1990,55(2): 191 – 208.
③ 同上。

甚至纳米技术),而且许多旨在提升组织整合度的新管理思路获得了可靠的支持。以美国为例,1993年美国政府在时任副总统戈尔的倡导下,建立了"国家绩效评估委员会"(National Performance Review Committee,简称NPR),该委员会提出了《创造一个花费更少、运转更好的政府》,其核心思路是打造一个高度协同、效率更优的政府体系;①而紧随其后的公共行政改革的重要依托则是信息技术的运用——NPR提出要"运用信息技术再造政府",通过技术手段整合政府服务,使各级政府之间、政府与公民之间的沟通更为高效和快捷。②

特征之四是信息技术在被运用于特定组织或社群时,提供了一种解决各种核心问题的空前弹性。信息技术的这一特质很少获得研究者的关注,但其对于社会变迁恰恰最富革命意蕴。信息技术提供了一种在新的层面重组结构的能力,这在以不断变化和组织流动为特征的社会里是一种决定性的特征。③它有可能翻转规则却不破坏组织,因为组织的物质基础可以重新设定与调整。④这实际上意味着,革新的推动者可能运用信息技术在不改变既有组织及其根本运行架构的基础上,悄然地改变其具体运作规则——这种"静悄悄"的革命却有可能取得整体上体制革命所取得的相近效力。现代信息技术的这一特质,在一定程度上使得"体制"与"机制"层次的改革变得"边界不清",亦使得"增量改革"与"存量改革"之间界限模糊。这意味着,改革者可以在尽可能

---

① 大多数介绍美国公共行政改革的著作都会强调这个时期改革的特点是:把市场化理念引进政府。其实这一时期的改革还暗含着通过整合、优化政府体系,打造效率政府的取向。
② 参见冯惠玲主编.政府信息资源管理[M].北京:中国人民大学出版社,2006.
③ 曼纽尔·卡斯特.网络社会的崛起[M].夏铸九,王志弘,译.北京:社会科学文献出版社,2003.
④ 阿尔弗雷德·D.钱德勒,詹姆斯·W.科塔达.信息改变了美国:驱动国家转型的力量[M].上海:上海远东出版社,2007.

控制对既有治理架构的深层调整从而控制变革风险的同时,通过运用新技术得到相近的治理成效。本书后继讨论将进一步指出,信息技术的这一特征为当前日益兴盛的技术治理思维提供了重要支撑。

具有上述结构性特质的信息技术大约在20世纪90年代末开始在中国得到快速应用,一个具有说服力的证据是:中国拥有世界上最大的电信市场,信息产业已经成为中国经济发展的主要动力,十几年来以2—3倍于GDP的速度增长。如果说中国进入工业社会的时间比西方至少晚了一个世纪的话,那么中国当前正遭遇的信息革命与西方发达国家之间的距离则近得多。由于中国政府在20世纪80年代末就开始高度重视信息技术在国家发展战略中的作用,并投入了大量的资源,因此中国当前的信息革命与西方相比,最大的差异并非在技术水平上,而是在应用的方式以及和既有经济社会结构的结合机制上。

二

以新一代信息技术为依托的互联网和手机网络扩大了人们的交往空间并使传统交往形式得到拓展。许多人曾感叹:随着网络的发展,似乎就在一夜之间,互联网已经以一股汹涌的气势将世界连接在一起。然而若认真检视信息技术对中国社会变迁的影响,主要的变化可能还不是其引发的生活方式巨变,而是其对社会成员之间相互依赖关系以及社会联结机制的深远影响,这种影响又隐蔽地扩散到社会利益分配和社会整合等重要领域,进而以独特的方式影响着21世纪以来的中国社会变迁进程,也对当前社会治理创新提出了前所未有的挑战。

以某种方式说,社会的延续建立在人们的相互交往之上,而社会成员之间相互联结的纽带有两种基本形式:"强纽带"(strong tie)与"弱纽带"(weak tie)。一般认为,强纽带在影响社会凝聚力方面扮演重要角色,弱纽带倾向于形成桥梁,将个体连接到另外的社会圈子,①它在以低成本供应信息和开启机会上相当有用。值得注意的是:经典的社会学研究在讨论"社会何以可能"以及"社会整合"这些宏大理论问题时,大多都是在"强纽带"意义上展开分析的。② 弱纽带引起理论家注意的更多是它在个体层面投资性、工具性的运用。既有研究之所以很少在社会维系的层面关注弱纽带,很大程度上是因为:在大规模、快速扩张、低成本、双向沟通的通信技术诞生之前,人们之间的弱纽带往往呈现为"点对点"的形态,而非一种发散性、多维互动的稳定网状,就运作而言它们常常处于不同的"时空情境"中,彼此之间缺乏共时性关联——这种被时空所分割的以"点对点"方式存续的弱纽带很难在更大范围内承担起公共意见讨论、认同塑造以及社会动员的功能。③

而互联网和新一代信息技术(如微信、QQ、微博等)的发展不仅可以在规模上快速拓展现代人的弱纽带,④而且还重构了它的存续特征:(1)互联网内涵的先进技术逻辑,可以用前所未有的方式使这些弱纽带以相对稳定的状态相互纠织于一系列"电子社区"中;(2)由于互联网是"各种时态的混合而创造出的永恒空间"⑤,

---

① Granovetter, Mark. The Strength of Weak Ties[J]. American Journal of Sociology,1973, 78(6):1360-1380.
② 比如:涂尔干关于机械团结和有机团结的分析,很大程度上讨论了在不同社会发展阶段人们之间强纽带的基础(建立在血缘上还是劳动分工上?),以及这些纽带形成的机制。
③ 相比之下,同一时期的强纽带则可以很容易地实现这些社会目标。
④ 这一点正如曼纽尔·卡斯特所分析的那样:互联网等新技术特别适于发展多重的"弱纽带",在他看来,互联网的优点是容许和陌生人形成"弱纽带",因为平等的互动模式使得社会特征在限制甚至阻碍沟通上没有什么影响。
⑤ 曼纽尔·卡斯特.网络社会的崛起[M].夏铸九,王志弘,译.北京:社会科学文献出版社,2003.

因此不同时空中弱纽带所联结的问题可能在网络空间中得到共时性的呈现,并由此引发关注、讨论甚至集体行动。这样,弱纽带借助互联网和先进通信技术就有可能在社会变迁中成为社会联结机制的重要构成部分。

就中国的情况而言,互联网的发展至少在两个维度上扩展了弱纽带在社会转型与变迁中的作用,进而对社会联结机制产生了重要的影响:

第一,依托互联网,人们之间的弱纽带在规模上得到了快速的发展,借助网络社区、微信朋友圈和各种"讨论小组"等方式,这些弱纽带又以多维交互网络的方式"扎根"虚拟空间,它们在促进不同社会群体之间的交往和意见表达中发挥了重要作用。比如:近年来流行的许多网上交友俱乐部促进了不同群体成员之间的交流;一些著名的讨论性论坛(比如天涯社区)为跨阶层的成员形成共同的归属感、产生相近的意义支持提供了渠道;一些知名网络社区还常常结合重大社会问题组织(跨阶层)成员公开讨论等。在中国当前社会结构快速分化的转型背景下,这些交流和意见表达对防止阶层之间相对"隔离"以及促进社会的整合有一定的意义。

第二,借助互联网和新一代通信技术,身处不同阶层、有着不同价值取向和社会态度的人们可能以低成本的方式快速结成松散的利益群体,并形成网络时代独特的多元利益抗衡机制。在互联网普及以前,当人们需要以集体的方式表达自身利益时,往往需要借助(或建立)一定的现实组织(比如:代议性组织或利益集团)。由于这些组织的运作、维持本身需要一定成本,因此利益表达的有效性往往和利益相关者的凝聚力、集体行动能力以及成本分担机制有关,[1]这在很大程度上限制了人们以组织化方式表达自身利

---

[1] 在奥尔森看来,成本分担机制问题甚至是有效的集体行动能否成为可能的基础。

益的选择。当互联网和新型通信技术可以快速联结有着相近利益诉求的群体时,一种松散而低成本的组织化利益表达机制逐渐成型,它可以更为灵活方便地搭建集体利益表达的"虚拟平台"并将虚拟空间中的组织和现实活动嫁接起来。比如:近年来在我国许多城市的大型社区中都出现了围绕小区维权的"网上动员",这种利益表达方式与业委会的现实组织方式结合在一起,更为灵敏地反映了诉求。

这里要指出的是,通过互联网而形成的当代利益群体,是现代社会结构中一种相对松散、更为灵活的社会成员临时组合,这种组合以及维持方式很难单纯地从宏观社会结构因素中被推论①,因而具有较强的不确定性和随机安排性,对这类利益群体的有效协调与管理也是一个全新的课题。

上述两个分析维度展现了新一代信息技术在社会联结和社会利益分配中的影响。这些影响在给转型时期中国社会之变迁带来许多新可能的同时,也对传统的社会整合机制和治理模式提出了越来越多的挑战。今天,我们也许很难在价值判断的层面对这些影响做出简单的评述,因为这些影响往往会与既有的社会结构间建立复杂的关联,并有可能被"灵活"地再建构。对于研究者而言,要对这些深刻的变化有更清晰的洞见,就需要超越对互联网社会影响简单的、线性的以及形式层面的分析。

三

长期以来,当代中国社会力量与机制的发育以及它与国家之间的关系,被视为过去10多年来中国社会生活变迁的重要面向。

---

① 这与阶级、阶层以及利益集团不同,它们都是宏观社会结构的某种产物。

学术界的分析曾先后涉及两个维度：最初"社会"常常被理解为一种"实体"，它是"不受国家支配的民间团体"，并且这些团体最终实现的是"社会自我协调"甚至"有效影响国家政策"的目标。[1] 在这种视野的影响下，研究者更注意 NGO 的发展以及社区建设中的草根力量在公民社会建设中的作用。新近的研究开始在社会运动和集体行动的层面来理解社会的形成路径，[2]因此开始关注现代社会运动在社会力量塑造中的作用。

随着新一代信息技术在中国的日益普及，它提供了人们表达自身意见、采取集体行动、影响公共政策的第三种重要路径。互联网以先进的即时通信技术、独特便捷的节奏催生和创造了一个没有强权和中心的、全新的、平等的信息空间，引起传播从单向到交互的质变。在一个人人都可能进入的网络自由流动区，网络技术的实时互动与异步传输并举的功能打破了信息垄断，瓦解了统一舆论，从根本上打破了原有公共领域的组织界限和特征，使传统的公众意见模式、观念模式、舆论模式发生了重大的结构性变化。

当互联网把一个个松散的个体组织在一起、围绕公共问题展开讨论时，此时一个"数字化"的虚拟社会正在逐步成型。与借助实体化组织或社会运动而呈现的公民社会相比，"数字化虚拟公民社会"虽然显得"看不见、摸不着"，但一样可以发挥重要的社会功能：在政治上，它有利于对公共权力和政府行为进行约束与监督，避免政府失灵与市场失灵；在社会功能上，为公民提供互助的组织方式和参与社会生活的渠道；在经济上，有利于促进市场主体的完

---

[1] 参见加拿大政治思想家泰勒对"civil society"的界定，见：邓正来.国家与市民社会［M］.北京：社会科学文献出版社，2005.
[2] 沈原在《社会的生产》（载《社会》杂志 2007 年第 2 期）中指出，现代公民社会的形成有两种基本形式，"阵地战"与"运动战"，其中运动战就是依赖社会运动而实现。

善,有利于经济组织的利益表达和利益维护,是经济现代化驱动的综合动力之一;在文化上,有利于新型社会生活风格和公民精神的形成,对各种新的需求和机会做出迅速反应。

进入2000年以来,中国社会发生的许多例子进一步显现了这个"数字社会"对现代国家的影响。比如,标志性事件之一是:2003年发生的孙志刚案在网络上引起了巨大反响,网友纷纷对相关涉案人的残忍表达愤慨,许多网友还将批评的矛头直接指向已经走样的收容遣送制度。在网络所表达的强大民意推动下,有关涉案人员很快得到法律制裁,而网上关于收容遣送制度的大讨论最终促成了《城市流浪乞讨人员收容遣送办法》的废止。

面对互联网和新技术发展产生的深层社会影响,领导层也迅速做出敏锐反应。党的十八大以来,习近平总书记提出互联网是"人类生活新空间""国家发展新疆域""国家治理新领域"的重要论述。习近平指出,以互联网为代表的信息技术"极大提高了人类认识世界、改造世界的能力","创造了人类生活新空间"。网络空间是人类共同的活动空间。习近平还进一步指出,互联网这块"新疆域"同样要维护国家主权、安全及发展利益。互联网"拓展了国家治理新领域"。这些论述表明,党和国家已经意识到互联网不仅是一种新技术,其对社会生活和人类关系的新空间具有重要战略影响。

四

当新一代信息技术在中国得到大规模快速应用时,中国政府同样也展现出了打造数字政府的高度积极性。一个典型的例子是,中国政府把2002年命名为"电子政务年"。其实,大约在比这更早的两年前,中共十五届五中全会审议并通过了《中共中央关于制定国民经济和社会发展第十个五年计划的建议》,《建议》明确指出,"大力推进国民经济和社会信息化,是覆盖现代化建设全局的战略举措"。十六大报告中则明确将电子政务放在了促进政府职能转变的框架下。新近的《行政许可法》和修订的《税收征管法》《海关法》等法律法规也纳入了有关电子政务的相关条款。党的十八大以来,国家更重视在治理转型领域充分运用新技术以实现更有效的治理。十九大更是指出"提高社会治理社会化、法治化、智能化、专业化水平",其中"智能化"改革方向即指涉了新一代信息技术在社会治理领域的高效运用。

然而,与丰富的实践经验相比,许多研究对新技术提升治理效能的理解还更多停留在"辅助性技术"的层面,人们更倾向于把信息技术对中国政府改革的影响看作是局部的、有限的以及单纯技术性的。这些理解也许并未深刻理解中国政府信息化所涉及的战略问题,以及新技术提供的改革前景。

从某种意义上来说,中国政府是以科层制和某种网络相结合的方式组织起来的(科层制特征体现在权力和资源的分级配置上,网络特征表现为条与条之间、条与块之间相对封闭而又保持协同的结构形态);[①]以这种方式组织起来的中国政府,从 1949 年至今一直面临着两个重要问题,这就是:如何在保证科层体系中较高层级对较低层级有效管控(更好实现组织自上而下的效率)的前提下充分发挥下级部门的灵活性?如何在保持科层制整体特征的前提下,使内部网络得以高效率运作?由于这两个重要问题中都暗含着完全相反的制度取向,当中国政府以传统的分权、分税、部门重组等手段试图调整内部结构时,这两种完全相反的取向就会

---

① 澳大利亚学者 Audrey Donnithorne 曾以另一种方式对此表述,他称这种结构为"蜂窝状"结构。

以一种矛盾的形态鲜明地呈现出来,最后表现为:"一放就乱(赋予网络更多灵活性,但却导致自上而下效率的受损),一收就死(提升了自上而下效率,但网络的灵活性和活力大大受损)"的两难困境。

以公共服务供给体系的改革为例,从 20 世纪 90 年代中后期开始,国家管理层就清晰意识到促进各行政单位间密切协同、打造"敏捷反应"公共服务政府的重要性。在此背景下,不同地区纷纷开展了一系列行政改革。虽然各地做法不尽相同,但若以一种长程的历时性视角来观察的话,研究者往往可以观察到一种改革徘徊于两种制度取向之间的微妙情境:为了促进不同部门间的横向协同,打造一种"无缝衔接""敏捷服务"的公共服务体系,就有必要更好地构造不同部门间的横向互动网络;而这种横向网络的建设一旦干扰、危及单个行政体系内(即通常所说的"条"上机构)自上而下的权力运作,就会引发相应的反弹——反弹的结果是对已有横向协同制度安排产生反作用,使其受到削弱,而这又势必会在新的层面提出新的横向整合问题——如此周而复始。

而由于新一代信息技术具有高度的灵活性和弹性(它可以在新的层面[虚拟空间]重组既有结构,但却不危及现有结构的整体特征;亦可以使不同结构和行为取向在新的层面上具有"可通约性"①),这使得改革者有可能借助先进的信息交换机制在不同部门间动态平衡开放的诉求和封闭的诉求,也可使组织中促进活力和实现有序的安排相互兼容,最终促进组织效能的快速提升。这在很大程度上可以解决上面提到的政府改革中的"两难困境"。新一代信息技术的如此潜质已经在许多政府改革的环节中呈现而

---

① 这意味着新的技术安排有可能在上文提到的两种相反制度取向之间建立某种均衡点。

出。以最近几年在各地快速发展的"一门式"社区服务中心为例，该中心通过引入网络技术、数据库技术并辅以适当的加密措施，比以往更有效地做到了：既保护"条"上部门信息安全性与内部封闭性，又可实现跨部门的快速横向协同。

从这个意义上来看，新一代信息技术对于转型期中国政府改革有着重要的战略性意义。它提供了渐进式改革的一种重要支撑，它"将扮演政府至关重要之基础设施的角色……成为新变化的'赋能者'和机构优化的强烈催化剂"。① 当然，信息技术植入政府部门的过程并不是一个自然而然的过程，它往往还取决于有效的治理，因此对于关注该领域的研究者而言，更为深入地分析新技术所暗含的制度特征与当前体制的结构性特征之间的关联就变得尤为必要。

另一方面，最近的技术治理改革实践中，地方政府通过打造各种微信平台、网络问政平台，正通过信息技术重塑与社会公众之间的互动模式。这些探索表明信息技术在社会治理领域的运用不仅可以提升政府运行效率，更有可能塑造新型政社关系，使得社会力量与机制以一种不同于"国家与社会"理论所想象的方式参与到现代国家治理转型的历史脉络中去。当然，迄今为止，这方面的实证案例与细致观察仍显得较为不足，人们对技术治理这一新面向的成效、机遇和挑战还缺乏更深入的认识。

五

本书试图从中观维度解释新一代信息技术推动社会治理转型

---

① 简·芳汀.构建虚拟政府：信息技术与制度创新[M].北京：中国人民大学出版社，2004.

的机制与过程,试图从中发现技术治理所依赖的新型制度条件与组织保障,从而为当代中国社会治理转型与创新提供一种"技术—制度"视角的分析框架。我们主要以城市基层社会治理领域的技术治理实践为切入口。近年来,随着城市社会治理面临的挑战日益艰巨,国内大多数城市在这一领域都展开了大量改革实践,技术治理的成效也得到不断显现。初步的分析和反思表明,在基层社会治理领域,技术治理所带来的许多深刻的变化已经或正在发生——它们常常隐藏在更易被观察到的显性影响之下。然而由于学科分工的因素,研究者常常难以在技术特质与社会治理模式转变、制度变迁之间建立多线程的逻辑关联,就此而言,我们还需要对这些变革的社会意义进行更深入的观察与分析。

本书主要内容分为三个部分:

第一编(第1—3章)主要对城市社会治理中技术治理兴起的历史脉络、主要领域进行概述,在此基础上提出观察和分析技术治理运行机制的理论框架。与近来影响力日渐扩张的唯技术主义的视角不同,本书更强调新技术有机融入现有治理体系并得到现有制度的支持比技术自身的先进性更为重要,而前述过程本质上涉及一系列极为复杂的"技术—制度"互动情境,因而需要一种制度主义的视角揭示其中的互动机理。唯有如此,我们才能理解为何社会治理领域技术治理的发展往往沿着一种"崎岖"而又曲折的道路演进,在此过程中技术与既有治理体系既相互嵌套又相互影响,甚至常以意想不到的方式引发治理体系的变化或强化其既有运行逻辑。不仅如此,当现有治理体系开始通过技术手段(如建立微信群、网络论坛等)追求"共建共治共享"的理想目标、试图更有效地吸纳社会力量与机制时,新技术的运用方式还会深深地映射出现有治理体系的制度特征与选择偏好——这些都意味着研究者要深刻洞察当前城市社会治理领域技术治理的演进方向及其后果,必须在新技术的特质与治理体系运行逻辑之间形成一种双向分析框架。

第二编(4—7章)以深度案例分析的方式对新技术在城市社会治理中公共服务领域运用的过程展开深描。本书将以一个身处改革前沿的街道办事处探索运用新技术构建一门式服务中心的复杂历程为案例,展现出制度偏好型塑技术方案、技术与已有制度结构互适以及技术刚性逐步呈现的多阶段过程。正是这种复杂的"技术—制度"互动机制导致了特定治理领域技术偏离"先进性"逻辑而遵循制度逻辑发展,最终以一种渐进式的方式推动了治理体系的变迁。在此过程中,我们将发现治理效能的提升、既有治理结构的强化以及某些机制层次的弹性改革可以在一个微妙的框架下并存,而不像一些理论假想所宣示的那样技术创新必然带来治理结构的巨变,或者说既有结构不调整就难以促进治理效能的提升……就此而言,新技术的运用确实为当前的治理模式转型提供了一种新的弹性空间;不过,对这种弹性空间的长期效应作出准确评估目前仍是一个难题。

第三编(8—10章)则考察了当前构建"共建、共治、共享"社会治理格局下,地方政府运用新技术手段吸纳社会参与的一组案例,以此折射出技术治理在当前国家与社会关系领域运行所带来的复杂后果。案例研究的初步发现表明:地方政府对待社会力量参与治理创新有着复杂的态度,并倾向于"筛选"社会参与的领域与范畴,如:在方便社会力量表达诉求的同时避免其与公共权力体系间的深度关联。由此导致新技术在政社关系领域的运用有鲜明的制度特征,而这与互联网时代公众参与的特质之间存在某种张力。因此,如果缺乏一种有效的赋权机制,搭载于新技术平台上的各种形式多样的社会参与可能很难在实质意义上推动社会治理领域公共性的持续产出。这一部分的分析将为研究者进一步研判互联网时代的当代中国国家与社会关系变迁提供一定的理论储备。

本书最后以"技术治理的极限及其超越"为结语,展现了当前作为一种思维模式的技术治理形成的机理及其局限性,在此基础上为当前城市社会治理创新提出一些新的展望。

第一编：技术治理的运行机理
——一个制度主义的分析框架

运用新技术提升社会治理效能并不是一种毫无挑战的创新实践。在最根本的层次上，这一实践将遇到新技术与既有治理体系之间的相互适应和相互融合问题。在此过程中究竟是技术逻辑改变了既有组织结构和制度特征还是被后者所修正？对这个问题的深度剖析有助于我们理解技术治理的实践机制。在这一编中，我们将回溯组织研究的经典文献，对新技术与组织结构之间的互动关系进行理论回顾，在此基础上建立一种观察技术治理实践方式的多阶段的时间序列互动理论框架。

此外，在技术治理的过程中，越来越多的公众和社会力量借助互联网和新技术平台与政府部门之间展开了频密的互动，这在一定程度上推动了当代中国国家与社会关系的变迁。这种技术治理过程中的政社互动具备何种特征？其所处的制度环境包含了哪些最基本的制度逻辑？本编第三章将聚焦于此展开分析。

第一章
城市社会治理转型与技术治理兴起

本书中,"技术治理"一词有两层含义:首先,从最基本的含义来看,其指的是以新技术不断提升治理能力和水平,通过技术手段更为敏捷地提供公共服务产品并塑造社会生活秩序的一种治理机制;其次,从深层内涵来看,技术治理还表现为一种思维模式,强调的是用"技术主义"的方式来应对治理难题,通过把体制、结构层次的问题化约为技术层次的问题,从而在控制改革风险的同时不断提升和强化既有治理模式的效能。一般而言,技术层次的治理手段既有可能强化已有的治理结构,也有可能推动其转型与变迁;但若治理转型缺乏相应的动力机制和社会条件,技术层次治理机制的不断强化就可能引发思维模式的固化,使已有治理模式得到深层次的不断自我强化。就此而言,技术治理对于当代中国治理转型的意义并不是一个无须讨论的显而易见的问题,其中可能蕴含着理解当前治理情境和未来改革挑战的重要线索。

当代中国的技术治理在许多领域都有重要应用,如海关、公安、税务等"条"上部门较早就推动了"金关""金盾"等工程,有效提升了相应领域的治理能力。这些在具体"条"上工作领域的技术治理实践由于改革的边界清晰、目标可以在稳定的环境中清晰定义,且可以借助于"条"内强有力的科层组织架构推动,因此多取得了重要的进展。相比之下,近年来技术治理在城市社会治理领域遇到的挑战则艰巨得多。由于城市社会治理涉及一个分化、流动、需求结构日益复杂化的社会情境,且关乎众多政府治理机构和部门间的协调与整合,此外还涉及当前国家与社会关系的复杂调整,因此长期面临着许多瓶颈。在这一领域,许多技术治理的改革实践常常呈现出周而复始的反复探索态势,如有研究注意到城市基层公共服务领域的"一门式"服务技术框架常因技术与制度之间的配套问题而反复波动;① 有时这些领域的技术治理还长期被锁定在较为简单的技术应用层次,如:在基层社区的治理信息收集过程中,数据传输与共享总是难题丛生且难以得到深度分析。② 在此情境下,如何客观评估技术治理对城市治理模式转型的影响就变得意义深远。

本章将回到中国城市社会治理模式转型的时代脉络,对技术治理兴起的背景与主要运用领域进行梳理,从而提出本书试图聚焦分析的三个基本问题:如何理解新技术嵌入城市社会治理结构的过程与机制?如何看待技术创新遇到的深层瓶颈问题?技术治理的有效运行依赖于哪些重要的组织与制度条件?

第一节 新时期城市社会治理 转型面临的主要挑战

创新社会治理代表着中国政府近年来推动社会管理创新的战略改革方向。自十六届四中全会以来,中央政府一直强调建立健

---

① 谭海波,孟庆国,张楠.信息技术应用中的政府运作机制研究——以 J 市政府网上行政服务系统建设为例[J].社会学研究,2015(6).
② 黄晓春,嵇欣.技术治理的极限及其超越[J].社会科学,2016(11).

全"党委领导,政府负责,社会协同,公众参与"的社会管理新格局,十八大后更是进一步加入了"法治保障"这一要素,强调以法治来保障社会管理多元主体间的权、责关系。十八届三中全会在过去多年实践的基础上进一步提出"推进国家治理体系和治理能力现代化",强调要"加快形成科学有效的社会治理体制""改进社会治理方式,激发社会组织活力"。这表明中央十分重视深化传统社会管理体制的改革,把加快形成科学有效的社会治理体制提到了极为重要的议事日程,并强调"一切从实际出发,总结国内成功做法,借鉴国外有益经验,勇于推进理论和实践创新"。

创新社会治理是中国城市尤其是特大城市经济与社会平稳转型的基础性支持条件。城市对于实现中国经济社会发展的战略目标具有举足轻重的作用。北京、上海、广州等城市的既定发展规划都强调,到2020年前要实现"创新驱动""转型升级",率先构建社会主义和谐社会,建成社会主义现代化国际大都市。在快速转型的背景下,这些特大城市都碰到了经济高度开放、人口规模急剧膨胀、社会构成日趋复杂、群体间利益快速分化、环境状况日益恶化、风险分布高度不确定的复杂问题。面对这些复杂问题,以政府为主导、以管控为主要手段的传统社会管理模式越来越不适应了,出现了治理成本居高不下、"源头治理"与"动态管理"手段缺乏、社会多元利益协调能力单一、流动人口的长效管理机制缺位等显著的不适应现象。如果这种现状不能及时改变,特大城市的社会就会更加失序,经济的可持续发展就会受到严重的负面影响,因此亟须创新当前特大城市社会治理体制。概括来看,当前城市社会治理转型主要面临着以下挑战:

首先,中国城市的人口流动规模和速度都达到了历史最高水平,这个日趋"自我强化"而又常常处于不可视状态的流动社会正在极大地挑战这些城市的社会秩序系统。据统计:截至2016年,中国共有农民工2.817 1亿,①这一群体主要分布于各特大城市;如果他们的社会融入、尤其是农二代的市民化过程无法实现,就会对这些城市的社会稳定和发展形成较大影响。此外,随着全球化进程的加速,中国一些主要城市开始形成一个规模快速增长的国际移民群体,以广州为例,仅非洲裔的合法或非法居住人口就在30万以上,这些国际移民如果无法有效融入当地社会,也会引发社会不稳定的潜在威胁。从国际经验来看,巴黎、伦敦等国际特大城市都曾因为没有处理好上述"流动社会"与本地社会间的兼容问题,而引发过大规模城市骚乱。

其次,城市的老龄化速度和贫富分化速度都远高于国内其他城市,由此引出了艰巨的老龄群体社会照顾问题以及城市贫困群体社会支持体系建设的问题。这些问题的处理得当与否,将会影响特大城市社会的持续稳健发展。由于生育水平下降早且快,而人口寿命延长,特大城市的老龄化速度都远快于中、小城市,以上海、北京为例,这两个城市户籍人口的老龄化比重都超过20%。由此产生了老年人的社会服务与社会支持问题,这个问题已经成为影响当前主要特大城市社会生活质量的重要变量。此外,特大城市的经济结构造就了规模较大的城市贫困人群,这一人群不仅需要得到社会保障与社会支持,而且还需要引导其形成对未来积极的社会预期,否则就会影响城市社会的健康、有序发展。

第三,由于多元思潮、全球化和信息化的影响,近年来中国城市尤其是特大城市中人们的利益诉求内涵日益复杂化、诉求形式日益多样化、诉求表达日益情绪化,社会的有序整合正遭遇前所未有的压力和挑战;同时,各种类型的社会组织发展迅速。比如:上

---

① 2016年农民工监测调查报告[R/OL].(2017-04-28)[2018-03-07].http://www.stats.gov.cn/tjsj/zxfb/201704/t20170428_1489334.html.

海、北京近年来的社会组织发展速度都远快于全国水平,正式注册的各类社会组织数量分别达到11 019家和8 000家,而非正式注册或以工商登记方式注册的社会组织发展更快。这些组织中有相当一部分都在社会利益表达、社会动员和维权领域开始发挥作用,并显现了不同于政府公共部门的行为立场。由于当前中国城市的社会治理模式尚未对这些新型社会组织方式进行总体性的有效吸纳,因此社会秩序系统面临着一些潜在的不确定挑战。再比如:特大城市的社会网络化发展水平都远高于全国平均水平,以上海为例,上海网民数量大约为1 110万人,网民数量增长率全国第一,这意味着城市公众利用互联网"结社"和开展社会动员的可能性越来越高,且这一过程总体上显得隐蔽而不可视,但在危机状态下对社会秩序的潜在影响则越来越大。比如:上海近年来发生的大规模涉日游行都与网络动员有关。这些都意味着特大城市的社会秩序系统未来将面临更大的压力与挑战。

第四,城市的社会利益分化水平较高,导致不同社会群体间存在一定水平的利益矛盾,群体间的信任水平、相互依赖程度也都显著下降,而且这种分化正在住宅商品化过程中形成空间隔离,从而加剧着以上问题。由此不仅容易引发群体间矛盾,而且会导致人们的社会行为普遍追求短期效益,缺乏对长远的稳定预期,这进一步引发了社会秩序失衡的潜在可能。从近年来北京、上海与广州城市社会的利益分化来看,都远高于5年前的水平。由于这些城市目前还未形成立足长远的可持续利益协调机制,公众间的信任水平明显下降,不同群体间的矛盾开始显露,这些现象都亟须引起关注。

城市社会治理不仅在以上显性维度面临着挑战,新近的研究进一步发现,甚至一些先前曾普遍被视为"技术领域"问题的"城市病"也与社会治理密切相关。中国的城市正在受到日益严重的

"城市病"困扰,其主要体现在交通拥堵、空气质量恶化、水质下降等,导致这些主要"城市病"的因素不仅来源于人口规模、工业化发展和消费主义,也来自社会秩序系统。虽然相比于经济和技术系统而言,社会秩序系统引发"城市病"的机制常常显得很隐蔽,但忽略后者的后果却常常导致"城市病"治理的成本居高不下且效果有限。

环境治理领域的前沿研究表明:人类社会为寻求良好的自然生活环境,会衍生出各种社会规范、习俗和行为约束机制,以协调生产、生活与环境之间的关系,在从大自然获取资源的同时,形成相对和谐的人与自然关系。无论从中国还是西方的历史进程来看,此类社会支持机制在环境治理中都曾发挥过重要的作用,但随着现代化尤其是市场经济的快速推进,这些社会支持机制常常受到破坏,这一方面导致了人类无约束的破坏环境的行为,另一方面也使环境治理的效率常常较为低下。

以水资源保护为例,研究显示:我国太湖流域的村庄长久以来就形成了对水资源和河流生态进行保护的社会观念,由于这些社会观念长期成功嵌入民间习俗和乡规民约之中,且得到流域内宗族、乡绅等社会网络的支持,因此在太湖环境保护中发挥了重要作用。但近20年来,随着市场经济的快速发展和乡村社会自我组织能力的衰退,上述社会机制逐步弱化,于是不加节制的环境破坏行为屡屡出现,这导致了太湖流域水质和环境质量的全面退步。由于社会支持机制的长期缺失,政府在太湖环境治理中的投入常常显得事倍功半。

从深层次来看,特大城市交通拥堵、空气质量和水质下降,都和相应社会秩序支持机制的缺失密切相关。比如:当这些城市的人口规模和人口布局缺乏一种有效的社会干预机制、且生活方式也缺乏引导(比如倡导公共交通)时,单纯的交通路网建设显然难以解决拥堵问题;当公众、企业对城市发展缺乏长期的预期,因而不加节制地排污、排放垃圾时,单纯的技术治理和强调成本—收益观念的经济治理收效都相对有限。因此,特大城市要有效治理当前的"城市病",不仅要从调整经济结构、提升治理技术有效性的层面切入,更要注重塑造协同治理的社会秩序系统,加强政府、社会组织、公众参与等诸多力量协同参与治理的体制与机制建设。

基于上述分析,我们认为:未来几年,对中国主要城市而言,不仅是一个经济发展的机遇期,而且也是社会秩序系统在高水平上建设的一个重要时期,如果后者的建设与前者脱节,就可能引发重大的社会失序现象,从而危及中国经济、社会长远健康发展。

面对这些新挑战,传统的城市治理模式已呈现出诸多不适。那种成型于20世纪90年代、主要强调以行政体系的整合与优化来应对问题的治理模式,正面临着如何重塑弹性和灵活性的难题。由于中国政府长期存在"职责同构"[1]以及"条块分割"等结构性问题,这导致体制内资源的整合、信息的快速传递以及消费者导向的资源供给都面临重重难题。[2] 此外,由于基层治理中长期存在"行政吸纳社会"[3]以及公共性缺失[4]等深层问题,社会力量有效参与社区治理也面临许多深层次困难,尤其是缺乏路径与平台。在此情境下,以何种方式更为有效地提升城市社区治理能力就变成一个极为迫切的现实问题。

从国际经验来看,发达国家普遍运用现代ICT信息技术,以技

---

[1] 朱光磊,张志红."职责同构"批判[J].北京大学学报(哲学社会科学版),2005(1).
[2] 黄晓春.理解中国的信息革命——驱动社会转型的结构性力量[J].科学学研究,2010(2).
[3] 康晓光,韩恒.行政吸纳社会——当前中国大陆国家与社会关系再研究[J].Social Sciences in China,2007(2).
[4] 李友梅,肖瑛,黄晓春.当代中国社会建设的公共性困境及其超越[J].中国社会科学,2012(4).

术手段提升政府回应社会的能力,同时促成联系更为紧密的国家与社会关系。比如美国、英国等国政府从20世纪90年代就开始构建更为扁平化、更方便公众与政府沟通的电子政府,从而有效提升了政府治理能力。学界普遍认为,以新一代信息技术为依托的技术治理在许多方面都呈现出了独特的治理能力,比如:其可以更为灵活地帮助公共服务供给者解决面对多样化需求群体时的信息不对称问题,从而更为精准地"投递"服务;①它也可以使不同群体、组织和网络跨越组织边界聚合为一个高度整合的系统,从而实现现代国家治理中政府、市场与社会的有效协同;②它更可以为组织变革提供一种空前的弹性,从而使改革者可能在不改变既有组织及其根本运行架构的基础上,悄然地改变其具体运作规则,从而以风险更小的渐进式改革实现体制调整的目标。③ 随着技术治理这些特性的不断呈现,其已成为各国公共部门改革的重要推手。

具有如此特征的技术治理也得到了中国政府的高度重视。早在2002年,中国政府就把当年命名为"电子政务年",此后中央政府一直强调要通过引入信息技术来实现治理能力的快速提升。在这一宏观改革思路的引导下,近年来各地政府都投入极大精力和资源开发城市社区的技术治理体系,如:建立了以数据库和信息网络为依托的一门式政务服务中心、以互联网思维搭建联通政府与居民的网络问政问效平台、引入信息技术支持下的流程管理方法推动城市基层网格化管理等。由此,技术治理的发展和变革已成为观察当代中国城市基层治理转型的重要线索。

---

① 世界银行.中国的信息革命:推动经济和社会转型[M].北京:经济科学出版社,2007.
② 简·芳汀.构建虚拟政府:信息技术与制度创新[M].北京:中国人民大学出版社,2004.
③ 阿尔弗雷德·D·钱德勒,詹姆斯·W·科塔达.信息改变了美国:驱动国家转型的力量[M].上海:上海远东出版社,2007.

然而,迄今为止国内学术界对技术治理有效运行的条件、机制以及相应的制度条件仍缺乏深入的研究。相关研究大多停留于宏观、抽象的理论研判或复杂的技术设计,缺乏对信息技术优化治理效能的组织实践过程进行深描。新近的研究虽已开始聚焦技术植入的机制,[①]但由于其所选择的案例仅限于技术治理的某一子类型,因此无法形成观察技术治理运行的总体理论视角。在此背景下,现有理论也就难以解释为何有些技术治理改革探索取得了丰硕成就,而有些改革则在投入大量技术设备和资金后遭遇深层次困难,甚至于新技术被搁置不用。近年来,各地频繁出现已投入使用的一门式服务中心无法稳定运转、网络问政问效群众参与度逐步下降等现象,这促使研究者深入研究信息技术与现有治理体系之间的互动与融合机制,进而形成更具针对性的改革推进思路。

本研究聚焦城市社区技术治理的运作机制,尤其关注三个基本的问题:一是新技术嵌入现有社区治理结构的过程与机制,尤其是在此过程中会遇到哪些问题?又需要得到哪些方面的支持?我们的研究将超越"就技术而讨论技术"的视角,从制度主义的分析框架来分析新技术嵌入治理体系引发的制度结构调整与变革过程。二是在城市社区技术治理的不同领域,技术创新将会遇到哪些具体的问题?在这个问题维度上,本研究将回到具体的情境细致考察城市社区政务服务、政社关系以及公共管理领域的技术治理可能面临的深层次问题。三是讨论技术治理的支持体系建设,尤其是关注那些保障新技术得以有效运用的科层体制设置及微观政治运行过程。我们的研究发现,技术是一回事,现有治理体制赋予其的"意义"和理解是另一回事,技术方案的有效运行往往需要

---

① 参见谭海波,孟庆国,张楠.信息技术应用中的政府运作机制研究——以 J 市政府网上行政服务系统建设为例[J].社会学研究,2015(6).

针对性地在科层体制内做出相应的调整,并形成与技术方案相匹配的现实治理结构。

研究之初,课题组怀着一种应用研究的态度试图对当代中国城市社区引入新技术推动治理创新的过程与机制展开深描。随着我们接触的案例日益增多,尤其是对城市社区多个领域治理创新活动有了深刻观察和理解后,我们开始发现了又一种隐蔽运行的"技术治理"现象。这个维度的"技术治理"比我们最初定义的研究现象更为复杂,涉及的不单纯是新技术运用的问题,而是指整个治理体系的运行日趋以行政技术和工具主义逻辑为主导,表现为将体制和结构层次的问题化约为行政技术的问题、将"存量"改革转化为"增量"创新、将事关价值与关怀的制度安排转变为以成本—收益衡量的机制设置。这种隐蔽运行的"技术治理"正成为当前城市社区治理创新面临的深层瓶颈。基于此,本书在结语处延伸讨论了"技术治理的极限及其超越"的问题。我们相信,这个问题对于理解当代中国基层治理变革具有重要意义。

第二节 城市社会技术治理的主要领域及深层挑战

目前,技术治理在城市的应用主要集中于社区服务(如各类一门式服务中心的建设)、新型政社关系(如各类网络问政问效平台建设)以及公共管理(如网格化管理平台建设)这三个领域。由于不同治理领域中的组织与制度安排存在显著差异,更涉及不同治理主体之间的互动机制,因此这会对技术方案的选择以及技术运用都会产生较大影响。

以一种历史追溯的视角来看,新技术进入城市社会治理领域的轨迹基本上与当前社会治理转型的总体进程是一致的:最初的技术运用多聚焦于体制内的社区服务领域,主要试图形成更为有效的数据收集与整合,以提升各级政府面对公众的能力;此时技术植入面临的主要挑战是长期以来困扰政府改革的"条块""条条"以及"块块"分割的问题——这些问题在过去数十年的政府改革中以各种方式呈现,并总体呈现出剪不断理还乱的情势。① 改革实践者引入新技术就是试图在周而复始的"收权—放权"或"合并—分拆"的体制改革之外找到新的方法以解决问题。从这个意义上来看,改革之初新技术最引人注目之处就在于其本质上是一种"技术",不涉及体制方面的深层问题;但随着相应实践的深化,技术的制度属性得到越来越清晰的呈现,单纯运用新技术突破体制瓶颈的想法遇到了不少挑战,一些新技术甚至引发了新型的数据"孤岛"现象。②

随着当代中国社会组织和社会力量的不断发育,技术治理的相应实践开始进入政社关系领域。一些经济社会发展前沿地区的地方政府率先在网络世界中搭建各种技术平台,以推动更为和谐的政社关系发展。在这一领域,技术治理很快就遇到当前中国社会组织发展领域相近的制度问题:如何在确保激发社会活力的同时,保证有序的政治与社会秩序。而这一制度问题又嵌入在诸如网络问政的边界、网络政社互动的机制等技术治理框架与运行安排上,成为当前所有政府部门打造网络政社互动平台必须考虑的深层问题。

近年来,技术治理开始融入"共建、共治、共享"的多元治理格局,这意味着技术治理开始进入一个更为复杂的系统集成阶段,不仅要应对政府内部的协同问题,还要推动政府与社会、政府与企业

---

① 朱光磊,张志红."职责同构"批判[J].北京大学学报(哲学社会科学版),2005(1).
② 搜狐科技.如何破局大数据的"孤岛困境"[EB/OL].(2017-11-24)[2018-03-07].http://www.sohu.com/a/206335246_617676.

等多元主体间的合作治理,这涉及更为复杂的治理框架与体制安排。客观来看,尽管近年来国家一直试图推动多元共治的政策创新,但该领域仍面临着许多制度难题,这无疑也会影响相应技术治理的进一步发展。

以下我们进入具体领域一一讨论。

一、社区服务领域的资源分割与技术治理的两难困境

当前我国的社区服务体系是一个包含公共服务、市场化服务、社会化服务与混合服务的复杂系统。从实务的角度来看,当前的社区服务主要涉及了 8 个重要领域,它们分别是:社区就业服务、社区社会保障服务、社区救助服务、社区卫生和计划生育服务、社区文教体育服务、社区流动人口服务、社区安全服务以及综合性便民服务。其中,前 7 种服务的专业性和针对性较强,服务主体也相对较为单一,皆为政府专业部门[①];第 8 种服务涵盖面最大,它主要是地方政府本着为民服务的宗旨、结合本地实际需求而组织的各类服务,客观地来看,当前学界与实践部门所讨论的"市场服务""混合服务"大多都集中在这个领域中。围绕着上述社区服务的供给与实施,当前我国已经逐步编织了一张规模庞大而又纵横交错的组织体系。

近年来,各地政府引入新一代信息技术提升社区服务水平主要集中在政务服务领域。这一方面是因为政务服务构成了社区服务的基础支持体系,其高水平供给对于提升居民的社区满意度和增进社区认同都具有重要意义;另一方面则在于政务服务领域始

---

① 近年来,一些专业服务部门也开始尝试以购买服务的方式聘请一些市场性、社会性组织来承担服务供给中的一些环节,但从总的情况来看,由于这些领域的服务涉及国家的功能性领域,因此在未来相当长一个阶段里,其主要实施主体仍是国家专业部门。

终存在着显著的"条块分割"和"信息孤岛"现象,①以至于跨部门协同面临着深层挑战,高效率的政务服务也由此面临困境。因此,社区服务领域的技术治理面临的最大问题就在于如何有效破解条、块资源分割的难题。

这个问题不是单纯靠引入新技术就可以解决的,其实质涉及技术方案如何与现有社区政务服务体系之间有效对接的问题。笔者曾详细跟踪上海市本世纪初以来基层政府构建"一门式"政务服务中心试图解决跨部门资源整合难题的改革历程,研究发现:许多改革最初时都从技术便利度的角度着眼设计技术治理方案,但这些改革无一例外最终遭遇了体制内的诸多困境,最终陷于搁浅境地。比如:目前可追溯的最早一门式政务改革尝试来自 W 街道,早在 2005 年,该街道就尝试组建了第一代社区政务信息服务系统。街道领导班子的思路简单但务实,他们认为既然基层政务服务的数据大多实际上都由街道—居委会治理体系收集,那么为何不以街道之力来一揽子解决数据分享难题? 在此改革思路下,W 街道自建了强有力的数据库系统,试图通过数据两次输入的方法②绕开"条"上部门实现一门式服务。从我们观察到的情况来看,这种改革思路确实在初期解决了许多长期困扰基层政府的条块信息资源整合难题,但却遭到相关上级职能部门的抵制,最终不得不弃置不用而更换新技术方案。相似的例子还包括 H 区曾试图开发一套依托区信息委的信息整合方案,这套方案依托"条"的技术措施在区级层次实施对多个条线数据的整合,并允许基层的

---

① 相关研究参见:马伊里.合作困境的组织社会学分析[M].上海:上海人民出版社,2008.
② 即:第一次输入完成的是上级职能部门的规定动作,第二次输入是实现数据在街道自建数据库的沉淀与积累。久而久之,街道自建数据库就可以在不向职能部门索取数据的情况下实现公共服务的"一口"受理与处置。

街镇政府调用相关数据,从而实现有效的信息资源整合,提升公共服务效率。但这一方案也遭到了相应职能部门的反对,多个职能部门以系统内的专线管理条例为由,拒绝本系统的数据接入——这导致了该方案在运行中遇到重重困难。

这些遭遇挫折的改革尝试表明,离开社区政务服务领域运行的制度特征而在理想化的层面设计技术治理方案都会遇到难以逾越的困难。技术治理的实践方案首先会受制于现有治理体系的结构特征,只有技术方案内涵的制度逻辑与现有治理体系相吻合,才有可能有效嵌入后者。因此要理解社区政务服务领域的技术治理何以可能,首先要对社区政务服务领域的条块治理结构运行特征有更为清晰的理解。

以历史视角来看,改革以来,社区政务服务中的"条""块"关系几乎一直处在调整中。[①] 其中面临的核心难题可以概括为一种"两难困境":一方面,"条"上职能部门大多是专业治理部门,同时随着垂直化水平的不同与上级职能部门保持着水平不一的标准化衔接。在"条"内部,要实现专业化能力的有效发展,就必须实现一定水平的封闭。[②] 同时从"条"的科层化技术理性发展角度来看,也势必要求"条"内形成自上而下强有力的权威运行机制,这同时会强化"条"保持相对独立性的内在诉求。另一方面,"块"上政府要有效地对辖区实施综合管理,实现守土有责的"行政发包"的治理机制,[③]就必然试图对辖区内的"条"上职能部门进行多方

[①] 以上海为例,有迹可循的"条块"关系调整就有 5 次之多。每次调整几乎都强调向"块"上赋权,强调"条块结合,以块为主",不断强化"块"对"条"的协调和整合。但每次改革后不久"条"上就开始收权,导致上一轮改革许多条例形同虚设。如此周而复始,"条"与"块"之前的权力收放如同钟摆运转。

[②] 这其中的道理,汤普森在《行动中的组织》中已有明确的阐述。详可见:汤普森.行动中的组织[M].敬乂嘉,译.上海:上海人民出版社,2007.

[③] 周黎安.行政发包制[J].社会,2014(6).

面的整合,使其在"块"统一领导下以较高水平开展协作治理。这种内在诉求必然要求"块"打破"条"的组织边界,实现有效的跨部门协同。这样一来,社区政务服务领域中就同时存在着保持独立性的诉求和实现横向整合的诉求,这两种诉求各自都有着深远的体制内渊源,且难以达成恰当的均衡。

进一步来看,这种既保证"条"上的独立性、又保持"块"上的整合性的两难困境其实与中国国家治理中的"一统"逻辑与"灵活治理"之间的张力密切相关。周雪光曾结合中国国家治理的历史脉络指出,在广土众民的大一统国家实施有效治理一直面临着如何既保持中央的权威体制又保持地方的有效治理这一对难题。[①] 在当代现实治理实践中,中央的"一统逻辑"常常由"条"所贯彻,而地方的灵活治理则由"块"来实现。由此就不难理解现实治理中"条""块"张力为何总是难以从整体上消除。

由此可见,社区政务服务领域有效率的技术治理方案必须要对这种两难困境作出恰当的应对。技术方案能否被现有治理体系所接纳取决于其在多大程度上能同时兼顾保持独立与强调整合的两种制度逻辑。从这个角度来看,前文提到的两种技术方案之所以失败就在于其仅兼顾了一种制度逻辑(W 街道的方案过于强调以"块"整合"条",H 区的做法则恰恰相反),因此必然会遭到既有治理体系的顽固抵制。质言之,对两难困境的有效兼顾将是该领域技术治理面临的核心难题。本研究基于这一思路,详细观察了L 街道构建一门式服务中心的技术治理实践过程,从中发现了社区政务领域技术治理有效运行的一般化经验。本书在第二编中详细阐述了这一案例,其中的许多发现对于国内其他地区推动政务

---

① 周雪光.权威体制与有效治理:当代中国国家治理的制度逻辑[J].开放时代,2011(10).

服务领域的信息化建设具有重要启发意义。

二、政社关系的和谐构建与技术治理的公共性难题

党的十六届四中全会以来,中央政府日趋重视构建"党委领导,政府负责,社会协同,公众参与"的社会管理新格局。十八届三中全会更是强调要"实现政府治理和社会自我调节、居民自治良性互动"。这一切都意味着塑造政府与社会和谐互动的政社关系在城市社会治理中变得越来越重要。

在此背景下,各地政府都开始尝试引入信息通信技术,通过搭建各类公众问政、问效平台来构建良好的社区政社关系。据我们观察,这类网络平台常常花费巨大,且需要专业团队维护,但收效却常处于不稳定状态。即使一些政府职能部门把办事、监督评议等功能板块放到网上,也很难调动公众的深度参与。质言之,网络政务社区的发展并未同步推动政社关系的深层发展,其中的难点在于该领域的技术治理并未在网络空间中有效地推动公共性构建。

简单来说,公共性指涉的是人们从私人领域中走出来,就共同关注的问题开展讨论和行动,由此实现私人向公众的转化。从人类社会现代化转型的历史进程来看,公共性生产的过程就是个体基于理性精神参与公共活动、维护公共利益和价值取向的过程。若无公共性的持续生产,任何社会都不太可能有实质性的社会协同与公众参与,社会活力也将面临"无源之水"的境地。[1] 政社关系的有效构建,其首要前提是形成积极有效的公共性生产机制,唯有如此公众参与才能形成源源不断的内生动力。

---

[1] 李友梅,肖瑛,黄晓春.当代中国社会建设的公共性困境及其超越[J].中国社会科学,2012(4).

但公共性的生产又是一个极为复杂的现代社会核心问题,其同时涉及公共领域的稳定营造、健全公民意识的培育、公平开放的社会参与程序以及理性与法治的公共参与精神等多个维度。就此而言,"公共性"生产并不等同于中国传统语境下"公"的重塑,而着重于参与机制和公众有序参与公共活动的过程。从操作性角度来看,公共性生产的过程离不开两个相辅相成的历史进程:一是政府对社会领域的有序赋权,因为公共性的生长问题本质上是一种权力关系的改革,没有这种赋权即权力关系的调整,公共性的发育过程就充满不确定性;二是社会形成良性、有序的自我协调与自我组织能力,唯有如此,社会的主体性才能有序生发,个体超越自身狭隘利益而关注公共生活才具有稳定的社会基础。

在当前的城市社会治理中,缺乏系统支持的公众参与制度削弱了公共性生产的基础。我国当前的公众参与制度虽然已经逐步建立起来,但这些制度在设计上大多较为简单,且并未与公共生活中最为重要的权力配置、资金安排等要素相关联,这在很大程度上导致了公众参与行为的边缘化地位。比如:当前许多城市的社区中都成立了社区委员会,该委员会由社区各界代表构成,是社区公共治理的制度化平台,但由于该委员会既不能决定社区公共资金的配置,又不能对社区各公共部门的行为进行实质性的监督,因此此类委员会常常处于"空转"的境地。

此外,公众参与领域缺乏透明、科学、广受认同的规则设计也是当前公共性不足的重要原因。现代社会之公共性生产过程也是理性、负责任的个体通过公开、开放的参与程序在平等对话中达成共识的过程;但当前许多政府部门在推进公众参与、社会协同的制度设计时,虽然确立了参与的空间,却并未同步形成科学而又广受认可的参与规则,这导致了公共性生产的受阻。

基层政府在构建网络问政、问效平台的技术治理实践中也普遍存在着与上述局限相似之处。比如：网络平台主要以信息发布和问政为主，强调的是公众有问题找政府，但并未同步构建一个公众横向交流的公共性生产平台；又或者，网络平台虽然设立了公众议事板块，但却没能建立起公众议事与公共资源配置之间紧密衔接的机制，导致公众觉得"议了也白议"，最终参与热情递减。由此可见，依托网络平台推动社区政社关系发展这一技术治理领域，最关键的难题在于如何通过技术创新以推动网络空间中的公共性生产，而这又势必引出政府公共资源配置模式的改革创新以及更为透明的政务运行方式改革等新问题。

本书第三编的案例展现了N市Z区网络问政问效平台的建设与转型历程。我们的研究清晰展现出了技术治理在初期推动社会参与水平提升后是如何遭遇深层瓶颈的，案例显示：网络空间中的治理必须得到现实政府运行体制创新的支持。案例也从一个侧面表明：网络空间的技术治理方案一旦进入成熟期，将对现有体制形成一定的倒逼效应，因此渐进式的技术治理可能以独特的方式推动现有治理体制的优化。

三、公共管理的多元参与和技术治理的流程支持困境

区别于传统社区治理，现代城市社会治理最重要特征就是治理主体的多元化。在现代社会治理格局下，政府不再是唯一的起决定性作用的治理主体，政府也不再是治理社区事务的唯一权威来源，包括社会组织、居委会、业主委员会、物业公司等在内的非政府主体，也是参与社区治理的重要主体。这些多元主体的积极参与，极大地改变着传统政府一元行政主体主导社区治理的格局，并能够有效增强社区治理的活力。与此同时，在多元治理结构下，社会组织等主体与政府部门之间不是简单的基于关键资源的行政依附关系，社会组织等主体能够以更加自主的角色参与和政府主体

间的协商治理。有研究指出,在传统社区治理中,管理行为的主体及权威的全部来源都是政府,呈现出典型的一元化特征;而在现代社区治理中,更加强调政治国家与公民社会的合作、政府与非政府的合作、公共机构与私人机构的合作、强制与自愿的合作,更多的是依靠合作网络的权威,是一个多元参与的结构体系①。

在这种背景下,社区公共管理的多元参与正得到基层政府的日益重视。在实践中,这种公共管理的多元参与首先会遇到如何区分政府与社会治理主体的组织边界问题。立足于中观层次的分析,我们可以发现:政府行政治理所强调的纵向秩序整合机制与社会力量参与治理所借助的横向秩序协调机制各自暗含着一些相互矛盾的诉求,并在各自运作的领域中自发地排斥另一套机制的涉入,②这导致多元治理中两者间的组织边界难以清晰界定。比如:纵向秩序整合机制本质上是建立在一元权力中心基础上的自上而下命令协调机制,它借助于等级化的科层管理架构和相对封闭的命令体系而运作,使社会生活按照某种预设的"秩序图景"而演化;而横向秩序协调机制则是产生于开放式社会的多中心之间,它的实现方式主要借助于跨利益群体、党派、阶层的平等协商,形成基于多方"同意"的秩序——可见这两者在基本组织方式上都暗含着相互排斥的要素,因此任何一个社会试图将两者有机结合起来都会面临很大的挑战。

相对而言,由于技术治理的方法可以较为便利、灵活地根据具体治理问题动态地向多元治理主体"派单",因而有可能为政府和社会治理主体间的分工以及组织边界的定义提供一种重要的支

---

① 李静等.从政府管制到社区治理:我国城市基层社会管理体系的完善与创新[J].领导之友,2011(4).
② 李友梅.中国社会管理新格局下遭遇的问题:一种基于中观机制分析的视角[J].学术月刊,2012(7).

持。因此,一些地区的基层政府试图拓展依托信息技术的"网格化"社区管理平台,将社会组织和专业机构也纳入到派单体系中去,从而实现以需求为导向的多元治理。但此时,这套网格化平台又会遇到新问题,即:其可以对派单的行政部门进行行政业务流程管理、并将行政部门的处置效率作为行政绩效考核的重要依据,但却无力将社会组织承接派单的效率与社会组织的资源供给结构有效结合起来,因此其面向社会治理主体的流程管理实际难以发挥作用。之所以会出现这种现象,是因为城市社区中社会组织的资源供给机制高度依赖另一套体系,其往往建立在行政部门"项目化"的购买服务之上。由于网格化管理的流程管理系统无力对行政业务部门购买社会组织服务的过程施加影响,因此以网格化方式吸纳社会力量参与社区治理面临着较大的现实挑战。

本书第三编基于 S 市 B 镇的"社会网格化"管理平台建设的案例分析了技术治理在协调多元治理主体方面遇到的流程管理困境。案例背后折射出的深层问题是:技术治理的系统规划往往难以得到现有治理体系的有效回应,于是技术方案也就难以发挥预期的效力。

第三节 回归一种总体性理论视角

我们关于当前城市社会技术治理主要领域的深度案例分析表明:在政务服务、政社关系以及公共管理的多元参与等核心领域,技术治理都面临着不同的问题。这些问题并不是单纯的技术问题,而是涉及当前城市社区治理中的许多深层次体制结构与制度安排。比如:政务服务领域的"一门式"中心建设,从根本上涉及现有"条块"治理结构的运行特征,只有契合"条""块"间既开放又独立的制度逻辑,并成功地在虚拟空间中复制既有体制结构的技术方案,才能有效嵌入现有治理体系;政社关系领域的网络平台建设难点并不在于技术的开放性,而在于技术方案与现有公共资源配置体系间的链接是否有助于社区公共性的生产;社区公共管理的网格化平台要有效地引入社会力量,就面临着技术方案如何与社区社会组织的资源供给结构有效对接的问题。

这些发现使我们得以在更为系统而全面的层次思考当前中国城市社区技术治理有效运行的问题。与传统研究不同,本书认为城市社区技术治理的实现从根本上涉及当代中国治理转型多个领域的协同性改革。具体来看:

技术治理中公共性的生产实际上涉及渐进式的基层民主改革和围绕公共资源配置的"社会协同、公众参与"制度创新。这些领域的改革为个体和群体走出私人空间、关注公共问题提供了重要的支持,也是激发社会活力、实现多元治理的深层保障。实际上,中央政府最近的一些制度创新已经注意到了该领域改革与社会组织发展之间的联动效应,比如:民政部近年来一直致力推动"三社联动";①财政部推动参与式预算改革,倡导社会组织和社会力量参与到与民生相关的预算制订过程。但总体来看,这些改革与现有技术治理方案之间的联动水平仍偏低,尤其是在地方治理层次,网络平台建设与公共产品的配置之间常常缺乏一种有机衔接,在此背景下,我们也就不难理解为何技术治理难以推动政社关系的持续改善与优化了。

技术治理发挥多治理主体流程管理的功能,势必要求调整现有的基层治理体系资源配置模式,尤其是要改变当前部门主义碎片化购买社会组织服务的制度格局。如果社会组织获得资源仅由

---

① 即:社区、社会组织、社会工作者三者的发展要相互联动,以共同推动社会领域改革创新。

街镇层次的职能部门说了算,而不是基于对其承担公共职能的流程管理与评估,那么诸如网格化管理平台的运行就将始终局限于行政体系内部,政府、社会组织围绕社区多元诉求紧密衔接的技术治理目标就会遇到深层次的挑战。

最后,技术治理推动"条""块"协同的功能,取决于更高层次的一些制度保证。在这个意义上,不能简单认为只要建立了数据库,或解决了跨部门信息协同的技术问题,就可以自然而然地推动"条""块"协同。新技术融入现有治理体系以及技术扎根都需要许多独特的制度支持,比如上级政府在激励设置上,鼓励基层政府开展大胆的创新以在开放和独立两种制度诉求间寻找均衡点;使基层政府敢于承担必要的风险等。

上述梳理意味着我们对当代中国城市社区技术治理的思考必须置于一种总体性的理论框架中,尤其是需要注意到技术治理与基层民主改革、公共资源配置机制、政府体制转型之间的复杂关联,以及它们之间的协同机制。这些多线程改革在同一时空结构中既有可能会形成相互增生与促进的关系,但也有可能会发生抵触——后一种情况恰恰是当前社区技术治理频遇瓶颈的重要根源所在。需引起重视的是,这个维度的问题迄今仍未引起理论界足够的重视,这也是许多改革方案长期处于"头疼医头"状态的重要原因。

这种总体性理论视角要求研究者不仅关注单一改革进程内的技术问题,更要关注多进程之间的相互衔接与匹配。比如:要更有效地推动网络政社互动的发展,就必须进一步推动基层民主的体制、机制创新,使自下而上的公共讨论与政府决策在网络空间密切互动;要发展基于流程管理的社区多元治理结构,就必须形成依据流程评估,对行政体系和社会组织实施有效激励的新方法。这一理论视角有助于我们更为深刻地把握当代中国城市社区技术治理面临的深层问题。

第二章
技术治理的实现方式与运行机制

本章将系统讨论以新一代信息技术为依托的技术治理究竟是如何推动治理创新的,尤其对技术治理得以实现的组织学机制进行深度讨论。这一理论梳理将呈现出过去几十年来组织学研究关于技术与组织关系的探讨以及研究视角的转变。

最初的研究几乎都聚焦于信息技术对传统组织结构的影响(或者说"再造"),研究者们倾向于认为:现代信息技术有可能对工业时代以来广泛应用于各类组织的科层制层级结构产生重大挑战,并使现代组织更趋于扁平化。这类理论观点最早兴起于美国工商业史研究,并成为开启"后钱德勒"时代研究的标志,比如 LRT 在《超越市场和科层制:走向美国工商业史的新综合》中指出:"在 19 世纪后半期(即第一次市场革命时期),伴随着铁路和电报的扩张,运输成本和通信成本下降,管理科层制替代了其他形式的经济协调机制,作为响应,各类企业向前整合营销体系并向后整合(原材料或配件)供应体系。但是在计算机时代,随着运输以及(特别是)通信成本的不断下降(第二次市场革命),各类企业所做出的响应是从大型企业集团(conglomeration)和垂直一体化中撤出来,日益将他们的管理科层制协调替换为长期关系协调。"①相似的理论观点很快在政治学、社会学领域扩散,比如,政治学家理查德·赫克斯认为"现代信息技术的应用有可能打造一个全新的灵敏反应政府,而这恰恰是扁平化的另一种形态"。②

随着研究工作的深入,越来越多的学者发现20世纪80年代的憧憬——信息技术带来现代组织结构的根本性重构——似乎是一个值得深入推敲的问题。因为这一时期的大量研究发现,信息技术在改变现代商业、公共部门运作的同时,也被组织原有结构所型塑和修正;换句话说,技术变得不再纯粹(至少和实验室技术大不相同),而是和人为的社会建构掺杂在一起作用于现代组织。持此类观点的学者重新拾起"技术的社会建构论"传统,指出:在新技术与组织的相互作用中,组织建构了技术系统并赋予技术系统以意义。③ 在论及新技术的未来走向时,一些论者甚至不无一些担忧,"即使信息技术为效率增长提供了可能,系统和结构依然抵制变化,因此依托新技术革命而带来组织革命的美好前景可能不会实现"。④

由于单纯在理论和形而上层面讨论太容易让人产生"似是而非"的判断,因此许多研究开始掉转信息技术与结构之间的简单因

---

① Naomi R. Lamoreaux, Daniel M.G. Raff, Peter Temin. Beyond markets and Hierarchies: Towards a New Syntheses of American Business History[J]. American History Review 2003,108: 404-433.
② Richard Heeks. Reinventing Government in the Information Age: International Practice in IT—enabled Public Sector Reform[M]. New York : Routledge ,2001.
③ Sproull, Lee S. & Paul S. Goodman. Technology and Organizations: Integration and Opportunities [M]//Paul S. Goodman and Lee S. Sproull eds. Technology and Organization. San Francisco: Jossey—Bass, 1990.
④ Lester Thurow. "Introduction" in Michael S. Scott Morton eds. The Corporation of the 1990s: Information Technology and Organizational Transformation[M]. New York: Oxford University Press,1991; O'Mahony, S., S. R. Barley. Do digital telecommunications affect work and organization? The state of our knowledge [J]. Research in Organizational Behavior,1999(21): 125-161.

果箭头,把探讨的焦点放在信息系统和组织安排在设计和使用的灵活性方面,这挑战了那些更趋决定论(无论是技术决定论还是社会建构论,笔者注)的观点。[①] 换句话说,这些研究更倾向于在新技术与组织互动的机制层面讨论问题,并借助这种分析对两者的复杂关系做出更为深刻的洞见——这有助于在实践层面加深人们对"信息技术促进组织变革"这一课题的进一步认识。

本章试图从信息技术与组织结构之间互动机制的角度来展开研究,进而对中国政府改革进程中信息技术促进基层公共部门革新的方式和路径做出较为深刻的分析。我们试图追问这些富有意义的问题:信息技术是如何改变(优化)政府组织运行的?它从哪些环节切入?它与原有结构之间的复杂互动关系如何?在什么意义上它遇到了已有结构的挑战?……本章进一步发展了巴利和简·芳汀关于新技术与组织互动机制的模式化分析框架,建立了技术—结构的时间序列互动分析模型,从而对技术治理的实现方式进行细致勾勒。

本章第一部分首先将回溯新问题的理论渊源,即对组织社会学研究中关于技术与组织关系的经典研究做出简要评述,并指出:这些研究的基本思路深刻地影响了当前关于信息技术与组织运行的研究。在此基础上第二部分将展现一种研究视角的转型,即从关注信息技术的引入"带来的变化是什么"到关注"这种变化是如何发生的"——在这种新研究取向的指引下,越来越多的学者倾向于聚焦互动机制的分析视角;我们将简要地介绍巴利、简·芳汀等的相关研究框架,并指出这些框架的理论贡献。第三部分将提出本书所运用的技术—结构的时间序列互动模型,最后引导读者注

[①] 简·芳汀.构建虚拟政府——信息技术与制度创新[M].北京:中国人民大学出版社,2004.

意技术治理所嵌入的组织与制度情境。

第一节 信息技术如何影响组织运作——理论溯源

现代信息技术的广泛应用是20世纪80年代末至90年代初以来的事,从这个意义上说"信息技术如何影响现代组织运作"的问题在漫长的组织研究史中确实可以说是一个新问题。当学者们试图对这一问题做出深刻分析时,他们回顾已有研究基础,并首先从"技术与组织"这一多产的经典研究领域汲取理论洞见和灵感。就此而言,在本书展开讨论之初有必要先对新问题的既有理论渊源做一个简要的回顾。

"技术与组织"可谓早期组织研究中的核心领域之一,经过数十年的沉淀与积累,该领域产生了许多经典研究,并形成了三大理论传统:"技术决定论""(技术)社会建构论"以及"互构论"。

一、技术决定论研究传统

技术决定论是20世纪70年代以前关于技术发展的理论中最具影响力的一个流派,它建立在这样两个原则基础上:技术是自主的,技术变迁导致社会变迁。其理论可分为两大类:强技术决定论和弱技术决定论,前者认为技术是决定社会发展唯一重要的因素,而后者则主张技术与社会之间是相互作用的。[1]

按照技术决定论的观点,"技术已经成为一种自主的技术",[2]

---

[1] 参见理查德·H·霍尔.组织:结构、过程及结果[M].张友星,刘五一,沈勇,译.上海:上海财经大学出版社,2003.
[2] 转引自:宋朝龙.社会生产方式的二重结构——技术决定批判[M].北京:经济管理出版社,2007.

技术包含了某些它本来意义上的后果，表现出某种特定的结构和要求，引起人和社会做特定的调整，这种调整是强加于我们的，而不管我们是否喜欢。技术循其自身的踪迹走向特定的方向。"技术构成了一种新的文化体系，这种文化体系又构建了整个社会"。①所以，技术规则渗透到社会生活的各个方面，技术成为一种自律的力量，按照自己的逻辑前进，支配、决定社会、文化的发展。技术乐观主义和技术悲观主义是技术决定论的两种思想表现，前者相信技术是解决一切人类问题并给人类带来更大幸福的可靠保障，而后者则认为技术在本质上具有非人道的价值取向，现代技术给人类社会及其文化带来灭顶之灾。

在组织研究领域，早期研究者注意到工作过程的技术和生产特征对工人的行为和工作小组结构的影响。但是最先注意到技术是组织结构的一个普遍决定因素的是巫沃德20世纪50年代在英国的经验研究。② 他们调查了南艾克塞斯地区的100多家制造公司，每家公司都拥有100多名雇员，其中80家公司可以被明确地划分为拥有小批量、大批量或流水工艺生产技术。巫沃德将这些公司分为三类：第一类，即小批量生产技术，包括按顾客需求进行生产（定制、单一生产、小数量生产）商品的公司。第二类，即大批量生产技术，包括大量（并不为特定的顾客）生产商品的公司。大批量生产技术通常（并不总是）用于组装线或大批量生产设备上。第三类，即流水生产技术，包括生产诸如化学品、液体、气体和水晶物质等整体批量产品的公司。通常，小批量生产的技术复杂程度低于大批量生产技术，而流水生产技术更为复杂。同时，小批量生

---

① 转引自：宋朝龙.社会生产方式的二重结构——技术决定批判[M].北京：经济管理出版社，2007.
② 关于该研究的具体情况，可参见：彼得·布劳.现代社会中的科层制[M].上海：学林出版社，2001.

产技术在产量控制和预测方面的难度最大,而流水生产技术则最小。

在巫沃德的研究中,组织结构的本质性差异和技术的差异有密切的联系。例如,和使用大批量技术的公司相比,在小批量生产的公司中,对总裁负责的人更少;而在流水线生产中,对总裁负责的人数最多。大批量生产公司的管理层数也多于小批量生产公司,而流水线技术中则更多。如果不涉及公司规模,就管理人员和监督人员占总员工的比率而言,流水线技术的最大,而小批量生产公司的最小。这些差异与技术的复杂程度平行,但其他的差异则不然。一线监督人员控制的范围在流水线生产的公司里最小,而在大批量生产的公司里最大。与其他两类公司里相比,大批量生产的公司倾向于更多地依靠生产线人员和行政人员的职责区分,工作描述更加具体,并更多地依靠成文交流。①

此后,布劳诺(Blauner,1964)研究小批量生产技术如印刷、大批量生产技术如纺织和汽车,以及连续过程的生产技术如化工,所得到的结论与巫沃德的一致。在随后的近30年中,大量研究并没有离开技术对组织的建构这个主题,也都是在这样的框架下探讨技术与组织结构关系的类型和细节问题,重要的理论流派如权变理论认为,技术越复杂和越不确定,组织就越可能采用有机的而不是机械的结构形式。②

20世纪70年代的许多关于技术对组织结构影响的研究,都再现了巫沃德的最初发现,也赋予了"技术决定组织命题"新的生命力。马希(Robed M.Marsh)和曼(Hiroshi Mannari)在对50个日本企业的研究中,探讨了技术及组织规模和结构的关系。他们使

---

① 转引自理查德·H·霍尔.组织:结构、过程及结果[M].张友星,刘五一,沈勇,译.上海:上海财经大学出版社,2003.
② 相关的论点在劳伦斯、洛奇等人的研究中都常有体现。

用了一些技术指标,其中一个关键指标描述的是技术复杂性(根据技术使用程度的差异)。马希和曼发现,技术(而非规模)能更好地预测除分化以外的组织特征,即使控制其他变量也是如此。像巫沃德一样、马希和曼还发现,随着技术的进步,一线工人在全体雇员中的比重下降,监管人员比重上升;而且,高层行政人员的控制范围随技术进步上升。和巫沃德与布劳小组的研究结论一样,技术和一线控制范围之间的关系是非线性的。马希和曼提出,与其他研究结果一样,日本的企业组织并没有特殊的地方。①

伊克松、皮尤及费伊赛(Hickson, Pugh, and Pheysey, 1969)将技术这一笼统的概念分解成三种类型:操作技术,即组织工作流程中使用的技术;材料技术,即工作流程中使用的材料(高度复杂的技术可能用在相对简单的材料上);知识技术,即用在工作流程中的、复杂性变幻不定的知识体系。这些作者在研究中关心的是操作技术。对于他们研究的英国组织,操作技术具有相当的影响力:"组织越小,其结构越受到技术的影响;组织越大,这些技术的影响越局限于诸如从事与工作流程本身相关联的工作岗位数目这样的变量;对与之距离较远的管理结构和层级结构中的可检测到的非变量,操作技术的影响较小。"②

这些研究成果意味着在这些工作组织的规模产生效应之前,操作技术就发生了作用。

知识技术的重要性从迈尔的研究中可以看得出来。迈尔(Meyer, 1968)对引入自动化程序的国家管理机构和当地的财政部门进行了研究。自动化程序的引入使得组织结构的层级更多、基层管理人员管理跨度更大,而中高层管理人员直接管辖的人员更

---

① 罗伯特·丹哈特.公共组织理论[M].北京:华夏出版社,2002.
② 转引自:理查德·H 霍尔.组织:结构、过程及结果[M].张友星,刘五一,沈勇,译.上海:上海财经大学出版社,2003.

少;处于名义上的管理位置上的人员承担的责任变少了,但沟通的责任却增强了。在这些特定的组织中,知识技术从简单走向相对复杂。①

格利森(Glison,1978)曾以一种完全不同的方式研究过技术—结构问题。他发现,专业分工与程序规定的结构属性决定着常规化的程度,因而也决定着一系列以人员为服务对象的服务性组织提供服务的特性。②

归纳来看,这些持技术决定论倾向的研究通过实证的方式,主要在以下三个层面上得出技术决定组织的结论:

(1)技术越复杂,结构就越复杂。结构对技术多样性的反应即组织的分化。

(2)技术不确定性越大,则形式化和集中化的程度越低。

(3)技术的互倚性越大,就必须投入越多的资源用于协调。比如:汤普森更具体地认为,目标性互倚可以通过标准化(即规则或程序的发展)进行控制;接序性互倚要求进行计划或安排,计划或安排指定了工作过程中的时间选择和顺序;交互性互倚需要通过反馈进行相互调节或协调,相关各方必须传递各自的需求并回应彼此的需要。每种协调策略都会耗费越来越多的资源。③

总的来看,技术决定论传统倾向于将技术看作是某种非个人化的力量,技术的进步将会影响组织甚至产业的变革。美国学者怀特的一段话,可以看作是对技术决定论的恰当表述。他认为作为人类生存方式的文化是一个具有内部结构的大系统,这个系统由居于结构底层的技术系统、居于结构中层的社会系统和居于结

---

① 转引自:理查德·H 霍尔.组织:结构、过程及结果[M].张友星,刘五一,沈勇,译.上海:上海财经大学出版社,2003.
② 罗伯特·丹哈特.公共组织理论[M].北京:华夏出版社,2002.
③ 詹姆斯·汤普森.行动中的组织——行政理论的社会科学基础[M].上海:上海人民出版社,2007.

构上层的观念系统这三个亚系统构成,他写道:"我们可以把文化系统分为三个层次……这些不同的层次表明了三者在文化过程中各自的作用:技术的系统是基本的和首要的;社会系统是技术的功能;而哲学则在表达技术力量的同时反映社会系统。因此,技术因素是整个文化系统的决定性因素。它决定社会系统的形式,而技术和社会则共同决定着哲学的内容与方向。当然,这并不是说社会系统对技术活动没有制约作用,或者说社会和技术系统不受哲学的影响,事实恰恰相反。不过制约是一回事,而决定则完全是另一回事。"①

二、技术社会建构论

相比于技术决定论传统,技术的社会建构论更强调技术的社会属性、技术价值的社会赋予意义。越来越多的社会历史学家和社会学家开始认识到,技术的发展并不由技术决定论或经济效率论的某种强硬逻辑所决定,相反,技术的发展代表的是技术上可能的和社会上可接受的二者之间的联合。由此观点来看,技术在很大程度上是被社会性地建构而成的。正如诺贝尔所论:

"由于其固有的凝固性,人们倾向于把技术看成是不可更改的残酷事实和既有的第一动因,而不是冷漠的历史,也不是人类和社会种种努力的尘封故事……技术发展过程基本上是社会性的,因此其中总存在着很大程度的不确定性和自由度。除了能力和事件的压制因素外,还存在着这样的领域,在其中,人类的思想和行为起着决定性的作用。"②

技术的社会决定论涉及面很广,从比较一致的观点(认为科学

---

① 转引自宋朝龙.社会生产方式的二重结构——技术决定批判[M].北京:经济管理出版社,2007.
② 转引自理查德·斯科特.组织理论[M].北京:华夏出版社,2002.

和技术受社会、政治环境影响)到激进的观点(认为技术是社会塑造的,设计者和使用者都能决定技术是什么、技术的功能是什么、如何起作用等)在过去几十年一直常见不鲜。总的来看,持技术社会建构论取向的研究倾向于认为:在技术与组织的关系中,组织建构了技术系统并赋予技术系统以意义[①]。从更广泛、更思辨的历史角度来看,皮奥尔和赛贝尔提出,工业化社会决定用专门化机器取代综合性设备的抉择受制于政治利益,而不取决于经济需要。"对竞争起决定作用的是市场上的权力,而非效率(从技术的适用性来看)"。[②]

在组织研究领域,技术的社会建构论所宣称的核心价值是:尽管技术选择可能会压抑结构设计,但前者并不对后者起决定作用。比如:蔡尔德(Child,1972)等理论家坚持认为,技术状态和环境状况只给结构设计带来一些广泛而综合的约束;在他看来,早期的权变理论家(他们中的许多人往往有技术决定论的价值倾向,笔者注)太注重外在约束,从而没有对行动者及其选择能力给予足够重视,组织的实际结构不仅取决于组织的技术和工作环境,更取决于组织采纳的战略。[③]

技术的社会建构论者重视技术和结构之间联系的灵活性(松散联合),也强调在建立这些联系时,既有组织内权力所起的作用。许多关注新技术运用效果的管理学专家也对这种看法表示认同。朱波夫(Zuboff,1988)认为,这些和微电子、计算机系统、电信等广泛结合的技术表现出两个关键特征:首先,促进了自动化的发展,发扬了19世纪机器系统的逻辑,而该逻辑"使在更连续和更易控

[①] 邱泽奇.技术与组织的互构——以信息技术在制造企业的应用为例[J].社会学研究,2005(2).
[②] 同上。
[③] 参见罗伯特·丹哈特.公共组织理论[M].北京:华夏出版社,2002.

制的基础上操作同一过程成为可能"。① 其次,新技术在本质上和早期机器有所区别,因为新机器有能力在"非正式化"的工作过程中同时产生"与基本生产和管理过程相关的信息。据此,一个组织才能完成工作,并因此为那些或者部分或者完全不透明的行为提供更深层次的透明度"。更确切一些说,组织内的成员可以灵活地运用这些信息来塑造新技术的应用方式。

在技术的社会建构论的相关研究中,制度主义学派具有一定的代表性。制度主义学派从另一个角度看问题,更少地关注技术的结构,更多地关注人类社会制度结构对技术变革的影响。制度主义者批评技术决定论的假设,该假设认为技术包含了塑造人类认知和行为的内在理论。制度主义者提出需要对技术应用引发的社会实践加强重视,技术是组织变革的机会而不仅仅是组织变革的原因,组织变革是社会进化的产物而不是技术创新的产物。② 根据该观点,技术并不能决定行为,相反,人们利用制度背景下的资源、解释性方案和规范来构建技术的社会结构。组织变革是社会进化的产物而不是技术创新的产物。可见,制度主义者更多地强调了技术的社会结构的重要性以及先进技术应用对人类行为交互带来的影响。③

综上而言,技术的社会建构论认为:先进技术并非是按照自身独有逻辑"孤立"发展的,它的运用方式和运用程度在很大程度上受到了组织内不同成员态度、决策和行动的影响,就此而言,它是一种人为的社会建构之物。从这个意义上来说,讨论技术与组织之间的相互关系,其实质是探讨组织内部的一系列复杂行动过

---

① 转引自理查德·斯科特.组织理论[M].北京:华夏出版社,2002.
② 皮尤.组织理论精粹[M].北京:中国人民大学出版社,1990.
③ 李怡文.组织在采纳信息技术前后的行为影响因素比较研究[D].同济大学博士学位论文,2006.

程,技术更多的是一种外来的、使变化成为可能的"中介"。

三、互构论传统

随着研究工作的深入,越来越多的学者发现,单纯的技术决定论和社会建构论已经无法对技术与组织之间的复杂关系做出全面的描绘。斯科特在追溯相关研究的基础上,曾颇有感慨地说:"如果要确立因果优先顺序(技术与组织之间,谁更主要地影响对方?——笔者注),不管是技术优于结构还是结构优于技术,都不是一个好的选择。"[1]在这种情境下,一些研究者开始尝试着用更综合的分析视角去看待技术与组织之间的关系。

历史社会学研究者 Thomas P. Hugues 认为,社会建构主义和技术决定论在解释复杂的技术变化时都存在一些弊病,而他提出的"技术势头"(Technological Momentum)这一概念却能完成解释的任务。这个介于社会建构主义和技术决定论之间的概念,认为技术既是原因,也是效果;社会的发展塑造了技术,但也被技术所塑造。Hugues 提到了"技术系统"这样一个概念,他认为电力和能源系统都是技术系统的典型例子。在重点分析了 EBASCO 这个 20 世纪 20 年代的电器控股公司的发展历程之后,他指出,年轻的技术系统容易受到社会文化因素的影响,而更成熟的技术系统则具有更多的独立性,因而也就更能对社会发挥决定性的作用。在创立的初期,工程师、科学家、工人和有技术头脑的经营者共同塑造着一个技术系统;而当系统渐趋成熟后,一种由经营者和白领工人组成的科层制则会发挥主要作用,这时系统就变得更加社会化,技术特征也就更少了。"技术势头"就是描述这个过程的概念,因而是一个与时间相关的、对技术变化的复杂性

---

[1] 理查德·斯科特.组织理论[M].北京:华夏出版社,2002.

更加敏感的概念。①

奥里可夫斯基(Orlikowski)提出了一种更综合的分析框架。他对吉登斯的社会结构"二元论"概念加以修改,将其用于技术和组织的关系上。奥里可夫斯基总结了这个概念包括的两个前提。首先,技术具有二重性——既是产品,也是客体:虽然技术也呈现出结构特征,但却是人类活动的产物,即技术是由在既定社会背景下工作的行动者自然构建而成的,也是由行动者通过自己赋予技术的不同含义而社会性地构建而成的……但是,一旦经过发展和调整,技术便表现出具体化和制度化倾向,从而失去了创建技术或赋予技术含义的人类代理人的联系。同时,技术还表现为组织客观结构的特征之一。但是第二个前提是,即使经历了具体化过程,技术在各自的"解释灵活性"方面也各不相同:在使用者影响再设计的程度方面,各类技术之间不尽相同。虽然人类代理人可能在技术的初步发展中受到更多约束,但这并不能降低他们通过与技术的相互作用(从自然和社会两个角度)而改变技术的潜力。

在全面回顾相关研究的过程中,奥里科夫斯基进一步指出,如果从技术两重性的观点来观察,以往的研究往往把上述两种建构分割开来讨论,要么讨论技术的物质性建构,要么讨论技术的社会性建构,而她认为基于设计的模型和基于使用的模型都不能现实地认识技术的两重性,所以她强调要把这两个模型结合起来。在图 2-1 中,A 是奥里科夫斯基概括的传统解释模型,意思是说技术设计者在既有制度特征的影响下生产技术产品,而作为产品的技术在组织中一方面影响使用者,另一方面又影响制度特征;需要

---

① 技术决定论的多重面貌及其理论预设.http://www.smth.edu.cn/bbsanc.php?path=%2Fgroups%2Fliteral.faq%2FPhilosophy%2Fworld%2Fscience%2Fjishu%2FM.960462068.A.

注意的是,两个过程是受时空分割的。尽管对很多技术而言,在分割时空中的技术与组织的互动是事实所在,但奥里科夫斯基认为共时性也是普遍存在的现象,为此她提出了自己的技术结构化模型。B模型中的行动者生产技术产品,技术产品又通过解释框架、设备和规则反过来约束行动者;而行动者与技术的互动还受到制度特征的影响,同样,行动者与技术的互动反过来通过强化和转换结构来影响制度特征。①

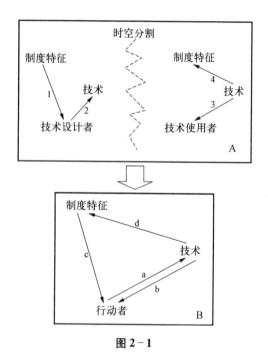

图 2-1

奥里科夫斯基认为这个模型的重要贡献在于突破了传统的两种建构论,并突出强调了行动者与技术的互动;而对于两者的互动

---

① 邱泽奇.技术与组织的互构——以信息技术在制造企业的应用为例[J].社会学研究,2005(2).

而言,制度特征既是影响的来源,也是被影响的对象,而技术与组织的关系就体现在这个结构化过程之中。

总的来看,互构论传统倾向于把技术与组织之间的关系看成是相互建构的过程:一方面,组织(以及组织中具有不同行动取向的成员)构造了技术的形态和使用维度;另一方面,技术也对组织的结构和制度化过程产生影响。这样,互构论视角把一个连续的相互影响的过程逐步展现出来。

小结:

上述介绍让我们看到了关于技术和组织关系的传统研究视角,现在让我们回到最初的问题:这些传统视角如何影响"信息技术与现代组织运行"的相关研究?

本书认为,这些影响集中在两个层面上:

(1)技术决定论的理论观点确实曾使许多研究者在探讨信息技术对现代组织的影响时,过分关注信息技术的优势与特质。这些研究者或者强调"信息技术对距离、效率和存储的影响",[1]或者强调"信息技术的网络化效应",[2]它们以技术导向为特征,关注的焦点是诸如带宽、计算能力、处理速度等技术问题,忽视了"信息技术在其中应用并充分发挥潜力的组织结构和新的、网络化组织安排对治理的含义"。[3] 这些研究过于强调信息技术自身的特征,并且相信信息技术发展的内在逻辑会导致理想的组织结构变迁。依据此类研究,"因特网的威力和普遍存在以及技术变

---

[1] George P. Huber. The Nature and Design of Post-Industrial Organizations[J]. Management Science,1984.
[2] Kelly, Maryellen. New process technology, job design and work organization: a contingency model[J]. American Sociological Review,1990.
[3] 参见简·芳汀.构建虚拟政府:信息技术与制度创新[M].北京:中国人民大学出版社,2004.

化的速度,已经倾覆了人类设计和探索其他途径的能力……技术本身必然催生新的制度,尽管新制度未曾经人类设计,也非人类所期待"。①

（2）社会建构论的视角则打开了另一扇观察之窗,它促使许多关注信息技术的研究者探讨"行动者的认知,文化、社会特征是怎样影响因特网和相关 IT 技术的设计、感知和使用的"。② 这些研究者循着社会建构论的研究传统,指出"效率和有效性的增长主要依赖组织的结构和设计,而不是技术基础设施"。③ "技术的物质构件代表的仅是一个潜在能力;只有当智力结构开始使用它的时候,技术才会对人和组织产生实际的作用。"④这些研究承认信息技术作为一种通用技术,确实对现代组织的运作产生了深远的影响,但这种影响并非是信息技术本身带来的,而是管理者和行动者"理解、设计和使用新信息技术时"带来的。

第二节 聚焦互动机制：新分析思路的发展

诚如上文所述,受已有的研究传统影响,早期关于信息技术影响现代组织运行的研究,在很大程度上仍更强调理论推演,更强调在"谁改变谁""谁影响谁"的层面做出推论。这些研究或者立足于信息技术的特质,强调其对现代组织结构及运行机制的修正(最著名的当为"扁平化"推论——笔者注),或者强调旧有结构和制

---

① 参见简·芳汀.构建虚拟政府：信息技术与制度创新[M].北京：中国人民大学出版社,2004.
② George P. Huber. The Nature and Design of Post-Industrial Organizations[J]. Management Science,1984.
③ 同上。
④ 同上。

度背景对信息技术的建构。一些研究虽然开始尝试运用"互构"的视角,但其研究层次仍停留在宏大结构层面。巴利有感于这种研究现状,曾感慨"在经历了多年的研究后,那些关于信息技术影响组织的经验证据也不过是含混不清甚至是矛盾的"。① 一些学者进而开始对已有研究开始进行反思,他们认为:单纯在"谁影响谁"层面讨论"变化是什么"是不够的,还应进一步加大研究深度,转而在信息技术与组织之间的互动机制层面讨论"这些变化究竟是如何发生的"。

一、巴利:观察 CT 扫描仪与放射科社会秩序

巴利(Barley,1986)对计算机层面 X 射线扫描仪(CAT)最初引进医院时,发生在两个放射科的社会秩序变化(亦可视为某种组织结构变化——笔者注)做了研究。巴利认为,从实际效果来看,新技术不是决定因素,新技术的引进是重新构建技术系统的"一个理由"。"扫描仪引起了变化,因为它已经成为社会客体,其意义也就由使用的环境来定义。"② 巴利还表明,放射专家和技术专家之间的互动会随时间而变化,因为既定的可判读"代码"的顺序是在不断变化的。由于背景环境、专业背景以及互动方式的不同,不同结构中的识别结果也会不同。

许多学者认为巴利的文章最重要的学术贡献,是发现了技术对角色期望和职位安排的改变是普遍存在的现象,但角色期望的重组及其对组织结构形成的影响却是案例性的,因此技术只是触发而不是决定了组织结构的变迁。③

---

① 斯蒂芬·巴利.技术作为结构化的诱因:观察 CT 扫描仪与放射科社会秩序获取的证据[M]//李友梅,李路路,蔡禾,邱泽奇主编.组织管理与组织创新——组织社会学实证研究文选.上海:上海人民出版社,2008.
② 同上。
③ 同上。

然而本书认为,从研究方法上来看,巴利的研究还有一个非常重要的贡献却常常被忽略,这就是为观察信息技术与组织结构之间的互动提供了一种非常重要的"历时性"视角,而这有助于研究者更好地观察两者之间的互动机制。

如前所述,受吉登斯结构二重性理论影响,巴利以前的一些研究者已经提出了技术与组织(结构)相互构造的观点(比如奥里科夫斯基),这些研究把技术视为人类的某种行动产物,其与结构相互塑造、相互制约。然而与暗含的理论取向相比,这些研究却并未提供一种观察这种技术与结构相互型塑的有效分析框架:在这些研究中,技术对结构的修正和结构对技术的约束被同时涉及——好像这些作用是同时发生的——人们很难进一步洞察不同影响之间的相互关系。另一方面,这些研究呈现的常常是技术与结构之间相互作用的"横截面",而非一种实践的"流动"之过程,它们很难回答这样一系列的追问:技术如何渗透到组织成员的日常生活中去?为什么在不同情境和阶段中,相近的技术却可能触发不同的变化?

巴利在 CT 扫描仪研究中,引入了一个很重要的分析维度,这就是作为理解情境关键要素的时间段。巴利在回顾已有研究的基础上发现,"解释组织的变迁和稳定性一样,都需要建立一个结构化过程的时间模型"[①]。他认为在考察技术对组织的影响时,这种时间模型尤为重要,因为技术虽然给组织调整创造了条件,但这种调整的意义可能一时还不会显现,但是随着组织对其处境重新界定,就会有缓慢的改变。因此他试图通过建立连续性结构化的组织变迁模型而非共时性结构化的组织变迁模型,来扩展

---

① 详可参见 Ranson, Stewart, B. Hinings, and R. Greenwood. The Structuring of Organizational Structures[J]. Administrative Science Quarterly 1980, 25(1): 1 - 17.

其研究。①

巴利的研究模型可见图2-2:结构化过程的连续模型。

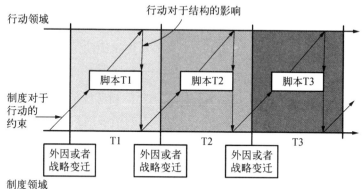

注:逐渐加深的背景色表示结构化的累计效果。

图 2-2

巴利把组织的结构化过程(这种结构化过程也是组织结构不断变迁的过程——笔者注)中连绵不断的时间流解析为几个时间段(T1、T2、T3),从而更好地呈现出技术进入(在该研究中,技术进入即被归为"外因或战略变迁"——笔者注)不同阶段逐渐累积的变化。

上述结构化的连续模型为我们指出了一条更为宽阔的经验研究道路以及研究技术所引发的组织变迁过程。由于大多数技术进入的都是既定的组织情境,而其中制度会影响随后的事件,所以研究者必须记录技术进入之前组织的传统行为模式、互动方式以及意义阐释。巴利认为,这一记录和评估非常重要,不仅因为制度性模式会影响有关技术引进的相关行动,而且因为这种

---

① 斯蒂芬·巴利.技术作为结构化的诱因:观察CT扫描仪与放射科社会秩序获取的证据[M]//李友梅,李路路,蔡禾,邱泽奇主编.组织管理与组织创新——组织社会学实证研究文选.上海:上海人民出版社,2008.

模式为判断结构稳定及变迁设置了特定的情境底线。一旦技术引入,研究者的注意力就应该从制度背景转向涉及技术使用的社会活动中去,从而得以记录行为和认知,即在互动秩序中呈现出来的原始材料。①

运用这一分析框架,巴利发现:要触发组织的结构化过程,技术必须首先扰乱或者肯定根深蒂固的行动模式以再造或者认可原来的格局,这种影响反过来又界定了组织的制度性结构。然而,由于技术仅仅是社会背景中影响行为模式的诸多因素之一,即使同一种技术也可能触发导致不同的变化,进而导致不同场景中的不同组织结构。②

启示:

本书认为,相比于最终研究得出的结论,巴利在研究方法上的贡献显然长期被低估了。他提出的观察技术进入组织并引发变革的研究框架("结构化过程连续模型")为后来的研究者突破"技术决定组织,组织决定技术"的逻辑循环辟出一条蹊径。这种研究框架由于运用了"历时性"分析视角,因此得以把技术与组织结构之间的复杂互动过程呈现出来。它使我们看到:技术对组织的影响(以及组织对技术运用的界定),并非是在一次性的简单互动中实现的,而是处于一个时间流中,经由多次反复互动最终形成。从这个意义上说,离开了多个彼此互为因果的时间之流,而去讨论两者之间的相互影响显然是不明智的。无独有偶,本书在前期文献分析中发现:巴利从社会学角度对研究

---

① 斯蒂芬·巴利.技术作为结构化的诱因:观察CT扫描仪与放射科社会秩序获取的证据[M]//李友梅,李路路,蔡禾,邱泽奇主编.组织管理与组织创新——组织社会学实证研究文选.上海:上海人民出版社,2008.
② 同上。

方法的这种思考,恰恰与 IT 管理前沿理论有颇多相似之处,后者也强调不同阶段信息技术进入组织所面对的不同问题。(详见以下专栏一)

> ### 专栏一　管理学对信息技术引入组织的多阶段扩散理论
>
> 　　许多管理学研究者也发现有必要分多个阶段来理解信息技术对组织运行的影响。
>
> 　　与巴利同一时期的管理学专家 Nolan 提出了分阶段 IT 渗透假说(IT penetration hypothesis)。[①] Nolan 经过对多个组织的实证观察,用统计的方法得出结论,认为 IT 信息技术在组织中的渗透是分阶段的,不同的阶段反映了组织的 IT 使用与管理的不同的成熟度,这些阶段前后相连,最后发展到一个"终点状态",即成熟状态。该模型明确说明了各个发展阶段的具体标志以及阶段之间的过渡特征,以计算机在企业中的应用规模和 IT 应用上的资源投入大小为尺度,在整体的层次上辨析出 IT 在企业组织中的渗透过程轨迹。
>
> 　　Nolan 认为信息技术在企业的渗透分为 4 个阶段:初始、传播、控制和集成。随着时间的推移和 IT 信息技术的不断发展,Nolan 又将信息技术影响组织的过程修订为 6 个阶段:初始、扩展、控制、集成、数据管理和成熟。整个影响过程在投入成本方面呈 S 曲线,Nolan 还对不同阶段信息技术影响组织的特点进行了归纳。

---

① 详可参见玛丽·萨姆纳.ERP—企业资源计划[M].北京:中国人民大学出版社,2005.

表 2-1 Nolan 六阶段模型

阶段	对组织运行的影响	具体表现	特点
初始	局部成本降低	在职能部门的业务操作层应用和烦琐的业务中计算机逐步代替人工	关注业务的自动化批处理；告诉角色功能应用；投资逐步上升；无统一计划及控制，只是对计算机的管理；用户被动介入
扩展	企业整体成本的降低和效率的提高	企业各个部门的业务操作层广泛应用；大量在线系统开始应用	
控制	对信息系统进行规范和管理	管制ROI；加强计划和方法；投资得到控制	数据库技术开始应用；应用分散到用户端；加强对系统可靠性的要求；在业务的驱动下，用户直接介入数据的输入和应用，负责数据的质量和增值应用
集成	提供整体服务	各个系统整合，以建立完整的应用系统；从提供解决办法发展到对用户提供整体服务	
数据管理	信息共享	不仅仅解决业务操作层，更需要通过对各类信息的分析、支持管理决策，从企业整体出发构建完整的应用系统	从信息利用的目的出发来平衡系统的集中和分散度，进行专门的数据资源管理，并通过对数据的应用来保证数据的质量和进行增值应用
成熟	对企业发展进行直接支持	根据企业的战略目标对数据资源进行计划和应用	

罗杰斯的《创新的扩散》(Diffusion of Innovation)从组织中的创新扩散视角出发，提出信息技术影响组织运行的5阶

段模型①：

问题识别→匹配→组织/流程再造→厘清→日常化

IT 信息技术在引入组织的不同阶段，所面临的活动具体如下：

(1) 问题识别：收集可能引起创新需求的信息、界定问题；

(2) 匹配：对创新需求与创新手段进行匹配，为采纳活动中的信息技术/信息系统购买决策准备；

(3) 组织/流程再造：信息技术/信息系统购买决策已完成，创新在组织中展开实施，创新需要与组织内部环境磨合、相互适应；

(4) 厘清：创新在组织中得到推广使用，人们逐渐对该创新有了更加深刻的认识；

(5) 日常化：经过一段时间的体会与使用后，创新已经被组织消化吸收。

二、简·芳汀：执行技术的分析框架②

如果说巴利的研究为分析信息技术与组织之间的互动机制提供了一种"形式"上的新思路，那么简·芳汀的执行技术分析框架则为人们更好地洞察技术与组织之间互动的"实质"提供了一种新视角。

---

① 详可参见：埃弗雷特·M. 罗杰斯.创新的扩散[M].北京：中央编译出版社,2002.
② 关于该分析框架,可参见：简·芳汀.构建虚拟政府：信息技术与制度创新[M].北京：中国人民大学出版社,2004.

简·芳汀在研究现代信息技术作用于美国联邦政府以及陆军的过程中,一直在关注一个核心问题,这就是:作为一个变量,技术处理和传播所产生的根本性变革,以什么样的方式影响着既有制度结构?这个问题也可以表达为:信息技术的执行是怎样加强或削弱制度所构成的束缚?

围绕上述问题,芳汀教授提出了执行技术的分析框架(见图2-3)。在该框架中,信息技术被看作是内生的——信息技术在被设计和应用的过程中被不断改变。她区分了客观的信息技术(objected technology)和被执行的信息技术(enacted technology)。客观的信息技术包括因特网、其他数字电讯传播技术、硬件和软件;而被执行的信息技术则包括用户对技术的理解以及技术在特殊情境中的设计和使用。之所以强调"执行技术"这个概念,是因为:信息技术不同于制造技术或生产技术(尽管大多数制度理论和组织理论在提及"技术"的时候,指的是后者),相比而言,信息技术灵活开放得多,它更容易被拆分,而且允许无数的设计和使用。工业技术是肌力,而信息技术是大脑和神经系统;工业技术取代的是胳膊、手和肌肉,信息技术替换的是传播、思考和计算。[①] 因此对信息技术的理解,不能单纯从客观技术指标来理解,而要考察它在执行过程中实际上被嵌入了怎样的制度思维和组织印记。

在芳汀看来,当某种客观的信息技术被引入组织内部时,它必然会受到既有组织安排和制度安排的影响——某种意义上被后两者所"嵌入"。在这里,芳汀特别把"组织"和"制度"分开,"组织安排"指的是官僚系统及组织间形成的网络,某种意义上"组织安

[①] 简·芳汀.构建虚拟政府:信息技术与制度创新[M].北京:中国人民大学出版社,2004.

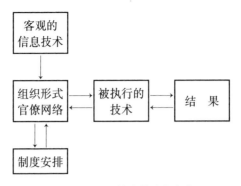

图 2-3　执行技术的分析框架

排"是一种工具性的手段,"通过这种手段,产品得以生产、服务得以提供,产品或服务在市场上得以交易"[①];相反制度产生规则和要求,"如果个人和组织想在这种环境中获得支持且被视为合法,他们必须遵循这些规则和要求"[②]——一言以蔽之,组织安排奖励效力、效率及对生产的控制;制度安排则鼓励规范的规章制度,由此导致行为的适宜、地位的合法以及在某些场合对程序、仪式、符号和修辞的遵从(从这个意义上说,芳汀对组织的理解是依据效率机制,而对制度的理解则是基于制度学派的"合法性"维度——笔者注)。

当芳汀运用这一分析框架观察联邦机构的数字化时,她发现:信息技术和联邦机构的组织安排/制度安排相互关联、相得益彰;它们之间即是自变量也是因变量,彼此之间互存因果关系。制度和组织使得信息技术得以执行,反过来,信息技术可以改造组织和制度,使之更好地适应技术的发展。通过现行组织安排和制度安排的中介作用,新的信息技术得以执行,即被理解、设计和使用;但

---

① 简·芳汀.构建虚拟政府:信息技术与制度创新[M].北京:中国人民大学出版社,2004.
② 同上。

对于组织安排和制度安排而言,这些"执行技术"具有自身内在的逻辑和偏好。这多重的逻辑就体现在日常运作、官僚政治、规范准则、文化信仰和社会网络中。

启示:

作为社会科学中的一个重要研究分支,组织研究领域往往会受到同一时期宏大理论和相关思潮的影响。对于巴利及其同时代研究者而言(身处1980年代,初步感受到新技术对社会变迁的影响),他们或多或少都深受吉登斯的结构二重性理论影响,因此当他们讨论信息技术之于组织变迁的影响(路径)时,更多地关注如何在行动—结构的时空连绵中"捕捉"技术的独特作用机制与轨迹,相比之下技术自身的特质反而或多或少被忽略了。而简·芳汀研究所处的时代(1990年代后期,正是美国联邦机构大力引入信息技术构造虚拟政府之际),是一个信息技术快速绽放夺目光彩的时代,同时代的思想家如卡斯特尔等,都是从信息技术的特质出发,去理解新技术革命的宏大社会影响[①]——简·芳汀显然也深受这些研究影响,因此她更倾向于从"内生"的角度去理解信息技术在执行时被赋予的结构性内涵,并观察执行技术又是如何进一步作用于已有结构的。

简·芳汀的"执行技术"框架,或多或少为研究者揭示了这样一个长期未得到很好讨论的问题:在信息技术与组织互动过程中,如果存在碰撞与融合,那么是什么在碰撞?又是什么在融合?(显然,她倾向于从"制度安排"和"组织安排"层面来观察这些碰撞和融合)"执行技术"框架的运用,使人们看到了一个技术被现实组织结构"嵌入"的过程。

[①] 这一点在《网络社会的崛起》等著作中鲜明可见。

不过在芳汀的这一研究框架中,也存在着显然的不足。她展现了现有结构型塑执行技术的过程,相反在分析执行技术影响既有结构时,她却语焉不详,仅仅强调执行技术有自己的"偏好与逻辑",并能改造既有结构;至于说执行技术的"偏好与逻辑"是什么?又是如何改造既有结构的?她却缺乏系统的理论回应。

第三节 本书的分析框架

总结来看,在过去多年时间里,关于信息技术如何影响组织运行的研究经历了两个大的阶段:在早期研究中,论者更多地受到传统研究路径的影响,而循着技术决定论、社会建构论、互构论方向开展研究;新近的研究搁置了信息技术与组织之间"谁更主要地影响对方"这一议题,而以两者在实践中的互动机制为观察点切入开展分析。其中,巴利的研究为我们提供了一种历时性分析框架,而简·芳汀的研究则提供了执行技术的分析视角,后者更好地揭示了技术被组织安排和制度安排"渗透"的过程,但对于执行技术如何发挥作用影响组织运行则缺乏进一步的解说。

本书认为:某种意义上,聚焦互动机制的研究视角可以在"实然"的层面更好地管窥信息技术影响组织运作的路径与方式,进而回答"技术如何改变组织""为什么有些技术会遇到强烈的组织'反弹'而另一些则不会"[1]等富有意义的组织研究领域的重要问题。巴利和简·芳汀的研究呈现了信息技术研究两个不同阶段的重要分析框架,如果将其有机结合,则有可能发展出更有效力的新分析框架。

---

[1] 关注美国联邦政府数字化改革的专家时常会提出这个问题。随着中国政府近年来加快了电子政务的发展步伐,许多实践部门和研发部门也常常遇到这一困扰。

本书尝试在已有研究的基础上,建立"技术—结构"的时间序列互动分析模型,该模型如图2-4所示:

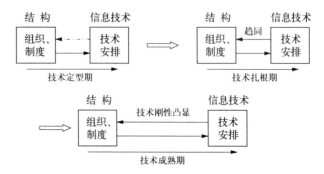

图2-4 技术—结构的时间序列互动模型

上述模型除了借鉴巴利与简·芳汀的分析框架外,还汲取了当前(IT)管理学相关领域的理论洞见,它表达了三层核心的含义:

含义一:信息技术进入组织并影响组织运作是一个多阶段复合的过程。在每个不同阶段,技术与组织结构之间的互动处于特定的情境里,并面对着不同的核心问题。在这里本书借鉴了Nolan与罗杰斯的相关分析[①],按照技术与结构互动内涵的发展将互动阶段分为三段:"技术定型期""技术扎根期"以及"技术成熟期"。这三个阶段处于连绵的时空情境中,并前后相互影响,离开了作为背景的前一阶段,人们难以理解后一阶段互动的形式与方向。

含义二:更重要的是,该框架暗示:在不同互动阶段,技术与结构的相互型塑方式、路径以及相互影响的核心议题是不一样的。在"技术定型期",两者间的关系更多呈现为结构对技术的选择、理解与重新安排,相比之下技术对结构的作用则取决于一些案例性(或者说偶然性)的机会,因此在图中,表示技术影响结构的线

---

① 玛丽·萨姆纳.ERP—企业资源计划[M].北京:中国人民大学出版社,2005;埃弗雷特·M.罗杰斯.创新的扩散[M].北京:中央编译出版社,2002.

条用虚线来表示。在"技术扎根期",信息技术面临的核心问题是在虚拟的空间中(该空间由数据库、网络、网关等构成)以趋同的方式再造一种与现实组织结构相适宜的虚拟结构,并由此获得更大意义上的合法性支持;这一阶段中技术和结构相互影响,技术以其自身的灵活性适应结构的刚性要求,同时在充分提高效率的基础上促进结构"微调"。而一旦进入"技术成熟期",信息技术便已实现"融入"组织内部的目标,它已成为组织中的一个重要组成部分,它界定、制约着其他的组织行为,其刚性的一面开始日益凸显——按照一些制度研究的结论,它已成为新的"常规化"的结构,①因此推动着组织变革的方向。

在该框架中,组织结构被理解为两个范畴:组织安排与制度安排。其中组织安排通常可以从三个方面来观察②:等级结构、专业知识的配置以及组织网络特征;制度安排则可从两个方面来理解③:法律和正式的制度安排以及众所认同的(具有实际合法性的)行为规范。

含义三:该分析框架暗含的思路是:信息技术不仅具有结构嵌入性特征,同时也具有其自身的刚性,但是这种刚性的呈现是一个渐进的过程(许多相关研究并没有注意到这一点,他们倾向于认为这种刚性是技术自身特有的,始终存在),一旦组织引入的信息技术进入发展成熟期后,它就具有很强的刚性约束特征。在某种意义上说,恰恰是对信息技术刚性呈现的渐进性认识不足,因此一些研究会简单地评估技术植入的组织效应。

需要说明的是,本研究在开展过程中已经逐步意识到,信息技

---

① 相关研究可参见:Ranson, Stewart, B. Hinings, R. Greenwood. The Structuring of Organizational Structures[J]. Administrative Science Quarterly, 1980, 25(1): 1-17.
② 本书对组织安排的理解更多遵循的是米歇尔斯在1982年提出的经典分析架构。
③ 本书对制度安排的理解更多遵循的是社会学制度学派(以迈耶、罗文、鲍威尔为代表)的研究传统。

术引入组织的过程同时也是一个组织内部复杂的微观"政治过程"：技术提供了变革的可能，并被组织内不同的行动者赋予不同的期望和意义，这些行动者借助技术的引入——更确切地说，通过设定技术发挥作用的方式，而延续着之前组织内不同部门、力量之间的相互影响。从这个意义上说，信息技术本身并不能直接引发变化，它通过为组织内关键行动者提供机会、新的资源而促动组织的变革。当然这一过程显得更为隐蔽，要对其进行深刻的揭示必须借助更为详尽的实地分析资料和一组关于权力技术的分析框架[①]。某种意义上说，本分析框架所揭示的技术—结构互动过程仍属形式上的中观分析层次，它所揭示的问题相比于权力关系的视角要显得更形式化，但却是理解后者必不可少的一个分析层次。

第四节 理解技术治理的复杂后果

上述分析框架揭示了新一代信息技术嵌入治理体系推动治理创新的过程和机理，令我们意识到唯技术主义认识论的局限性，逐步呈现出技术治理背后复杂的制度逻辑。人们通常把新技术的引入看做是一种治理体系改革和创新的过程——视为一种对既有治理结构和机制的根本性重塑——但若以本书分析框架观之，这种"重塑"在多大程度上可以超越既有的制度结构实际上是需要谨慎评估的。

一方面，既有治理体系在选择技术植入方案时通常是有明确的制度偏好的。技术的先进性和解决问题的有效性并不是一个"毋庸置疑"的客观过程，其需要特定的标准去定义和评估。既有

[①] 此类研究可参见让-皮埃尔·沃尔姆斯.省长和他的政要们[M]//李友梅，李路路，蔡禾，邱泽奇主编.组织管理与组织创新：组织社会学实证研究文选.上海：上海人民出版社，2008.

治理体系和身处其中的改革者很难完全跳出已有制度框架去选择技术方案,因为制度化不仅存在于规制和规范层次,更存在于"视之为当然"的认知层次。① 改革者通常会沿着既有制度逻辑的惯习去选择技术方案,在这个意义上,新技术本身的技术逻辑甚至常常会被忽略。近年来,跨数据库的数据交换与检索技术、以用户为中心的机器学习②等先进技术已在商用领域大放异彩,但在政府公共服务领域的应用水平则要低得多——这并非因为后者的技术应用更为复杂,主要归因于后者需要面对复杂得多的制度环境,并接受制度系统的筛选。许多在商用领域得到高效应用的技术在公共部门所处的制度环境中却总是问题重重,如缺乏更为便捷的数据共享平台等。这些都表明,新技术的应用会受到既有治理逻辑的深刻影响,这也意味着新技术在多大程度上能推动既有治理体系发生根本性变革实际上比普遍的乐观估计要复杂得多。

在一些特殊的情况下,新技术的应用甚至能强化某些传统治理机制,从而使改革陷入"闭锁"难题。通常来说,当某种治理机制已经不适宜于治理情境时就面临着被新机制替代的问题,但由于新一代信息技术可以在不改变既有治理结构的情况下为既有治理体系提供更大的弹性和效率,因此可以化解许多迫在眉睫的难题,从而使濒临改革的旧治理结构不断延续下来。比如:在现代多元、开放的社会情境下,更强调自上而下层层加码、注重行政管制和政府单一治理主体的治理模式显然跟不上形势,该治理方式常常会因跟不上社会的复杂需求而面临改革压力,但一些新型数据收集技术和公众需求提取技术的应用可以显著提升既有治理模

---

① W·理查德·斯科特.制度与组织——思想观念与物质基础[M].姚伟,王黎芳,译,北京:中国人民大学出版社,2010.
② 指的是计算机和软件系统与用户共同学习,以用户需求为导向并不断在技术上适应用户。在这方面的突出代表是 Google 等商用平台推出的技术应用。

式的效率,因此使得深层次上的治理结构调整一再被搁置。从这个角度来看,新技术的运用和改革、创新并不一定是同一回事。在极端的情况下,一些亟待改革的治理机制一旦与新技术相结合,甚至会表现出很强的"顽固性",如:中国政府内部在信息共享上存在的"条块分割"现象一旦与各部门各自为战的信息技术结合起来,导致了更为复杂的电子"孤岛"现象,从而为今天的改革带来了更大挑战。上述分析表明,新技术的应用可能会有多面向的社会后果。

另一方面,技术治理又不完全是被既有治理体系所限定的,其确实可能以微妙的方式推动治理结构发生根本性变化。随着新技术深度嵌入治理体系,其技术逻辑的刚性得以不断显现和扩散,从而不仅修正已有治理体系运行的逻辑,而且还推动治理体系内普遍观念和认知思维的变化,最终引发了深刻的变革。近年来我们在城市社区服务领域中就可以看到"一门式"技术应用方案引发的类似变迁。在这些领域,技术治理通常以一种相对曲折的方式为治理变革提供新的可能。此外,新技术的运用还在一定程度上改变了已有治理模式的一些重要约束条件,从而使得深度的治理创新成为可能。比如:自秦汉以来的帝国治理中一直面临着"数目字管理"上的艰巨挑战,[1]由于上下级政府间存在着显著的信息不对称问题,中央政权的统一领导与地方治理的灵活性之间长期难以有效兼顾,常常顾此失彼;[2]但近年来,随着大量信息"直报"技术的运用,这种信息不对称的情况得到了有效的扭转,在一些地区甚至出现了上级掌握数据但基层一线部门缺乏数据信息的情

---

[1] 黄仁宇.十六世纪明代中国之财政与税收[M].北京:生活・读书・新知三联书店,2001.
[2] 周雪光.权威体制与有效治理:当代中国国家治理的制度逻辑[J].开放时代,2011(10).

况。这些重要约束条件的变化也可能引发上下级治理模式出现重要转变——这些都意味着技术治理对于当代中国治理转型有着重要的推动作用。

概括来看,与单纯注重技术治理革新意蕴的观点相比,本书分析框架更强调技术治理可能产生的多维后果:既有可能强化已有治理结构,又有可能推动治理转型。这种分析框架要求我们更为具体地观察新技术植入的全景式过程,细致分析技术与组织结构互动的机制以及由此产生的影响。立足于当代中国社会治理模式转变的历史脉络,我们认为考察技术治理的复杂效应不能仅仅停留于对新技术特质眼花缭乱的描绘上,而是要追问这些技术的应用在多大程度上对传统治理模式哪些维度的条件和约束产生了根本的影响。从某种意义上说,本书潜在的努力在于指出:大多数以管理和协调人类行为为根本目标的技术(方案),从本质上说都不可能是一种纯粹的追求实验室逻辑的技术,它或多或少都被嵌入了某些特有的制度安排、关怀或目标取向。因此,当我们去观察某种技术对组织运作的影响机制时,不仅要关注技术自身的特征、技术在引入过程中的建构过程以及组织结构对其所展现的约束,而且还要分析这种技术方案背后所蕴含的特有逻辑,以及这种逻辑和即将植入结构之间的关系格局。这种新的分析方向,并非意味着形成一种新的决定论,而是意味着打开一幅关于信息技术影响组织运作分析的全程画卷的前端——在此之前这一部分总是身处研究聚光圈之外。

第三章
技术治理中的国家与社会关系

第二章讨论了技术治理得以实现的机制,展现了新技术嵌入治理体系的多阶段进程,为我们理解政府公共部门引入新技术推动治理转型的过程提供了一种中观理论视角。接下来我们将进一步拓展讨论的范畴,聚焦政府部门运用新技术构建新型政社关系这一技术治理的重要维度,探讨其中蕴含的重要理论问题。

之所以要单辟篇幅讨论技术治理中的国家与社会关系,主要基于以下几方面考虑:

首先,当代中国的国家与社会关系形态对于治理转型意义深远,涉及共建、共治、共享社会治理结构能否有效运行;而近年来政社互动的场域越来越呈现出向网络空间和新技术平台转移的态势,因此研究技术治理中的国家与社会关系对于研判治理转型的态势具有重要意义。近年来,中央和各级地方政府都开始探索建设各种面向公众的网络互动平台,一些基层政府更是将社区治理、基层民主协商议事、村(居)委会运行等重要工作都搬到了网络和新技术平台上,由此推动了网络空间中的政社关系密切互动。但这种依托新技术的政社互动会遇到何种类型的挑战?新技术背景下的政社互动所处的制度环境又具有何种特征?……对于这些问题,目前学术界都还缺乏进一步的讨论,这也是本章将重点关注的内容。

其次,中国政府运用新技术调整条块关系、上下级政府关系的改革实践已有近20年,但相比之下运用新技术来调整、优化政社关系的改革实践则要晚近得多,因此研究其中蕴含的基本问题和面临的挑战也就显得更为必要。相比于现实中的社会力量培育问题,网络空间中政社互动显得抓手更少、风险和不确定性更大,因此技术治理实践中必然会发展出相应的风险控制和治理机制,而这些对于中国社会力量的生长又意味着什么?可能在多大程度上影响社会发育的方向与形态?这些问题都亟待引起学术界的重视。

最后,作为一种思维模式的技术治理(即"技术主义"地实施治理)对政社关系可能会产生极为复杂的影响,[1]需要细致分析其中的深层问题。尤其是技术治理过于注重在形式层次解决问题,但对社会主体性的培育和公共性的成长可能会产生诸多复杂影响,这些也都亟待进一步分析与研判。

本章首先将简要回顾当代中国国家与社会关系转型与变迁的基本脉络,在此基础上讨论当前社会力量参与社会治理所面临的总体制度环境特征——这种制度特征也映射于技术治理领域,本章第三部分将据此对技术治理领域的政社互动制度环境及其后果进行讨论。

第一节 治理转型与当代中国 国家与社会关系变迁

中华人民共和国成立以来,国家在不同时期对于如何塑造和引领有序社会生活这一命题有着不同的理解和认知,并采取了不

---

[1] 黄晓春.中国社会组织成长条件的再思考——一个总体性理论视角[J].社会学研究,2017(1).

同的治理举措：从最初的推动社会单位化并建立起某种"总体性支配模式"，①到逐步开始依托社会多元力量、强调不断提高社会管理的科学化水平，进而有效协调社会不同利益诉求、推动以民生为重点的社会建设。这种治理转型的历史性过程，与中国经济发展模式的转变、社会资源配置结构的变化以及社会利益结构的分化都有着重要的因果关联。客观来看，这一进程也体现了国家审时度势、适应历史发展客观规律、在经济社会诸领域各种自主性纷纷彰显的背景下重建新型社会生活秩序的努力。然而，每种治理模式的有效运转都与一定的结构性支撑因素密切相连，②因此，不同治理模式之间的转变并非一个水到渠成的自然过程。今天，当中国政府试图在一个越来越开放而分化的社会中重建多元管理格局时，传统支撑因素③的有效性正日渐弱化，如何在新的基础上建设一种凝聚和吸引社会多元力量共同参与社会治理的新模式开始变得日益迫切。正是在这种治理转型的历史背景下，当代中国的社会组织与社会力量又被赋予了"社会治理主体"的重要时代内涵。

一、当代中国社会治理转型的基本脉络

从党和国家的政策演进来看，近年来各级政府一直在转变观念，开始改变单一维度的自上而下社会管理观，逐步形成上下结合、政社结合、多元参与的新型社会治理观。这可以从近年来党和国家的重要文件中窥视一斑。

2011 年 2 月，胡锦涛同志在省部级主要领导干部社会管理及

---

① 孙立平，王汉生，王思斌，林彬，杨善华.改革以来中国社会结构的变迁[J].中国社会科学，1994(2).
② 渠敬东，周飞舟，应星.从总体支配到技术治理——基于中国 30 年改革经验的社会学分析[J].中国社会科学，2009(6).
③ 在许多研究看来，这种传统支撑要素包括：国家对资源的总体性控制、社会成员对国家高度依赖以及高度一元化的集体主义意识形态等。

其创新专题研讨班开班仪式上,围绕探索建设中国特色的社会主义社会管理体系,发表了重要讲话。胡锦涛强调了"三个最大"(最大限度激发社会活力、最大限度增强和谐因素、最大限度减少不和谐因素)对于社会管理创新的重要影响。讲话指出:"加强和创新社会管理,要高举中国特色社会主义伟大旗帜,全面贯彻党的十七大和十七届三中、四中、五中全会精神……紧紧围绕全面建设小康社会的总目标……以解决影响社会和谐稳定突出问题为突破口,提高社会管理科学化水平,完善党委领导、政府负责、社会协同、公众参与的社会管理格局,加强社会管理法律、体制、能力建设,维护人民群众权益,促进社会公平正义,保持社会良好秩序,建设中国特色社会主义管理体系。"①这一讲话精神表明,党和中央领导人已经站在战略高度重视社会管理及其创新。

同年,党和国家连续推动了三个有重要意义的制度创新。其中:2011年3月,"社会管理创新"一词首次以重要篇幅写入《政府工作报告》,并在国家"十二五"规划纲要中单独成篇。切实解决人民群众最关心最直接最现实的利益问题,已被各级政府摆在了更加重要的位置。2011年7月出台了我国第一份关于社会管理创新的正式文件《中共中央国务院关于加强社会创新管理的意见》。2011年9月16日,中央决定,把"中央社会治安综合治理委员会"更名为"中央社会管理综合治理委员会"②。尤其是"中央社会治安综合治理委员会"的更名,更是标志着党对社会管理的范畴认识实现了全新的转变,社会管理并不简单地等于治安管理;而且,在党的认识中,社会管理开始出现了向治理的悄然转变。

在党的十八大上,社会管理创新的问题再次成为重要议题。

---

① http://www.china.com.cn/policy/txt/2011-02/20/content_21958772.htm.
② 柳霞.以善治筑和谐:十六大以来社会管理创新述评[J].学会,2012(10).

在这次会议上,党仍然强调了以民生为重点的社会建设的重要性,同时在十六届四中全会精神的基础上更进一步,提出"加强社会建设,必须加快推进社会体制改革。要围绕构建中国特色社会主义社会管理体系,加快形成党委领导、政府负责、社会协同、公众参与、法治保障的社会管理体制,加快形成政府主导、覆盖城乡、可持续的基本公共服务体系,加快形成政社分开、权责明确、依法自治的现代社会组织体制,加快形成源头治理、动态管理、应急处置相结合的社会管理机制"。由此,人们可以发现,党对社会建设与社会管理创新的理论认识又更加丰富和成熟。

对于当代中国社会治理模式的转变,具有重要意义的变化发生在党的十八届三中全会上。与之前历次会议上的表述不同,这次会议明确提出了从传统社会管理向现代社会治理的历史性转变。会议提出了新时期创新社会治理体制的重大战略要求,并将其置于国家治理体系和国家治理能力建设的重要位置。会议指出:"创新社会治理,必须着眼于维护最广大人民根本利益,最大限度增加和谐因素,增强社会发展活力,提高社会治理水平,全面推进平安中国建设,维护国家安全,确保人民安居乐业、社会安定有序。"三中全会通过的《中共中央关于全面深化改革若干重大问题的决定》用浓墨重彩阐述了创新社会治理体制的具体内涵:首先,"改进社会治理方式。坚持系统治理,加强党委领导,发挥政府主导作用,鼓励和支持社会各方面参与,实现政府治理和社会自我调节、居民自治良性互动。坚持依法治理,加强法治保障,运用法治思维和法治方式化解社会矛盾。坚持综合治理,强化道德约束,规范社会行为,调节利益关系,协调社会关系,解决社会问题。坚持源头治理,标本兼治、重在治本,以网格化管理、社会化服务为方向,健全基层综合服务管理平台,及时反映和协调人民群众各方面各层次利益诉求。"其次,"激发社会组织活力。正确处理政府和社会关系,加快实施政社分开,推进社会组织明确权责、依法自治、发挥作用。适合由社会组织提供的公共服务和解决的事项,交由社会组织承担。支持和发展志愿服务组织。限期实现行业协会商会与行政机关真正脱钩,重点培育和优先发展行业协会商会类、科技类、公益慈善类、城乡社区服务类社会组织,成立时直接依法申请登记。加强对社会组织和在华境外非政府组织的管理,引导它们依法开展活动。"第三,"创新有效预防和化解社会矛盾体制。健全重大决策社会稳定风险评估机制。建立畅通有序的诉求表达、心理干预、矛盾调处、权益保障机制,使群众问题能反映、矛盾能化解、权益有保障。"第四,"健全公共安全体系。"十八届三中全会关于创新社会治理的历史性提法标志着党对社会建设与管理的认识进入到了与中国经济社会发展相适应的全新阶段。

  党的十九大在一个更高的起点上将当代中国社会治理转型的目标勾勒为"打造共建共治共享的社会治理格局"。报告强调提高社会治理社会化、法治化、智能化、专业化水平;加强社会心理服务体系建设,培育自尊自信、理性平和、积极向上的社会心态,加强社区治理体系建设;尤其是要推动社会治理重心向基层下移,发挥社会组织作用,实现政府治理和社会调节、居民自治良性互动。这意味着治理转型将更注重社会力量的参与和进一步发挥社会力量的自主性,从而形成政社合作的长效治理网络。

  概括来看,过去10多年来中国社会治理模式经历了从"管理"到"治理"的深远转变,在很大程度上代表着改革步入"深水区"以来,中国政府在维系良性社会秩序时对所遭遇的各种深层挑战展开的有效的回应。

  许多研究都注意到,近年来中国社会管理体系正面临着一系列深层次挑战:一是随着后工业经济的发展和社会结构的分化,人们的需求结构变得日益复杂,此时的公共服务不再是一系列无差异的标准化服务,不同的社会群体对公共部门形成了不同的服务预期。此时公众对政府的服务需求出现了"不协调"的一面,而政府仅凭自身的力量无法对这种不协调的需求格局作出及时的回应。二是不同社会阶层的利益取向趋于分化,对政府现有的利益协调能力提出了挑战。在近年来的一些社会焦点讨论中,不同阶层对公共政策的态度表明他们之间的利益取向趋于分化:上层倾向于扩大自身在上一轮经济发展中获得的优势,并出现一种趋于封闭的利益循环;中层要求在经济、社会等权利配置上打破这种封闭,更多地参与社会主要利益的配置过程;底层则持有一种"游离"态度,他们更关心政府的社会支持体系建设。如何对这些不同的利益取向进行更好的协调,这对政府现有的利益协调能力提出了挑战。三是随着全球风险社会的来临,如何开展有效的风险防范与治理逐步成为社会管理的重要内容。全球化的过程实际上就是世界风险社会形成的过程,从金融风险到环境破坏、从核危机到社会失范、从流行性疾病到个人的存在性焦虑、从全球恐怖主义到日常的饮食安全,现代人的所有行动都被卷入到风险社会的生产和再生产之中,风险成了当代人类的一个基本生存环境。[①] 传统的管理方式在面对无所不在的社会风险时,开始显得有些力不从心了。

显然,面对上述挑战时,仅仅依靠政府行政管理的力量已经严重不足了。此时高效的社会管理既需要宏观的、显性的社会管理制度和社会体制的完善,亦需要构建多元的、隐性的社会协调机制,特别是激活来自社会生活本身的、协调各种社会关系的机制,即型塑结构意义上的社会组织体制,以便形成多元复合治理的现代社会管理格局。在此背景下,当代中国的社会力量和社会组织

[①] 李友梅.从财富分配到风险分配:中国社会结构重组的一种新路径[J].社会, 2008(6).

就获得了一个极为重要的发展机遇,国家与社会关系也开始经历重要的调整。

二、作为治理主体的社会组织与社会力量

社会组织与社会力量之所以会被视为多元治理模式中重要的治理主体,这在很大程度上与其组织特征有关。首先,社会组织来自公众和民间社会的组织属性,决定了其代表着特定社会群体的利益。因此,在社会利益结构和需求结构高度分化的现代背景下,只有吸纳不同社会组织参与到多中心治理网络中去,通过它们之间的协商和互动,才有可能较好地协调社会不同利益群体的诉求,建立长效的社会自我协调机制。这一点已经被西方发达国家的治理实践所证明,无论是政治多元主义国家还是法团主义国家,吸纳社会组织参与治理对于社会利益协调都具有重要意义。其次,大多数富有活力的社会组织和社会力量都具有较高的社会威望和公众信任基础,因此,当这些社会组织参与社会治理时,它们具有较强的公信力和社会说服能力,可以较好地动员居民以积极、理性、善意的方式来共同维持社会秩序,由此更容易形成具有广泛社会合法性基础的社会秩序。第三,社会组织和社会力量可以更为灵活地运用多种社会机制来塑造社会秩序,这种组织特征尤其适用于异质性水平较高的现代社会结构。相比政府部门的刚性运作模式和诸多"硬约束",来自社会的治理主体可以运用各种灵活的手段来动员、教育社会成员,并维系社会秩序。最后,也是非常重要的一点是,吸纳社会组织和社会力量开展社会治理可以有效地提升公众自我协调、自我服务的能力,从而降低各级政府部门的行政治理成本,最终塑造良性的现代国家治理体系。

正是在上述宏大背景和现实因素的多方作用下,近年来全国各地(尤其是深处治理创新一线前沿的特大城市)的地方政府都

开始探索在社会治理中充分发挥社会组织和社会力量功能。比如：上海市政府开始引入专业社工机构、心理咨询机构以及各类具有活力的社会组织参与社会矛盾调解、外来人口服务管理、动拆迁遗留问题化解、医患矛盾调解、交通事故善后等治理活动，并取得了事半功倍的成效。以上海市妇联实施的"知心妈妈"项目为例，该项目通过购买服务的形式引入社工、社会组织参与化解信访突出矛盾。2011年项目实施以来，已经促成了78位案主中18位案主案结事了，其他案主的上访频率也显著减缓，开始理性表达诉求。类似的案例在社区矫正、社区发展领域还有很多，这些领域引入社会组织与治理后，治理绩效都得到了显著的提升。

在市场经济领域，作为典型的互益性社会组织，行业协会维护的是会员单位的利益，通过收集会员意见，以协会的名义提出建议，并努力推动上升为公共政策。尤其在一些经济发达地区如浙江，商会在政府经济政策制定中已经形成与政府间较为稳定的制度化合作。同时，行业协会组织还代表企业参与国际诉讼，为企业争取在全球化环境中的良好环境，典型的如温州打火机协会赢得欧盟反倾销案胜诉，等等，都大大提升了社会组织对市场经济的影响力。人们可以发现：近年来，越来越多的经济类社会组织在与政府和企业的互动、合作中，开始发挥构建社会与市场秩序的治理功能，最终有效推动了市场与行业的发展。

案例专栏　社会组织在基层治理中发挥重要作用
——以"柏万青志愿者工作室"为例

上海市"柏万青志愿者工作室"成立于2006年，其组织宗旨是通过组织、动员志愿者，在社会管理和服务中充分发挥积极作用。该组织自成立以来,动员了大批志愿者在城市治理的多个领域(如社会调解、公园文明环境管理等)发挥积极作用,取得了很高的治理效能。

以该组织推动的"文明公园"项目为例,这一项目的发起缘由是因为地处闹市中心的静安公园每天有数千名游客在此锻炼身体,少数游客的不文明行为给公园抹上了不协调的色彩,导致公园环境脏、乱、差。工作室介入后,把公园的晨练队伍组织起来,创建了文明公园志愿者队伍,从宣传"七不"入手,护绿保洁、文明游园、劝阻不文明行为。目前,在工作室的动员下,志愿者队伍已达16支,共有500多人参加。在志愿者的劝阻下,一些不文明的行为得到有效制止,损坏绿化的现象已基本杜绝,随地大小便、聚众赌博的行为也基本消除,非法练功队伍在队员的劝阻下全部调整了健身内容,加入了志愿者宣传队。

由于工作室在其核心领袖人物的代领下,能有效地动员来自社会不同阶层的志愿者,并有效地维持志愿者长期参与社会治理事务。因此,该工作室在社区管理与服务、社会矛盾化解等领域都发挥了不可替代的重要作用,并开始与相关政府职能部门之间建立起良性合作的互动关系。

总体而言,在当代中国国家治理体系现代化的时代脉络下,社会组织和社会力量作为社会治理主体的角色得到了不断强化。但另一方面,我们也要客观地看到:当前中国的社会组织与社会力量参与社会治理的程度和水平仍然较低。换句话说,社会组织和社会力量作为社会治理主体的观念虽已广被接受,但在实践层次,其参与社会治理仍受到较大的局限。这种现状背后的深层次原因在于：社会组织与社会力量作为社会治理主体所需要的制度支持极为复杂，对现有城市治理体系提出的要求也更高。

第二节 当前中国国家与社会关系的制度环境

本节试图从一个更为"立体"的视角出发来分析和展现当代中国社会组织与社会力量发展所处的复杂制度环境及其结构特征，从而对当前国家与社会关系的结构性特征有更深刻的解读。尽管已有"制度主义"文献对制度的定义与作用机理存在许多分歧，但人们都同意制度有多种表现形式，它可以是规则、程序、指令，也可以是风俗习惯，还可以是"重复互动中的规律"。[①] 本节所指涉的制度环境，其构成不仅包括专门的法规和相应的文件，而且还包括不同政府部门实际上采用的各种习惯性做法。当这些做法或组织设计在一定范围内被社会组织接受并"默会"时，它们就成为后者制度环境中的重要构成，指引或"诱导"这些组织采取相应的组织策略。我们的分析首先将从当代中国社会组织与社会力量发展的宏观政策环境着眼，继而分析宏观政策对地方政府政策行为的影响。在这个相互影响的因果链条中，大量"非预期"的制度逻辑被生产而出，这为当前社会组织和社会力量的发展提供了极为复杂的激励结构和约束条件。由此，我们得以发现当前国家与社会关系的制度环境具有何种深层特征——这些特征也将映射于技术治理的实践过程中。

[①] Kenneth A. Shepsle. Institutional Equilibrium and Equilibrium Institutions[M]//Herbert F. Weisberg, ed. Political Science: The Science of Politics. New York: Agathon Press, 1986. Elinor Ostrom. An Agenda for the Study of Institutions[J]. Public Choice, 1986, 48(1): 3 - 25. Douglass C. North. The New Institutional Economics[J]. Journal of Institutional and Theoretical Economics, 1986, 142(1): 230 - 237.

一、当前国家与社会关系中宏观政策环境的结构特征

在中文文献中,最早发现国家与社会关系的制度环境中蕴含"含混性"特征的是俞可平教授(2006),他在一项研究中指出,国家在发展和管理社会组织时,存在"宏观鼓励与微观约束"并存的制度现象,即:一方面,"80 年代以来中国在政治体制方面发生的许多重大变革……政府开始转变职能,大幅度放权,在许多社会经济领域,政府不再履行直接的管理职能,而将这些职能转交给了相关的民间组织";另一方面,"微观制度环境则以约束为主……政府有关部门直接针对民间组织的法律、规章、条例等,其基本导向就是对民间组织进行控制和约束……政府管理部门对民间组织的管理,把入口作为重点,为民间组织的登记和成立设定了过高的门槛……"[①]这里所说的宏观鼓励与微观约束,实际上呈现出了宏观政策导向与实践管理行为之间的张力;换句话说,这种特征折射出了中国社会组织所处制度环境中不同制度逻辑的交叉与并存。

何增科的研究从另一个侧面更为清晰地呈现了社会组织发展与管理制度环境的含混性。他在《中国公民社会制度环境要素分析》中明确指出:"各级党和政府领导人对民间组织的态度是复杂的,同时也处于发展变化过程中。在 80 年代,各级党和政府领导人对民间组织主要持警惕防范的态度……因此这一时期的政策取向主要以限制和控制为基调。90 年代中期以后,随着市场经济体制的逐步建立和政府职能转变的不断深化,各级党和政府领导人对民间组织作为社会中介组织的作用有了正面的认识和评价。十五大以后,社会中介组织的发展有了比较宽松的舆论氛围。……2004 年召开的党的十六届四中全会提出了建设社会主义和谐社

---

① 俞可平.中国公民社会:概念、分类与制度环境[J].中国社会科学,2006(1).

会的目标,确定了社会事务管理中党和政府主导、社会协同、公众参与格局,明确了社团、行业组织和社会中介组织的三大积极作用即提供服务、提出诉求和规范行为,各级党和政府领导人对民间组织功能的认识进一步深化,培育发展与监督管理并重逐步成为主要的政策基调。"[1]上述研究给予我们的启发是:在观察和分析当代中国社会组织制度环境时,不能仅仅着眼于个别管理制度,而是要引入历史制度分析的视角,观察宏观政策层对社会组织认知结构的变化,以及不同政策导向在同一时空结构中的相互作用机制与后果。以此为线索,我们可以发现中国社会组织所处制度环境的复杂性,尤其是可以更为清晰地观察这种制度环境对社会组织发展的影响机理。

循着这一启示,我们追溯了自20世纪90年代末以来中国政府关于社会组织与社会力量发展的诸多制度、文件,发现这一宏观政策环境存在以下几方面的基本特征:

首先,多重政策信号并存,且缺乏系统梳理。近20年来,中央政府在不同时期相继释放出了关于社会组织与社会力量发展的不同政策信号,比如:对社会组织进行有序管控并构建"双重管理体制"、[2]"重视社会组织建设和管理"、[3]强调社会组织在现代社会管理体系中相对于国家的辅助地位、[4]重视社会组织在多元治理中

---

[1] 何增科.中国公民社会制度环境要素分析[M]//俞可平等.中国公民社会的制度环境.北京:北京大学出版社,2006.
[2] 所谓"双重管理"即由民政部门负责登记管理、上级业务主管单位负责业务管理。1989年10月国务院颁布的《社会团体登记管理条例》确立了这种双重管理体制架构。
[3] 党的十六届四中全会就明确提出"发挥社团、行业组织和社会中介组织提供服务、反映诉求、规范行为的作用,形成社会管理和社会服务的合力",在此之后党的十七大、十八大报告中都有类似的提法。
[4] 十六届四中全会以来,党的历次重要文件都强调要形成"党委领导,政府负责,社会协同,公众参与"的社会管理新格局。其中,社会组织是"社会协同,公众参与"的主要组织载体。

的主体性地位①等。需要引起重视的是,上述政策信号的着力点各不相同,彼此间甚至暗含着一定的张力,但它们却共存于社会组织发展的宏观政策框架内——至少到目前为止,它们之间的关系缺乏一种整体性的梳理与定位。这种制度供给格局导致了宏观政策环境中潜存着一定的不确定性。

其次,大量相关政策主要停留在理念层次,并未形成清晰的改革路线图和具体的改革目标。历史地看,自党的十六届四中全会(2004年)以来,中央政府就一直强调"建立健全党委领导、政府负责、社会协同、公众参与的社会管理格局",十七大以来直至十八届三中全会,中央政府在发展社会组织、创新社会治理体制方面表现出了越来越重视的总体政策取向。这种明确的政策取向在很大程度上对20世纪90年代以来形成的控制型社会组织管理政策产生了较大的修正作用。但另一方面,中央政府在不断强调发展社会组织重要性的同时,却一直未制订明确的社会组织发展路线图。在实践中,这种宏观政策特征又被不同层级的地方政府延续下来,以至于各地的政策层都日趋重视社会组织发展,但却普遍缺乏"顶层设计"。这种宏观政策特征给实践中的具体操作部门带来了模糊不清的预期,并可能引发迥然不同的操作逻辑。在此背景下,不同的政府部门都会尝试着从自身的治理目标出发,从宏观政策结构中寻求他们认为比较稳定、可靠的政策信号,并采取相应的针对性做法,这导致了制度环境中多种制度逻辑并存、甚至相互矛盾的情形。②

第三,新近的宏观政策对社会组织的发展提出了更宽泛的功能预期,这导致社会组织的发展开始与越来越多的政府部门"挂

---

① 十八大报告强调要形成"加快形成政社分开、权责明确、依法自治的现代社会组织体制";十八届三中全会进一步提出要"激发社会组织活力"。
② 周雪光,艾云.多重逻辑下的制度变迁:一个分析框架[J].中国社会科学,2010(4).

钩"。近年来,中央政府逐步将发展社会组织的问题与"创新社会管理""推动政府职能转型""有效预防和化解社会矛盾"等问题紧密挂钩。于是,社会组织也就被国家赋予了社会管理重要主体、公共服务重要供给者、社会矛盾化解的重要力量等角色。由于这种多元角色的建立,越来越多的中国政府部门基于不同的功能预期开始与社会组织打交道。以上海为例,不仅基层政府、民政部门、组织部门等传统上与社会组织联系较为紧密的政府部门强调扶持社会组织,而且就连司法、绿化与市容环卫、环保等政府部门也开始购买社会组织的服务。从组织学的角度来看,这种现状一方面意味着社会组织资源汲取的渠道越来越多样化,另一方面也意味着它们所受到的约束和影响来自更多的制度生产主体,因此变得更为复杂。此时,揭示这种多部门参与建构的制度环境具有何种特征就变得极为重要。

第四,参与构建社会组织制度环境的政府部门来自多个不同的党政系统,这意味着管理实践中的"控制权"分布变得极为复杂。社会组织的管理涉及众多部门,如果诸部门间可以比较便利地建立起协同机制,那么我们仍可通过对协同机制的分析来理解社会组织制度环境的核心特征。但现实中,这种协同机制的建立面临着极大的挑战,我们可以借由中国政府行为研究中最近发展出的"控制权"理论进一步理解这一点。周雪光在研究中国政府的治理模式时,引入了控制权这一维度来分析不同层次政府机构之间的权威关系,他借鉴经济学不完全契约和新产权理论的视角把不同层次政府机构间的控制权概念化为目标设定权、检查验收权以及激励分配权。[1] 我们认为控制权的不同配置模式不仅是理解中国政府上下级权威关系的关键,而且还是理解政府协同治理

---

[1] 周雪光,练宏.中国政府的治理模式:一个"控制权"理论[J].社会学研究,2012(5).

行为能否有效运行的重要切入点：对那些涉及多部门的治理行为而言，只有当目标设定权集中归属某一核心部门、且检查验收尤其是激励分配权的设置也高度支持这一治理目标时，不同部门才可能开展协同治理。[①] 但在我们所观察的社会组织管理领域，上述三种控制权的配置是高度碎片化的，比如：在中央政府的层次，由于顶层设计的缺乏，这实际上意味着中央政府把目标制定权下放到了各相关部、委、办，而这些部门在理解社会组织发展时各有不同，因此会设定不同的目标；激励权的分配则更复杂，由于扶持和发展社会组织在不同政府系统中的重要性程度不同，因此不同部门中相应激励权的权重设置也有很大的差异。这种极为复杂的控制权配置状况，意味着高度协调的政府治理行为很难出现在当前社会组织管理领域。在此情境下，现有制度环境的"含混性"就更明显了，其对社会组织发展的影响机制也更为复杂。

最后，中央政府对地方政府发展社会组织和社会力量给予了总体较弱的激励安排。如果我们把中央政府看做各项政策的设计者和实际执行的"委托者"，把地方政府看做执行的"代理人"，那么，由于委托人和代理人的目标在具体情境下常常会有差异，且委托人与代理人之间存在信息不对称的情况，因此委托人要确保代理人清晰、正确地执行政策，就有必要设置一套强有效的激励体系。从改革开放 40 年来的实践来看，中央政府成功调动地方政府积极性的领域，往往都是激励安排设置合理的领域，比如：围绕 GDP 增长的经济发展、计划生育执行等。在这些领域，中央政府通过在财税、人员晋升等方面设置激励制度，成功地促使地方政府投入极大精力开展工作。但在社会组织发展领域，由于上文提到

[①] 这就是中国政府内林林总总的"委员会""协调办公室""领导小组"成立的重要原因，这些部门具有最高的目标设定权，同时也有一定的检察验收权，并监督中间管理层政府完成其所委托的任务。

的政策含混性及组织管理体系的弱整合性,中央政府并未针对性地设置强激励措施。这种弱激励的宏观结构特征,客观上导致地方政府没有足够的动机去触碰那些需要深入改革和设计精密机制的制度领域。换言之,中央政府弱激励的社会组织发展特征,很容易导致地方政府在政策设计上简单地扮演宏观政策的"二传手"角色,后文还将更为具体地讨论这一点。

上述分析呈现出当前中国社会组织发展的宏观政策特征:制度环境中存在多重逻辑、制度生产的主体日趋多元、各政府部门间的协同治理水平较低。当我们注意到这些特征时,不禁要追问:这种具有含混性特征的宏观政策导向又将导致实践层面的何种制度生产逻辑?而这些复杂的实践制度环境又将怎样影响当前中国社会组织和社会力量的发展预期和行为逻辑?这种追问促使研究者得以超越长期以来仅仅简单地从"控制"或"鼓励"角度出发来思考问题的研究现状。从深层次上说,这也促使研究者在分析当代中国社会组织与社会力量发展特征时,超越传统的视国家为整体制度生产者的"国家 VS 社会"研究范式。

二、地方政府发展社会组织与社会力量的实践逻辑

这里所说的"地方政府"指的是省、市层级的政府部门,它们既是贯彻中央政府政策导向、因地制宜生产地方性制度安排的"代理人",又是督促基层政府落实相关制度安排的"管理和监督者"。在已有的研究中,学者们普遍认为,地方政府在中国的行政体制下具有相对的独立性。[①] 在政府科层体系中居于中间层次的地方政府(及其组成部门),是调动资源发展社会组织并开展监管工作的

[①] 从 1984 年开始,中国进行人事制度改革,将原来的"下管两级"制度改革为"下管一级",这样,中央政府就只直接负责省部级干部的任命,省级政府全权负责省内地市级干部的人事选拔和任命。

主要制度生产者,它们的实践制度逻辑对于当前中国社会组织的发展具有极为重要的意义。

一般来说,地方政府的行为具有一定的灵活性,[①]它们也是制度创新的重要推动者。换言之,它们的行为逻辑很难单纯地从中央政府政策文本中推演而出,因此需要将其作为具有相对独立的自身目标和一定行动能力的"行动者"[②]展开专门研究。唯有如此,我们才可能理解社会组织在发展实践中所面临的现实激励与约束。举例而言,许多研究在提及当前中国社会组织面临的困境时,常常会依据国务院于 1998 年通过的《社会团体登记管理条例》和《民办非企业单位登记管理暂行条例》指出诸如"登记注册难""成立门槛过高"等难题。但这些研究很少意识到,十七大以来,许多地方政府都开始把发展社会组织看做地方治理竞赛的重要筹码,因此实际上已经采取了一些变通方法来帮助社会组织获得合法性,如:2010 年以来,北京、上海和广州的政府部门都开始使用更为宽松的"备案"制度帮助一些社区层面的社会组织获得合法性;2012 年以来,广州、北京的民政部门逐步放宽了对公益服务类、经济类、科技类社会组织的注册要求,允许这些组织不必找到上级主管单位而直接登记注册——这些制度举措都早于十八届三中全会的国家政策调整。由此可见,在地方治理的层次上,社会组织发展所遇到的实际问题和挑战并不能简单地从宏观政策上推导,而是要充分考虑到地方政府的行为逻辑及其背后的组织学原理。

我们认为,在当前地方政府发展社会组织和社会力量的实践

[①] 赵树凯.乡镇治理与政府制度化[M].北京:商务印书馆,2010;吴毅.小城喧嚣:一个乡镇政治运作的演绎与阐释[M].北京:生活·读书·新知三联书店,2007.
[②] 关于"行动者"的相关理论阐释,详见米歇尔·克罗齐埃,埃哈尔·费埃德伯格.行动者与系统[M].张月,译,上海:上海人民出版社,2007.

中,存在着以下几个较为鲜明的制度逻辑,这些逻辑相互交织,为社会组织与社会力量的发展提供了远比"控制"或"鼓励"复杂得多的机会结构。

逻辑一:选择性地重点扶持公益服务类和经济类社会组织。如前文所述,由于当前社会组织发展的宏观政策环境具有一定的含混性,这导致地方政府在发展社会组织时面临着一定的不确定性。在此情境下,理性的地方政府会选择并锁定那些发展风险最小、但对于区域经济社会发展具有最大显性效能的社会组织予以扶持。更具体地来看,正如康晓光、韩恒在《分类控制:当前中国大陆国家与社会关系研究》所提到的那样,地方政府对于那些不具备(政治)挑战能力、且能提供地方政府急需的公共物品的社会组织,予以选择性地重点扶持;对于不具备挑战能力、但也不提供政府急需的公共物品的社会组织,则通常采取既不支持亦不反对的不干预态度;但对那些具备一定挑战能力的组织则采取不同程度的控制措施。[1] 这种行为逻辑在实践中具体表现为各级政府都特别重视公益服务类及经济类社会组织的发展,但相对忽视对其他类型社会组织的培育。以上海为例,上海各级政府都特别注重公益、慈善、服务类社会组织的发展:静安区人民政府于 2007 年颁布了《关于促进社会组织参与社区建设管理的实施意见(试行)》,鼓励社会组织为社区困难居民生活、医疗等单项帮困和综合帮扶开展服务,同时区政府将给予财力、人力、物力和政策扶持。市府办公厅于 2009 年颁布《关于鼓励本市公益性社会组织参与社区民生服务的指导意见》,《意见》规定参与社区民生服务的公益性社会组织,可申请进入登记管理部门的公益性社会组织孵化基地,优

---

[1] 康晓光,韩恒.分类控制:当前中国大陆国家与社会关系研究[J].社会学研究,2005(6).

先接受指导服务和享受减免租金等优惠扶持。2011年浦东新区人民政府印发了《"十二五"期间促进社会组织发展的财政扶持意见》,明确提出对服务民生的公益型、枢纽型、支持型三类公益性社会组织的初创期给予扶持。在重点发展公益服务类社会组织的同时,上海也注重扶持行业协会、商会等经济型社团的发展。早在2002年,上海市就专门制订了《上海市促进行业协会发展规定》,2010年上海市政府又对这一《规定》进行了修订,特别提出"政府有关工作部门应当支持行业协会开展行业服务,并根据实际情况将行业评估论证、技能资质考核、行业调查、行业统计等事项转移或者委托给行业协会承担。"

客观来看,上述制度逻辑导致了地方政府在发展社会组织和社会力量时人为地筛选了社会组织的构成。在各类公益性、行业性社会组织快速发展的同时,那些表达诉求与价值或紧密贴近社会需求(而非政府治理任务)的社会组织则无法得到同等的支持。从深层次分析,这种制度逻辑有可能导致双重后果:其一,社会组织的发展更倾向于贴合政府治理目标,相反,社会自身的价值与诉求则难以得到更为全面的呈现。这种后果不利于社会自我协调机制的发展,也无助于多元治理格局的长效运转。如果我们意识到这一点,就或多或少能理解近年来在国内许多地区出现的一些社会组织发展悖论:一方面,社会组织的数量在快速增长,另一方面"社会协同,公众参与"的治理新格局却缺少自我维系的动力;有些地区社会组织的增长极快,但社会的自我协调与自我服务能力并未同步提升,相反社会治理仍高度依赖体制内力量……其二,社会组织自身的组织生态体系失衡,故此无法促成社会组织体系的良性发展。一般来说,不同类型的社会组织均衡发展有助于它们之间形成相互合作、相互支持的发展态势,在此基础上,社会组织得以成为一种不同于国家的整体力量。在现实中,不同类型社会组织的均衡发展还有更深层次的含义：这意味着社会中不同群体、不同利益主体都形成了相近的自我组织与自我利益协调能力——而这恰恰是当代中国多元利益协调机制建设的重要内容。就此而言，地方政府人为筛选社会组织构成的做法可能会对中国社会的长远发展产生不利影响。在现实生活中，地方政府的这种制度逻辑已经对社会组织生态体系的建设产生了许多微妙的影响，比如：大量紧密嵌入草根社会的社会组织缺失，这导致许多专业类社会组织在服务基层时，缺少"落地"的支持；反映诉求的社会组织缺失，这导致许多公益服务类社会组织在选择提供公共物品方向时，难以更好地呼应社会需求……

逻辑二：以项目化购买服务的形式资助社会组织和社会力量发展。随着中央政府对"社会协同，公众参与"的日益重视以及对"简政放权"的强调，①各级地方政府往往认为社会组织由于组织形式灵活，因而具有某些政府部门所不具备的组织优势，可以更好地协助政府提供公共服务。在此背景下，近年来，地方政府开始大规模地向社会组织委托各类项目，并以此为据向其提供资金支持。地方政府以项目化方式资助社会组织发展的制度逻辑，可能产生多方面的社会后果。从显性的积极后果来看：随着地方政府把越来越多的社会服务项目外包给社会组织，后者由此获得大量的发展扶持基金，得以度过发展之初的"资源瓶颈期"。以上海为例，2009年上海市民政局发布了《上海市民政局关于福利彩票公益金资助项目实施公益招投标的意见》，并授权上海市社区服务中心开展福利彩票公益金资助项目的公开招标和评审工作。公益招投标

---

① 李克强总理在谈到机构改革方案时提到："这次改革方案核心是转变政府职能，当然也是简政放权。如果说机构改革是政府内部权力的优化配置，那么转变职能则是厘清和理顺政府与市场、与社会之间的关系。说白了，就是市场能办的，多放给市场。社会可以做好的，就交给社会。政府管住、管好它应该管的事。" http://news.yninfo.com/china/201303/t20130317_2010030.htm.

和公益创投等项目帮助大量刚成立的社会组织及时获得政府的直接或间接资金支持,使得这些处于初创期的社会组织能够尽快发展起来。政府购买服务的模式发展至今,已经形成了一套完备的体系,具备了许多成熟的经验,在此之上,政府投入的资金连年增加,参与其中的各级政府部门也越来越多。第二个积极后果是,地方政府通过项目化的购买社会组织服务,逐步形成了一系列政社合作的稳定工作机制。在项目化的运作过程中,作为项目发包者的地方政府和项目承接人的社会组织之间形成了较为明确的责、权、利关系,这无形中推动了社会组织与政府部门间形成新型合作纽带。

但我们也要看到,项目制作为一种新型国家治理手段,其运作中也会产生许多非预期的社会后果,[1]尤其是:项目制本身嵌入了当前中国政府体系运作的许多结构性特征,因此,当项目制成为联系地方政府和社会组织之间的最重要制度形态时,它也可能引发许多需要谨慎思考、评估的潜在社会后果,比如:地方政府采用项目制购买社会组织服务是以财政上的"部门预算制"为前提的(而非公共预算制),即编制项目的每个部门都从自身的部门预算内拨付资金来设计项目,整个过程都处于体制内的"内循环"流程中,不需要征求公众意见、也不需要公众评估,这导致了大量项目实际上与社会需求之间有较大脱节。此时,承接此类项目的社会组织也就很难通过开展项目的过程来加强自身与基层社会之间的连接,这有可能导致代表社会的社会组织"悬浮"于社会诉求之上。再比如:项目制本身是以单一治理目标为导向的,因此许多地方政府外包的项目都缺少可持续性,且项目信息也不透明,往往只有与项目外包单位关系较为紧密的社会组织才有可能获得信息;项

---

[1] 渠敬东.项目制:一种新的国家治理体制[J].中国社会科学,2012(5).

目制的这种运作现状不利于社会组织形成稳定的发展预期,也就不可能长期在某一领域持续投入资源以发展自身的组织优势。相反,项目制的这种现状还有可能会引发许多社会组织单纯以拿项目为目标而形成"工具主义"的发展逻辑。最后,项目制的运行会显著增强一些地方政府部门对社会组织偏好、运行过程的干预能力,因此它有可能导致频繁接受政府项目资助的社会组织"体制内化"的进程。

逻辑三:将发展社会组织和社会力量的自由裁量权充分下放基层政府。在中央政府日趋强调"社会治理创新"的宏观政策背景下,地方政府往往把"培育社会组织"当作新一轮治理竞赛的重要指标,并以此为切入点鼓励基层政府因地制宜地"激发社会活力"。这一制度逻辑在东部和沿海经济发达地区尤其显著。在当前中国的科层体系背景下,这种制度逻辑的出现有其必然的组织学成因:首先,活跃的社会组织必然要与区域社会的经济社会发展现状紧密结合,而只有基层政府才掌握这方面的完备信息,上级政府对某个社区的公共物品需求状况、民间领袖分布并不知情。在此条件下,地方政府把发展社会组织的控制权下放到基层政府就很容易理解了。其次,随着十八大以来,各地的地方政府在社会组织登记注册上普遍采取宽松的实践态度,社会组织数量得以迅速增加。在此条件下,仅仅依靠各地社团局的微薄组织力量,已经无力对快速增长的社会组织进行实质性的"过程管理"了,因此地方政府普遍采取的策略是将发展和管理社会组织的任务下压至基层政府。

将社会组织发展的自由裁量权下放至基层政府的做法,确保了地方政府有较强的激励和绩效冲动来发展社会组织,从而使许多草根社会组织在成立之初获得基层政府财力、物力和场所等方面的支持。以上海为例,近两年来,基层街、镇政府的投入已经占到各级政府资助社会组织服务的相当比例：仅仅在浦东新区的塘桥街道，2014年街道用于购买社会组织服务的资金就已经达到近千万元；静安、徐汇等经济发达地区的基层街、镇每年用于购买社会组织服务的经费也经常性保持在数百万元规模。此外，这种做法实际上在现有政府科层体系中增加了发展社会组织的"责任人"——除各级民政（社团）部门外，几乎所有的基层政府都成为社会组织发展与管理体系中的重要构成。

但另一方面，这种制度逻辑对当前中国社会组织的发展也产生了深远而复杂的影响。首先，由于基层政府之间存在着普遍的治理竞赛，而且这种竞赛背后隐含着的是具有"零和博弈"性质的晋升锦标赛，[①]因此基层政府往往只有意愿发展辖区内的社会组织，对于跨行政辖区活动的社会组织，它们往往没有太大的支持意愿。这样一来，上述制度逻辑就非预期地限制了社会组织活动的地域范畴并导致许多社会组织难以扩大组织规模。[②] 一个鲜明的例子是：根据我们的观察，自2009年以来，上海市民政局推出的"公益招投标"活动中，跨区域夺标的社会组织数量总保持在较低水平。而且即使是那些成功跨区域夺标的社会组织，他们在项目"落地"时也常常会遇到各种意想不到的困难——这些困难大多都是由于项目所在地的地方政府缺乏配合意愿所致。相似的问题在北京、广州等地的公益招投标过程中也普遍存在。其次，这种制度逻辑无形中强化了社会组织与基层政府之间的关系，在许多情况下，这种关系模式甚至很容易发展为"庇护"关系，由此导致了基层政府将辖区内的社会组织不断"体制内化"的过程。

---

① 周黎安.中国地方官员的晋升锦标赛模式研究[J].经济研究，2007（7）.
② 这部分地可以解释：为何近年来各级政府用于扶持社会组织的投入越来越大，但具有较大规模的社会组织数量却始终保持在较低水平。

第三节 技术治理中的国家与社会互动机制

20世纪末以来,信息技术的发展,尤其是个人电脑和网络通信技术的出现,实现了物理空间的大压缩,交流时间的缩短、交流方式的便捷化,降低了交际成本,拓展了沟通空间。信息技术在实现时间和空间的抽象化的同时,创造出一个完全不同于现实社会的"虚拟社会"。"虚拟社会"实际上是以一种崭新的方式实现了不同社会成员之间的超越时空的再组织,既给社会利益关系协调和社会价值观念的对话带来了全新的机制,也使得当代中国国家与社会关系的互动面临着更为复杂的挑战。如何在充分发挥虚拟社会组织的社会协调功能的同时有效缩小其负面功能,是互联网时代技术治理的核心问题之一。

概括来看,当前各级政府和相关职能部门主要在技术治理的三个领域面临社会参与和政社互动的问题:一是在构建敏捷的公众导向信息反馈平台过程中,面临如何对公众反映的问题和政务监督活动快速做出反馈的问题,这个领域的国家与社会互动模式对于现代公共服务型政府建设具有重要意义;二是在搭建公众讨论社会公共问题的各类网络平台时,面临如何组织有序的网络互动进而推动社会领域公共性的形成,这涉及当代中国社会建设的公共性构建问题;[①]三是通过网络平台发挥社会动员功能,从而更好地动员志愿者和社会力量参与社会治理,协助政府提供公共产品。这些领域的技术治理实践不仅涉及相应技术平台的搭建,更

---

① 李友梅,肖瑛,黄晓春.当代中国社会建设的公共性困境及其超越[J].中国社会科学,2012(4).

涉及政府部门对社会参与形式、程度的塑造,因而在很大程度上取决于技术治理中各级政府构建的实际制度环境。

当政府部门面对技术治理中的政社互动时,其往往会受到宏观制度环境的影响,并从当前政府与社会组织互动的普遍制度逻辑中汲取相应要素,从而在技术治理过程中不断映射国家与社会关系的总体制度情境。与前文讨论的情况相似,政府部门在宏观制度环境较为模糊、激励不足、制度整合难度较大等情况下,会在技术治理中更侧重于强调以下制度逻辑:

一、强调风险控制导向

运用网络平台和新技术手段动员社会力量参与社会治理,既可能会大幅度提升治理绩效,又有可能产生不确定治理风险。在宏观制度环境存在模糊性而相应激励又不足的情况下,地方政府更倾向于风险控制导向的技术治理实践逻辑。[①] 也就是说,政府部门会努力识别技术运用的效应,慎重对待那些可能会激发社会领域较大反响的技术方案,同时也避免对既有体制影响过大的技术应用,主要沿着行政技术改革的主线以渐进式方式推动涉及政社互动的技术治理改革实践。这种注重风险控制导向的制度逻辑具体表现为以下方面:

一是筛选技术运用的重点领域。运用互联网新技术吸纳社会力量参与社会治理有不同的领域,而不同领域可能产生的风险水平也不尽相同,现有宏观制度环境下,政府部门总是倾向于选择风险最小的技术治理方案。一般来说,运用新技术快速提取公众需求,并将需求转达给相应政府部门以促进公共服务水平提升的技术应用领域风险最小。因为这种技术治理模式基本上没有涉及权

---

① 黄晓春.当代中国社会组织的制度环境与发展[J].中国社会科学,2015(9).

力结构配置等深层次的体制问题,但其在短时间内发挥的效果却是较为显著的——由于这种技术治理模式可以部分地改变公共资源配置领域的信息不对称问题,因此有助于公共资源的高效配置。这也是近年来该技术治理模式在全国各地广为应用的重要原因。但在这种技术治理模式中,公众参与仅仅停留在需求信息提取的初级阶段,远未涉及公共服务决策流程优化等内核环节,因此其对国家与社会关系的调整、公共服务体系深层优化等更为根本的问题影响有限。

相比而言,在政府治理效能评估领域引入社会力量参与、以社会压力推动政府部门提升治理绩效的技术治理方案可能产生的风险比前一种模式要大,因为其可能会涉及对既有治理体系的一定冲击和压力。但总体而言,这种模式下风险仍是可控的,因为对社会压力的回应以及回应的节奏仍掌握在政府部门手中,技术治理的实践部门可以通过许多柔和的弹性方式以及议程设置上的调整来控制改革风险。近年来,我们在一些治理转型前沿地区都会看到这种技术治理模式的应用实践。

与前两种模式相比,将社会参与直接引入到政府决策、财政预算、项目设置等领域的技术治理方案目前应用水平最低。因为这种技术治理模式可能产生的风险最大,对既有体制的影响和冲击也更强,所以秉承"风险控制"逻辑的政府部门很少推动这类技术治理的改革实践。

这种系统筛选技术方案以规避治理风险的技术治理实践,一方面有助于当前渐进式治理转型的循序推进,但另一方面也导致了社会参与始终处于技术治理的边缘位置,这可能对当前中国国家与社会关系的转型产生微妙影响。

二是在技术治理中构建上下有别的共治制度环境。以技术手段推动公众参与共建共治共享社会治理格局,实现社会力量在公共管理与服务中的主体性角色是当前治理转型的主要方向。基于风险控制的逻辑,政府部门对待不同层级的公众参与会形成不同的技术方案。总体来看,对于最基层尤其是村(居民区)层次的社会参与而言,这里的共治参与主要涉及居住区域的环境、卫生、设施管理以及日常生活中居民的自我管理,相比而言涉及的公共权力和资源有限,此时政府部门大多积极鼓励这个层次和范畴的公众参与,会积极开发各种软件和网络平台以提升基层居民参与的热情。这是因为随着当前社区居住结构的日趋复杂,单单依靠传统的居委会对小区进行有效管理变得越来越不可能。因此这就客观上需要以居委会(居民区党支部)为核心,充分动员各类社会组织参与共治,以便更好地凝聚力量,实现小区的有序运转。在实践中,上海、北京和广州的街道都采用了大体相同的制度化措施[①]以吸纳居民和各类社会组织参与居民区层面的共同治理,以扩展传统街道—居委会治理网络在基层的治理能效。

而对于街道、镇这个层次的共治而言,这里涉及的问题就要复杂得多,不仅包括居民遇到的各种生活问题,而且还涉及公共资源的配置、公共财政的使用、区域性公共问题的识别等问题。一旦在这个层次广泛运用新技术吸纳社会参与、推动公众讨论,可能会导致一些后果难以预料的问题,比如:上级政府统筹安排的某些设施却遭到公众的强烈反对、公众提出的强烈需求基层政府因为种种原因暂时难以满足———一旦出现这些问题,基层政府就会处于较为尴尬和被动的情境。和传统的点对点征求意见不同的是,新技术和互联网的即时通信能力和网络化动员能力要强得多,因此一旦在这个层次形成了公共意见快速表达和讨论的技术平台,就

[①] 如在网络空间和微信平台上建立社区的听证会、协调会、评议会等,吸纳社会组织及其负责人参与网络社区公共问题讨论,推动多元力量依托网络空间开展居民区治理。

有可能会对基层政府产生更大压力,许多传统的"做工作"方法也会失效。基于上述考虑,基层政府在搭建这个层次的公众参与技术平台时会极为谨慎——这也是治理实践中这个层次公众参与技术平台较为少见的重要原因。由此可知,更高层次共治参与的技术平台就更鲜见了,因为其中蕴含的风险可能会进一步放大。

这种上下有别的技术治理实践在控制了转型期治理风险的同时,客观上也导致了公众与社会力量参与共治的层级被限制在基层,国家与社会关系的有序互动在更高治理层级仍面临许多瓶颈。

三是限制网络的参与规模。借助互联网和新技术平台,社会动员和社会参与得以在更大范围内展开,但随着动员网络和公众讨论网络的扩大,其中蕴含的治理风险和不确定风险也会不断扩大。据我们观察,现实的治理实践中,政府部门基于风险控制的原则往往会运用技术手段限制网络参与的规模。本书第三编中S市B区运用新技术手段打造公众参与的"社区通"平台,一个重要经验就是规定在平台上参与互动和讨论的公众必须以居民区为单位注册和登记,且其发帖等也只能在网上的居民区平台内展开。这样客观上就把一个规模较大的网络空间以"居民区"为单位划分为众多较小规模的网络社区。这种技术设计的核心目标就是避免在网络空间内形成大范围的网络互动以致引发大规模集体行动。

二、注重项目化的运作方式,疏于系统设计

以新技术手段推动公众与社会力量参与社会治理创新是一项系统工程,既涉及公众的需求表达、公众对公共服务的评估、政府决策的公众参与等多个环节,还涉及这些环节之间的相互协同、密切支持,从而使得"党委领导、政府负责、社会协同、公众参与、法治保障的社会治理体制"得以在多元参与中有效建设。但由于当前宏观政策环境中关于激发社会活力、推动政府与社会有效互动的

制度安排仍存在一定的模糊性,缺乏系统的制度梳理,且地方政府在系统梳理此类问题时又面临激励不足、风险较大的难题,因此政府部门往往以项目化的"一事一议"和"事本主义"逻辑面对社会力量发育问题。相应的制度逻辑也渗透于技术治理的实践中,突出表现为以下特征:

公众参与的新技术平台与公共资源配置的制度安排脱节。实践中,政府部门往往会把各种支持和鼓励公众参与的新技术平台建设单纯理解为一种"项目",而这种项目是可以单独运行并仅追求项目自身目标的。这种技术主义的运作思路将技术治理中政社互动的问题具体化为一系列技术指标,同时避免其与更大范围的制度发生关联,因而初期很容易上手,也比较容易在形式上取得一定的绩效。但由于其避免将公众参与和公共部门决策、公共资源配置等最核心的问题勾连在一起形成一种系统性工程,因此公众参与往往是"为了参与而参与",新技术在解决了公众参与治理的便利性的同时并未根本上优化公共物品供给的制度格局,这类技术治理方案的效应最终往往会逐步递减。现实的改革实践中,我们常常会看到基层政府研发出许多公众网络参与平台,初期尚能引发积极的公众参与,但随着时间的推移,其效能逐步弱化,这就是上述机理使然。

追求短期绩效目标和形式创新感。以项目化方式推动技术治理并处理其中蕴含的国家与社会关系问题,意味着实践中政府部门更注重项目的短期、直接绩效,但对更为深远的制度效应则缺乏长期考虑。以当前各地常见的基层政府搭建社区建设微信平台为例,改革推进方通常关注的是参与的人数、举办的活动频率和规模以及微信动员的形式创新感,但很少考虑这些技术治理举措在多大意义上可以进一步推动基层治理体制的改革和创新。这也是为何当前基层搭建的各类公众参与技术平台越来越多,但对既有公共服务与治理体系改革影响始终较为有限的深层原因。

综上所述,当技术治理领域的政社互动制度环境呈现出了上述风险控制导向、项目化运作逻辑时,也会对当代中国国家与社会的互动机制产生复杂影响:一方面,随着公众参与新技术平台的出现和推广,国家与社会之间的互动有了更丰富、更便利的载体,社会成员得以在更大程度上介入公共治理活动;另一方面,由于技术治理领域的上述特定制度安排,社会力量参与治理的程度又被限制在一定范畴内,社会压力与既有治理体制之间的关联也被诸多"缓冲地带"所分割,因此更为深度的政社互动在技术治理的实践下面临着重重难题。这一理论发现表明:新技术和互联网的发展并不必然成为推动国家与社会关系深度交融的重要契机,关键问题在于如何不断促动改革实践者对新技术、社会力量主体性角色的认知发生调整——而这势必涉及对宏观政社关系制度框架的系统优化,以及为改革者提供有效的激励安排等深层问题。

第二编：技术治理的实践方式研究
——以基层政府的一门式电子政务中心为案例

在这一编中，本书将以深度案例分析的方式展现S市LF街道以现代信息技术构建"一门式"社区事务受理服务中心（以下简称"一门式中心"）的全过程。

LF街道始建于1988年10月，是一个正在建设与发展中的纯居民居住导入区，其居民结构在20世纪80年代末90年代初主要以工人群体和普通市民为主，最近几年居住结构有了一定的变化，但普通市民仍是居住结构中的主要构成部分。

从2000年起，LF街道一直在探索提升公共服务能力的有效路径，而探索的焦点则是加强政府公共部门之间的协同水平。2005年，街道建立了第一个"一门式"中心，当时街道的核心理念是减少老百姓奔波于多个部门之间的烦恼，加快行政部门之间的协同水平。但客观来看，这一时期的"一门式"中心仅仅是在街道原劳动保障事务所的基础上，扩大了服务设施的建筑面积，把其他相关为民服务部门（比如民政、计生等业务科室）迁入而已。这些部门聚集在一处，避免了让居民跑多个"门"，使居民找政府更便利，但部门之间的业务却并未整合，每个部门"各自为战"，在许多需要协同处理、信息共享的领域（比如，居民低保的申请与核实需要劳动和民政协同办理），各部门的快速协同能力仍较为有限，往往是按照老方法（不定期人工相互查询资料）来办，因此许多审批事项仍需要较长时间才能办结。

从2006年开始，LF街道被市有关部门定为第一批运用现代信息技术来提升服务能力的"一门式"服务中心试点单位。自此，现代化的信息技术（包括软件、更先进的网络构架）开始被引入该"一门式"中心。

本书之所以选取 LF 街道"一门式"服务中心作为研究个案，主要有三方面的考虑：

第一，LF 街道是 S 市最早尝试引用信息技术构造"一门式"服务中心的街道之一，作为试点单位，它在"先行先试"的过程中遇到了许多新问题、新情况，在缺乏可资借鉴的经验的背景下，LF 街道按照自己的理解和努力采取了相应的对策——这个过程其实也可以被理解为基层政府基于自身的组织结构特征和身处的制度环境，理解、运用信息技术的过程。相比于后来参与全市统一推进的其他街镇而言（此时在大的推进方向上已有整体性安排，基层政府自身创新余地不大），LF"一门式"中心引进信息技术的过程，更容易凸显出技术与原先体制结构之间的复杂互动过程。

第二，运用信息技术提升公共服务能力是一项复杂的工程，涉及数据整合、网络整合、软件支持等多个环节的整体配套。由于当前的"数字化"一门式服务中心构建过程实际上是在一种缺乏顶层设计的背景下推进的，①许多街镇考虑到在更高行政当局没有确定统一标准的背景下先期的技术投入是有风险的，因而往往只采用部分（广为接纳的）技术，在探索上也更为保守。而 LF 街道一门式中心是 S 市为数不多的，在数据、网络和软件上全方位投入，系统引入信息技术的单位——因此，以其为观察对象有利于更为深入、全面地观察新技术引入基层公共部门所带来的挑战和产生的变化。

第三，LF 街道引入信息技术建设新型"一门式"中心的过程较为曲折：街道不但根据自己的理解和对革新的想象引入了新的软件整合系统，更花大力气调整了网络构架——在最近一个时期，新

---

① 关于几项主要技术的标准，缺乏国家统一规定，S 市在许多关键问题上也一直迟迟没有制定出相关标准。这意味着：如果更高层面最终确定的技术标准与基层部门采用的不一致，那么基层之前的付出和努力将没有意义。

技术构成的整体方案突然遭到来自更高行政当局相关调整的冲击,并初显其强大的灵活性,体现出顽强的生命力。观察这个复杂的过程有可能使分析者更好地洞察新技术嵌入政府部门运作的机制,更重要的是:在这一长达两年的过程中,"技术定型期""技术扎根期"和"技术成熟期"间的特征都展现得非常充分,这为本研究提供了绝佳的分析"窗口"。

这一研究的实地调研历时多年,为了更好地分析 LF 街道运用信息技术促进组织效能提升的复杂过程,笔者采取了资料研究(即对该过程中各种街道文本、技术单位提供的解释性文本以及汇报稿等)、参与观察、个案访谈与开小型座谈会四种形式相结合的资料收集方法。在案例分析过程中,核心人物的访谈对于揭示技术与组织之间的互动机制有着重要的作用,作者首先对前期文献资料中出现的一些核心人物进行深入访谈,然后再运用"滚雪球"的方式,不断将一些新出现的重要人物纳入到访谈计划中去——这些访谈对象不仅包括街道主要官员、具体经办人、网络管理员,而且包括技术提供方的执行人员。为了对整个过程的大背景有更深刻的认识,笔者还访问了 S 市信息化委员会的相关领导——这些访谈对象的谈话为更好地认识和分析问题提供了重要依据。

第四章
作为新技术相对面的既有治理结构

当本书试图分析"信息技术是如何影响公共部门运作的?技术与组织之间的互动机制又如何?"这些问题时,却必须将"理解既有治理结构的特征"作为分析的基点,因为唯有如此,才可能更深刻地洞察技术与组织互动所面临的核心问题。

本章将依次聚焦三个问题:第一,基层政府在为民服务环节的组织安排如何?第二,相关制度安排——尤其是促进不同部门协同合作的制度安排呈现何种结构性特征?第三,在公共服务诉求日益提升的背景下,有关方面曾采取哪些措施试图"纠正"既有结构的某些"缺陷",而取得的效果又如何?这一章节的分析将令人们更为清晰地意识到即将植入的信息技术面对的是何种组织与制度结构。

第一节 聚焦城市基层社区公共 服务的组织安排

一、组织安排的具体形态:条块格局

从 20 世纪 80 年代中后期开始,中国的城市社区得到了快速

发展。这个过程其实也是越来越多的公共服务和管理职能向基层社区汇聚的过程。有学者因此把城市社区发展的背景归结为5个方面：第一，企事业单位的职能发生变化，特别是国有企业逐渐改变原来"企业办社会"的运行模式，逐步将其原先承担的社会福利、社会服务职能外移；第二，随着国有企业改革和经济的多元化，无单位人员越来越多，待业、下岗者、个体劳动者和其他在非公有制单位工作的人员同计划体制下的企事业单位（城市组织的主要形式）不再有联系，而同街道办事处、居民委员会的关系相对密切；第三，随着农村经济体制改革的深入和城市的开放，大量农民工进城，他们务工、经商、从事社会服务，正在愈益深入地进入城市社会；第四，随着现代化的进程，城市家庭小型化、人口老龄化的趋势也愈加明显，城市居民特别是对老幼弱疾者的服务和照顾也面临着新问题；第五，受经济体制改革的牵引，城市行政管理体制也在发生变化，上级政府不断将社会管理和服务的职能下放，而街道办事处、居民委员会承担的社会职能的增加也改变着其自身在城市社会体系中的地位。①

国家对基层社会的这种管理和服务，在很大程度上是依赖中华人民共和国成立以来逐步形成的组织安排——"条块"行政分工体系而实现的。所谓"条块"，是我国行政管理实践中一种形象的说法，它表示了一种特殊的政府组织结构，反映了特定政府组织之间的关系。所谓的"条"，一般指的是从中央到地方各级政府中业务内容性质相同的职能部门；所谓"块"，指的是由不同职能部门组合而成的各个层级的政府。社区建设中"条"上的机构，主要包括公安、税务、工商、环卫等专业管理机构，而"块"主要指的是街道办事处等综合性管理组织。通常来看，"条"上的管理强调的

---

① 参见：雷洁琼.转型中的城市基层社区组织[M].北京：北京大学出版社,2001.

是政令的上下一致和畅通,而"块"上的管理强调的是一级政府的独立与完整,以及内部各部门相互之间的协调与配合。"条条"机构职能的配置与管理、"块块"机构职能的配置与管理,以及"条"与"块"之间的相互关系,在相当长一段时间里,一直是我国社区建设中的重要问题①。

社区建设中条块分工体系的形成,在很大程度上反映了政府机构中科层制和职能制相结合的状况。科层制是人类社会组织的一种基本结构形式,它把一个组织划分为不同的层级,各层级的职能性质大体相同,但各层级的管辖范围却自上而下层层缩小,一个上级组织一般可以管辖数个下级组织,从而呈现出金字塔形状。科层制的优点是权力自下而上地集中,有利于指挥的统一;但是,新近的一些研究表明,这种结构不适宜专业繁杂的大型组织。②

职能制是按照不同性质的权限把一个组织横向划分为不同的职能部门,从而形成了从中央到地方各级政府业务内容性质相同的职能部门,各个职能部门相对独立。职能制的优点是专业化程度高,分工明确;但职能制往往会出现政出多门、目标分散的弊端,各个职能部门各自为政,把组织的整体任务搞得支离破碎。因此,现代政府组织往往在进行日常管理的同时,将这两种结构结合起来。条块结构就是科层制和职能制结合的一种典型。

具体来说,社区建设的条块关系结构中,主要存在三种不同特征的组织关系形态:

(1) 条与条的关系。如果从行政机构的隶属关系看,简单地说,"条条"就是指自上而下实行垂直领导的机构。由于这些部门职能的集中性、不可分割性、不同程度的延伸性,从而使其行政隶

---

① 参见:谢庆奎等.中国地方政府体制概论[M].北京:中国广播电视出版社,1998.
② 这一点,可以参考米歇尔·詹森关于企业治理理论的相关研究。

属关系以及人、财、物均由上级业务主管部门负责,不列入地方政府工作部门序列。"条条关系"实际是上层高度集权的表现,在这种体制下,权力高度集中于上层,基层没有或只有很少的自主权,形成层层对上负责的效应。[①]

(2) 条与块的关系。这种关系按照力量的强弱对比又可分为三种:一是以条为主的管理;二是以块为主的管理;三是条块作用大致相同的均衡管理。就 S 市的情况来说,在过去的近 20 年时间中,社区行政管理体制大致上经历了一个"条强块弱"到"条块结合,以块为主"再到"条块结合,融条于块"的过程。

(3) 块与块的关系。这种关系主要指当地政府内部相并列的下级地方政府(包括当地政府的派出机关)之间的关系,或虽与当地政府无直接隶属关系、但同属于更高一级地方政府统一领导下的不同级地方政府之间的关系。前者可称为内部块与块的关系,后者可称为外部块与块的关系。

为了便于更好地理解社区建设中的条块关系,在这里就以 S 市社区建设中形成的"两级政府,三级管理"的条块结构模式为例加以说明,并以 LF 街道所在区人民政府的若干个职能部门与镇(街道)政府之间的关系作为具体引证。

> **专栏资料:"条块"关系在社区中的具体呈现**
>
> LF 街道所在区的政府内设发改委、经济贸易局、建设局、信息委、环保局、劳动局、民政局、公安局、教育局、财政局等 10

---

① 参见:谢庆奎等.中国地方政府体制概论[M].北京:中国广播电视出版社,1998.

多个委、办、局,这些委、办、局依据法律、法规对区政府负责。与此同时,区政府设立了1个镇人民政府和8个街道办事处。区日常社会事务的管理正是由这9个"块"即镇(街道办事处)和10多个"条"即委、办、局形成的"条"与"块"的关系结构来共同承担的。实际上,在基层政权管理的任何一种条块关系结构中,一般都涉及以区政府为主的两级政府或三级政府中的各种条块关系结构。

一般来说,条块关系是这样界定的:市、区、镇(街道)各级人民政府被称为"块",各级人民政府下设的各职能部门(委、办、局)被称为"条"。但不同级别的"条"与"块"在法律规定的职权内运行时,至少形成了以下10种关系形态:

(1) 本级人民政府与内设的各职能部门之间形成的"内部条块关系",如区政府和区计划发展局、劳动局、民政局、公安局等的关系,属领导与被领导关系。

(2) 本级人民政府各内设职能部门之间形成的"同级条条关系",如区发改委、劳动局、民政局、建设局与环保局等部门之间的关系,属分工、协作关系。

(3) 本级政府派出机关与本级政府内设各职能部门之间形成的"条块关系",如LF街道与区发改委、劳动局、民政局、建设局与环保局等部门之间的关系,属业务指导关系。

(4) 本级政府派出机关与本级政府内设各职能部门派出机构间形成的"条条关系",如LF街道与区劳动局下属的劳动监察大队、环保局下属的城市管理执法监察大队之间的关系,属双重领导关系与业务指导关系。

(5) 本级人民政府与上级政府之间形成的"外部块块关

系",如区政府与S市政府之间的关系,属领导与被领导关系。

(6) 本级人民政府各职能部门与上级政府各职能部门之间形成的"外部条条关系",如区发改委、劳动局、民政局、教育局等与S市政府发展与改革委员会、劳动局、民政局、教育局、卫生局之间的关系,属业务指导关系。

(7) 本级政府与上级政府垂直部门机构间形成的"条块关系",如区政府与区公安分局、工商局、税务局等部门之间的关系,属双重领导关系与业务协作关系。

(8) 本级政府与下级政府之间形成的"上下级块块关系",如区政府与下属镇政府之间的关系,属领导与被领导关系。

(9) 本级政府的派出机关与下级政府之间形成的"同级块块关系",如LF街道与下属镇政府之间的关系,属地域协作关系。

(10) 本级政府的各职能部门与下级政府的各职能部门之间形成的条条关系,如区民政局与LF街道民政科之间的关系,属业务指导关系。

二、在分割中协同:组织安排的结构特征

当"条"与"块"上行政单位共同应对基层社区的管理与服务诉求时,它们之间是何种结构性关系?具体来说,这种条块结构作为一种组织层面的安排,又呈现出何种深层特征?

要对上述问题做出有效的回应,有必要进一步深入对"条块"这种组织安排的结构特征进行深入分析,从而更好地理解此种组织安排在运作中的效率与不足。

法约尔曾发展出一个对运行中的组织的结构特征进行深入分析的框架,①他认为,大多数组织是为了提升效率的人类产物,其运作过程中会涉及三个基本的问题:(1)关于命令—执行体系的问题;(2)关于专业知识在组织(及组织体系——比如大的工业集团)中的配置;(3)关于组织间网络的问题(涉及组织之间的相互协同、配合——笔者注)。② 本节引用这一分析框架从三个角度来分析社区管理与服务层面的条块组织安排。

1. 作为组织"边界"的专业知识配置

按照通常的认识,当前城市基层社区的日常管理由块上的街道办事处,条上的公安、税务、卫生、社会保障、劳动等诸多部门共同承担。这些政府行政机关共同构成了复杂的社区"管理中心",它们各自掌握着与自身职能相关的一些资源与信息渠道。

社区行政机关的资源大致由三部分构成:一是组织资源,指政府机关所拥有的组织网络,即它所辖的分支机构及相应人员;二是政策资源,在这里指的是特定行政机关依据政策而享有的管辖权力;三是物质资源,包括必要的资金、技术装备以及场地等支撑基层行政机关运行的硬件设施。社区行政机关的信息来源也包括三个方面:技术化的与日常工作相关的业务信息、对社区内资源部署和占有情况的总体了解,以及对社区中不同体系的资源使用规则的了解程度。总的来说,社区行政机关往往被赋予一定的与其职能相关的资源与信息。

从专业化的角度来看,社区行政管理单位中存在着两种不同的专业化发展方向:就块上行政部门而言,由于其被赋予了更多的整体性管理服务职能和横向整合职能(按照S市1996年城区工

---

① 这一研究框架在法约尔的《国家管理理论》中首次提出。
② 具体论述可参见皮尤.组织理论精粹[M].北京:中国人民大学出版社,1990.

作会议的精神,块上的街道办事处要"动员全社会共同参与社区管理"),因此其专业化方向主要是朝着横向协商的管理技术演进,这在某种程度上是一种"通用技术";就条上的行政部门而言,由于其被赋予的职能是进行"专业化"管理,因此其往往在某些专业管理领域不断提升专业化水平,比如市容环卫行业的业务知识就是一种具有较强专业特征的专门化知识。

据本研究来看,由于块上街道办事处的专业化是朝着通用技术的方向演进,而条上部门的专业化则朝着专门技术的方向演进,因此这恰恰决定了当前块上部门承担任务的大大加剧(因为大量临时性突发性任务,都与这种通用技术相关)。

专业知识的如此配置,在一定程度上确定了"条""块"部门的不同组织优势,更重要的是,它在一定程度上确定了不同部门之间的边界——尽管这一点在以往的研究中较少被注意到。①

2. 强等级与弱等级并存:行政单位"分割"的深层因素

一般认为,中国政府的行政单位都是依照严格的等级制组织起来的。其实,这种观点需要得到进一步深入的分析。

从总的情况来看,社区建设中的政府行政管理体系是以科层制组织原则组建起来的社会行政管理组织,其下属的各职能部门既是整个科层体系中的一员,又是一个具有自身管理目标和利益的基本单元。在计划经济体制的影响下,这些部门的设定是受传统的科学管理原则影响的:上级单位赋予每个职能部门其自身运转所需要的全部资源和权限,同时对其管理边界、职责进行严格的划分,于是,每个职能部门都成为上级单位运行过程中的一环"链条"。在这个科层体系中,自上而下的命令体系和权威体系构成了

---

① 许多研究注意到"条""块"之间的组织边界是由授权和职能分工所确定的,却很少认识到知识在塑造组织边界中的作用。其实,这种由知识塑造的边界虽然并不显著,但却常常能在运作中再生产出许多区隔不同组织的新边界。

其运行中的森严等级制。

但在具体运行层面,尤其是在平行的条、块之间,等级制体系则显得相对松散得多。受长期计划体制发展的影响,社区管理中行政单位之间的横向联结相对偏弱,1997年以后虽然S市块上的街道办事处被授予了"指导、协调"其他驻区条上行政单位的职能,但这种"指导、协调"仍然是弱意义上的;由于条上部门的人事任免、资金配置在很大程度上并不受"块"上街道办事处的约束,因此条块之间并不存在明晰的等级制度体系。①

这也就是说,在当前S市城市社区的行政管理单位构成的"条""块"组织网络中,强等级制和弱等级制同时存在。由于强等级制往往被局限在特定的范畴内(比如某个"条"内部),难以扩散到更大范畴(比如其他的"条"),因此这种等级架构客观上成为不同行政单位相互"分割"的重要内生因素。

3. 作为协同基础的横向组织网络

根据在LF街道展开的调查,社区行政机关的工作领域主要由四个部分构成:满足社区居民的相关需求、常务性日常工作、完成上级管理部门(包括上级业务指导部门)布置的各项工作以及应对一些非常规性突发事件。

其中,除了常务性日常工作基本上可以在社区行政组织自身所拥有的资源、信息范畴内解决以外,满足居民需求、完成上

---

① 就S市的情况来看,街道办事处对"条"上行政机构的"指导"与"协调",其法律依据主要是1997年通过的《S市街道办事处条例》中第十一条和十二条,其中第十一条规定:"街道办事处有权组织、协调辖区内的公安、工商、税务等机构,依法支持、配合街道监察队的执法活动。街道办事处可以召开由辖区内有关单位参加的社区联席会议,商讨、协调社区建设和社区服务事项。"而第十二条规定:"街道办事处有权对区人民政府有关部门派出机构主要行政负责人的任免、调动、考核和奖惩提出意见和建议。区人民政府有关部门在决定上述事项前,应当听取街道办事处的意见和建议。"但在调研过程中,笔者了解到,这些规定常常难以得到严格的执行,街道办事处作为"块"上管理协调机构在对"条"上行政部门开展协调、指导时常常缺乏切实的抓手。

级任务以及应对非常规性突发事件所涉及的资源和信息,都会或多或少地超出单一社区行政部门所能提供的范围。这是因为,在处于转型时期的今天,社区居民的需求正朝着多元化和复杂化的方向发展,并且这些需求之间往往又会以一种复杂的形式和机制纠缠在一起,因此当社区行政机关针对职能范围内的居民的某一需求而开展工作的时候,他们往往会"不得不"考虑到其他的居民需求,其自身所具备的资源、信息就变得"不足以"令工作顺利开展了;此时,寻求其他社区行政机关的帮助,在一定程度上借用其他社区行政机关的相关资源,便成为组织的重要工作目标。在调查中,街道的一位工作人员曾举过这样的例子:

> 比如市政管理科根据居民的反映,去小区里整顿环境,具体地讲,有时候要去管理一些非法搭建的违章建筑。这个时候,光靠市政管理科的力量就不行,因为现在街道没有执法权;可以走法律程序,但是无论在时间上还是在效果上都不是最好。做工作光靠讲道理也不行,有些居民是有一点困难的,他提出来,比方说家里经济困难,搭违章建筑是为了谋生,你说怎么办?拆了确实会对他的生活造成一定影响。这个时候,我们的民政、劳动等有关部门就要介入,看看在政策允许范围内,是不是能提供一定的补偿,比如,确实符合最低保障而没有拿到低保的,可以协调看看是不是解决一下(低保),或者街道经济部门掌握的就业岗位里,能不能提供一些……(访谈资料)

在上述案例中,街道市政管理部门在履行自身工作职责时所需要的资源就超出了该部门自身拥有的资源范畴,因而必须借用民政、劳动等部门的相应资源;寻求多部门间的合作也就成为市政管理部门的工作重点。

此外,就上级工作部门安排的任务而言,完成这些任务所需的资源和信息有时也会超出社区行政机关现有的水平;或者对于基层行政机关来说,通过资源、信息共享的方式,可以用更短的时间、更好地完成这些任务。(见表4-1)

表4-1 以社会救助工作为例的纵向与横向协同示意

部门	业务事项	纵向工作协同	横向工作协同
民政部门	最低生活保障金申领	救助所接受申请,居委会核实,街道审批,并报区、市民政备案	从劳动部门了解就业、收入、失业保险金等情况,从公安部门了解家庭情况
劳动部门	失业保险金申领	在劳动所申请,街道审批后报区就业促进中心,申请人在街道领取	从公安部门了解出国、刑教、死亡等信息,及时终止这些人员继续领取保险金
残联	残疾学生及家庭助学金发放	在街道申请登记,采集相关情况,由区残联审批发放	
计生委	待业人员申请独生子女奖励费	居委会接受申请,街道计生办初审,并报区计生委最终审核	需要通过劳动部门了解申请人就业信息
医保部门	失业人员申领医药费补助	领取失业保险金期间患病的失业人员到指定医院就诊,在非指定医院就诊需出具转诊单	需要通过劳动部门了解申请人就业信息
工会	困难职工帮困补助	街道和小区工会接受申请,街道工会进行审核并拨款补助	从公安部门了解职工情况,街道工会将补助资料转送劳动服务所

(续表)

部　门	业务事项	纵向工作协同	横向工作协同
红十字会	日常帮困补助金发放	街道收集补助对象信息，或由本人向区红十字会申请，居委会核实，区红十字会审核发放后反馈街道	从公安部门了解对象及家庭成员情况
慈善基金	困难家庭助学金发放	区慈善基金会接受申请，经社会救助所核实后拨款，由救助所发放	与区青少年保护办公室合作采集需救助的困难学生信息

至于应对非常规性的突发事件，单个行政机关之间的资源、信息就显得更为有限了。因为非常规性事件往往是事先不容易被预计到的，也很难被归入某一行政机关的管理范畴内；这些突发事件的有效解决往往建立在各行政机关的紧密合作与资源、信息共享上。

总的来说，城市基层社区中的各个行政机构，其自身所具有的资源与信息可以在一定程度上应对日常常务性工作，但并不足以解决其在满足居民需求、完成上级各项工作要求以及应对突发事件时所面临的各种问题，因此，基层社区行政机关之间在许多时候都有着迫切的资源、信息共享（或者说有效协同）需求。

而不同社区行政机关之间的横向组织网络则是工作协同的基础和保障。一般而言，这套组织网络由三个层次的纽带编制而成：

第一个维度是条块之间的交叉任职网络。为了促进不同行政部门的协同，S市的大多数街镇从20世纪90年代末开始逐步形成了条块关键领导交叉任职的做法，这种交叉任职无形中促进了相关部门之间的联系，成为不同行政单位间组织网络建设的重要平台之一。

就 LF 街道的情况来看,交叉任职主要体现为:派出所的所长同时担任街道党工委副书记(2003 年以前,非实职),工商、税务、环卫等部门负责人担任街道有关专项治理委员会副主任。这种交叉任职其实质是让条上领导担任块上的相关职位,从而建立起条与块之间相互联动的组织网络。

第二个维度的组织网络是以相关联席会议制度为纽带。2002 年以来,LF 街道先后建立了社区管理与服务联席会议和党工委联席会议制度。这两种联席会议把分属不同"条"的部门负责人聚集在一起,定期对社区管理中的突发问题、重点工作进行讨论,确定组织协同的方案。

第三个维度的组织网络则以"良好同僚关系"为纽带。LF 街道建立以来,大多数街道干部都是同时期从外区调来的,因此与其他街道相比,其内部人事关系显得没有那么复杂。另一方面,自 1990 年代初起,街道领导就一直强调"和谐的群体最有战斗力",并以此为方向努力打造组织内部的"和谐文化"。这种和谐文化在日常工作中逐步由街道办事处向其他"条"上机构渗透,比如经常举行相关联谊会等。在这种文化的影响下,经过近 10 年的积淀,LF 街道以及相关条上行政管理部门的职员都倾向于在内部建立一种"良好同僚关系",而这种关系网络常常在促进不同部门协同合作中发挥重要作用。

一位长期在街道民政科工作的老干部曾颇有感慨地谈到这种"同僚关系"的作用:

> 社区管理是最基层的管理,这里不像上面的部门,要应付的是五花八门的各种事情。其实,我们每个人都有岗位责任书,但是这个往往是很虚的,基本上是把最最笼统的工作列在了上面,我们的具体工作远比上面的要复杂。因为社会发展

的太快了,各种问题、各种事情层出不穷,我刚才说过我们民政工作大致有9块,但是那也是笼统的说法。其实,我们在处理的很多问题,包括居民在日常生活中碰到的、上级布置的,都是一下子就出来的(备注:具有非常规性);这个时候,我们都需要彼此配合,在街道里是这样,条与条之间也是这样。……但是怎么配合,这里面有能力问题、有管理思想问题,但是它很难一般化,很难说规定怎么怎么办,因为事情发展得速度太快了,谁都没有办法预先把一些问题罗列出来,更谈不上如何事先确定好科室之间的权力、义务关系,只能靠同事们之间长期建立起来的信任关系……(访谈资料)

上述三个维度的纽带共同编制了城市基层社区中条块部门之间的组织网络,它们对于促进不同行政部门之间的合作具有重要作用。然而,若从更深层次来分析问题,就会发现:这套组织网络虽然有多个维度,但其在促进行政部门协同中所发挥的作用却都是相近的——都表现为对非例行性和突发性行政事务协同的促进。人们可以想象:交叉任职和联席会议都是一种带有较强"临时"性质的组织安排,其更多的是促进不同部门共同应对那些突发性事件(比如某次环境大整治等);而同僚关系网络也是以不稳定的非正规方式发挥作用。这三者都很难保证行政机关间建立起一种常规化、例行性、可以"无缝衔接"的高水平协同——而这种高水平协同恰恰是当前公共服务型政府建设的题中应有之义。

第二节　制度安排的两面性:在开放与封闭间徘徊

当塞尔滋尼克(Philip Selznick)在其关于"TVA 和草根"(TVA

and the Gross Roots)的研究中尝试把组织安排与制度安排区分时,他将制度定义为"使稳定的、有秩序的、社会整合的模式从不稳定的、技术的、松散组织的活动中浮现的过程"。① 如果说组织安排追求效力、效率,由此导致行为的取向,那么制度安排则追求秩序和规范,由此导致行为的适宜。从这个意义上说,制度安排是对组织安排的某种再建构,它促使组织以特定的方式追求运行效率。

当本节依据 LF 街道的情况对当前社区服务与管理领域的组织安排(条块结构)进行分析时,我们能清晰地感受到:以单位制补充体制为蓝本②,依据某种理性原则被"组装"起来的社区行政组织体系,正面临着如何提升相互协同能力、以更好发挥管理与服务效率的问题。而当这些组织致力于解决这一问题时,首先会遇到合作规则构造的问题(比如:参与合作的多边主体在多大程度上"开放"自己?合作中谁"说了算"等),换句话说,涉及在发散的、不确定的互动格局中形成秩序的问题——这些问题的解决取决于特定的制度安排。

这一部分的分析主要聚焦三个面向:(1)通过呈现日益加剧的公共服务需求,来理解新一轮社区建设中行政部门改革的基本取向;(2)展现制度安排促进部门整合与开放的一面;(3)挖掘出制度安排趋于封闭的另一面。

一、社区服务需求激增与改革的基本取向

进入 21 世纪以来,S 市社会进入了一个快速转型期,在 GDP 快速增长的背后,人们可以看到另外一种显著的变化,这就是社会

---

① 转引自简·芳汀.构建虚拟政府:信息技术与制度创新[M].北京:中国人民大学出版社,2004.
② 参见李友梅.城市基层社会的深层权力秩序[J].江苏社会科学,2003(6).

结构的快速分化。结构分化的意义无疑是丰富的①,若从公共服务供给的角度来看,这意味着更多且更具差异性的服务被提上了日程。

从统计数据来看,进入 21 世纪以来,S 市的产业结构有了很大的调整,第三产业比重不断增大,而第一、第二产业比重则逐步减少。伴随着这种产业结构的调整,S 市的职业结构也发生了巨大的变化;职业结构上的这种变化,不仅反映了经济结构和产业结构的变动,也引发了整体社会结构的变化,这种变化主要体现为三个方面:

一是随着第一、第二产业的许多职业在职业总体结构中所占比重的下降,不断有劳动者被"甩"到了职业结构之外,成为"下岗""失业"人员以及"失地农民"。这部分人员构成了社会结构中的底层群体。

二是一个与后工业社会有着高度关联性的职业群体正在成为社会结构中的主体。在社会结构中,以各类专业技术人员、办事人员、商业服务业人员等为主的中间职业群体,从数量上已经开始成为主导性阶层,他们构成了社会结构中的中间层。

三是一部分企业主、跨国公司高层主管、国家权力部门主要负责人构成的社会结构上层,这个上层虽然很难在社会结构分析中由单纯的统计数据准确地勾勒出来,但他们在奢侈性消费领域、在经济生产领域、在市场流通领域以及政治权力领域都发挥着重要的作用。正是由于这个群体的存在,S 市市民在收入水平与消费水平上呈现出两极化态势。

随着 S 市社会结构的逐步分化,不同群体在需求上也体现出

---

① 许多学者在过去几年里从"精英是循环还是断裂""不平等机制的再生产"等角度来分析这一现象。

了很大的差异性,这种差异性不仅体现在消费需求上,还体现在对公共服务的需求上。根据最近几年的许多研究资料,我们能大致地勾画出不同群体在社区生活中不同的需求结构:对于社会结构中上层的人士来说,良好的环境、精神生活上的享受以及充满个性化的服务正在成为他们对社区有关部门提出的主要需求;而对于社会结构中下层社会成员来说,良好的社会保障、舒适的居住空间等则构成了他们对社区管理部门的主要诉求。

在这种充满差异性的新型社区需求结构中,各政府机构要更好地为居民提供公共产品,就必须处于一种良好的合作环境之中,致力于用有限的行政资源生产出更多的公共产品。换句话说,为了对社区居民充满差异性的需求结构作出有效的回应,就必须加强政府机构间合作机制的建设,尽可能全面提升公共部门间的协同水平——这也正是公共服务型政府在基层构建的主要目标[①]。

这种新背景也确定了社区服务与管理领域改革的基本取向,可以简单地概括为以下两点:

一是强调社区管理与服务资源的有效共享,加强有限资源的利用效率。随着社区建设不断深入,各级政府在社区中投入了大量的公共资源,但长期以来由于缺乏统一规划、科学布局和长效管理,社区内的资源分布显得凌乱、重复和闲散,利用率普遍不高,造成一方面社区内机关、企事业单位和其他社会团体拥有大量的文化、教育、体育、娱乐设施和丰富的资金、技术、场地、信息等资源,但由于条块分割,部门利益观念根深蒂固,许多设施闲置浪费,资源得不到充分利用;另一方面,社区缺乏服务设施和活动场所,居

---

① S市市委三届八次全体(扩大)会议提出:"要以建设公共服务型政府为目标,进一步转变政府职能,建立行为规范、运转协调、公正透明、廉洁高效的行政管理体制。"会议同时指出,更为有效地促进不同行政部门之间的有效协同是公共服务型政府建设的重要内容。

民需求得不到满足这两者之间的现实冲撞。因此,提高社区资源的共享程度,满足居民在文化休闲、公共服务等方面的需求,成为进入 21 世纪以来最近几年社区服务与管理领域改革的主要方向。许多街道都在这种改革目标的引导下形成了富有自身特色的资源共享经验与机制,比如 LF 街道就形成了以联席会议方式促进行政部门资源共享的实践经验。

二是强调高效协同,打造"无缝隙衔接,敏捷服务政府"的改革取向。2000 年以来,在 S 市城市社区建设过程中,各级部门开始更为强调高效协同。市委有关部门也一再发布条例,希望基层部门通过促进机构间合作的方式来推进社区建设并为管理创造更为有利的条件。[①] 有研究者认为,在 2000 年以前,S 市在处理行政部门横向合作关系时,主要还是依靠行政放权和分权来推动,资源的整合也只是"块"单向整合"条",是垂直性、封闭性的整合,没有形成利益共享、行动协同的动力机制,"条""线"之间彼此缺乏提供资源的积极性,资源就难以在条块之间顺畅流动。而 2000 年以后的改革更倡导的是一种开放式的横向协同,条与块之间以利益共享为基础,资源虽然互不隶属,但是可以共享、可以灵活配置。其认为,改革的制度取向就是重建一种新的横向合作机制,"这就犹如人体细胞一样,在一个生命体内,不同的细胞组织是有机联系的,一旦某一系统产生需求和应激反应,神经、免疫、循环等系统就可以快速传导、调集资源,形成灵敏的支援网络和协同体系。"[②]

在改革理念支持下,S 市的各个街镇普遍开始探索地方党委改进领导方式、政府转变职能的新举措。

---

① 可参见:S 市委关于加强社区党建和社区建设工作的意见.2003.
② S 市委组织部组调研课题稿,载于《2004 年社区建设会议材料汇编》,P 区劳动与社会保障局编写,内部材料。

二、制度安排的"显性"取向：开放与整合

在改革精神的激荡下，S市大多数街镇在过去几年里都纷纷发起了声势浩大的制度革新，若细观此次改革的整体特征（本书主要聚焦于行政部门改革层面），人们将会发现：开放和整合是改革词典中的核心词。

就LF街道而言，进入2003年以来，街道领导层开始大刀阔斧地进行制度革新①；而制度革新的总体方向则是促进不同行政部门开放自身资源，更好地整合社区管理和服务力量。据笔者的观察，在纷繁的制度革新中，有两个方向最值得注意：一是搭建了以社区党组织为主体的资源整合体系，二是初步形成了以网格化管理思路来促进行政部门开放自身资源、通力协作的工作机制。

1. 搭建社区党组织整合资源的整体性制度框架

进入2004年以来，LF社区党建的主要方向是：按照社区行政组织、居民区、驻区单位三条线，理顺党的组织设置，形成全覆盖的组织、工作体系，更好地对社区内不同资源进行有效整合。这集中体现在四个方面：

一是整合党的资源。主要包含两个维度，一方面体现为调动上级党组织所掌握的各种政治资源，为社区党委管理社区、领导社会创造条件，注入资源；另一个方面是通过社区党委的组织架构和工作机构设置，整合社区内各类党组织、所有党员的资源，使社区内的党组织资源利用达到最大化。在访谈中LF街道主要领导曾谈到对此的认识：

---

① 某种意义上说，2003年在S市城市社区建设的历史进程中是一个具有纪念意义的年度。这一年开春通过的《中共S市委关于加强社区党建和社区建设工作的意见》，明确提出了"社区党建全覆盖，社区建设实体化，社区管理网格化"的改革目标，这意味着新一轮改革正朝着加强党建的区域覆盖力度、促进行政部门全面提升服务能力、促进社区社会力量快速发展的新方向演进。

> 我们认为,赋予社区党委对社区内各单位党组织和所有党员的动员能力,是实现以社区为单元实现党内资源整合的关键所在,党组织的属地管理或双重管理、党员必须向社区党组织报道、接收社区党组织分配的任务等规定,都是增强党内资源整合能力值得探索的方式……(访谈资料)

二是整合行政资源。LF街道通过整合参与社区管理的各级政府部门及其工作力量,在社区管理工作中形成合力,妥善解决管理资源和管理权力倒置问题,建立起高效率、低成本的社区行政管理体制。在改革的过程中,LF街道领导层意识到:整合行政资源主要涉及条块关系,但又不局限于条块关系,还有行政管理方式转变本身的问题、行政合作的问题等等。在当前的整体背景下,为了更有效率地解决这些问题,社区党组织应该努力成为党在社区内的最高领导,应该被赋予对社区管理的各种行政权力进行管辖、监督和协调的权限。

三是整合市场资源。LF街道党组织在改革过程中,逐步转变工作方式,有效地调动和利用社区内的各类市场组织,引导他们参与社区治理、参与社区服务,并为社区治理和社区服务提供自身的资源,最终让社区群众得实惠。有关方面还借助市场化、社会化手段增强党对社会的管理、渗透能力——尽管这对于已经习惯于运用行政化手段管理社会、控制社会的党组织还是一种不甚熟悉的技能。

四是整合社会资源。LF街道在改革过程中,努力探索培育和引导各种民办非企业单位、群众组织、群众性活动团队、各种志愿力量参与到社区治理之中的方式和制度措施。譬如街道常常为群众性活动团队提供场地、部分经费或培训骨干等办法,在对他们进行规范和引导的同时,也利用他们开展党的群众工作。

2. 形成以网格化促进行政部门开放自身资源加强协同的工作机制

从2003年底开始,S市城市社区管理与服务开始朝着网格化的方向发展。① 其实,"网格"本是个纯技术性概念,它构建了一种利用现代技术实现互动合作的平台。将这种技术工具蕴涵的思想和理念引申到社会组织和管理层面,就是充分动员各种类型的资源参与到社会组织或社会成员合作的空间之中,实现社会资源的共享;它强调的是对资源的"非集中控制",提倡按需配置、按需统筹。② 从思维方式上看,"网格管理"要求打破部门与部门之间的壁垒,促进行政部门向友邻部门开放自身资源,这在一定程度上有助于改善部门之间相对封闭的状况,从而促进一些资源、信息的共享。

LF街道从2004年开始尝试通过网格化管理来促进不同行政部门开放自身资源,进而提升彼此之间的协同水平,主要的做法包括两个层面:

首先,街道于2004年建立了"社区管理和公共服务委员会"。该委员会由街道办事处牵头成立,它成为统合各行政部门派出机构、促进部门资源开放的重要组织载体。按照街道领导层的意图,委员会的目标是形成"边界清晰、主体唯一、力量多元、相互开放、反应快速、监督有效"的行政部门运作机制,实现行政组织管理重心下移。"社区管理和公共服务委员会"以街道办事处为核心,各行政组织参加,由13人组成,委员会主任由街道办事处主任担任。

---

① 网格化管理(Gridding Management)是一种科学管理模式,是精细化管理的基础。网格化是指各种要素和单元纵横交错而形成的组织或系统,它具有信息互动、资源共享、快速协同的基本功能。据有关专家研究,网格化思想起源于中国,历史悠久,到18世纪网格地图技术才传到欧洲。——引自:陈平.网格化:城市管理新模式[M].北京:北京大学出版社,2006.
② 参见:马伊里.合作困境的组织社会学分析[D].上海大学博士论文,2005.

该委员会在社区(街道)党工委的领导和街道办事处的牵头组织下,统合承担与社区管理和公共服务有关的职能。具体包括两个方面:"其一是协调并监督行政部门派出机构的力量,建立完善工作协同机制,促使管理执法力量落地,全面负责社区内治安、市容等各方面的社区管理事务;其二是积极构建平台,使不同行政部门向友邻机构开放自身资源,进而为社区群众提供民政、就业、计划生育、文化教育等各方面的高效公共服务。"[①]

在具体运作过程中,街道领导逐渐发现,并非所有行政单位间都有资源共享的需求,资源相互开放的诉求往往只是在有着密切业务联系的相关单位间被频繁提出。于是,街道领导通过对行政管理服务流程进行梳理,最终将"社区管理和公共服务委员会"分为四个分支委员会:市政管理委员会、社区服务和保障委员会、社会事业委员会和社会治安综合治理委员会——每个分支委员会的成员由主要业务领域相近的行政部门领导构成(比如,社区服务和保障委员会的成员就包括劳动、民政科的领导)。在这种制度安排下,不同分支委员会成为行政部门相互开放资源的组织平台。

其次,LF 街道于 2004 年下半年将街道辖区划分为四个网格管理区(YQ 街区、AY 街区、YA 街区、JF 街区),并将公安、城管、市容环卫等"条上"力量和社工服务站按照优化配置的原则,责任到人地具体部署到不同网格管理区中。

街道从有关执法部门抽调力量,向每个街区派遣两名街面巡查员、两名综合巡查员,分班实施常规巡查工作,按流程分层上报,从而逐步实现"问题即时发现"。在此基础上,LF 街道进一步建立了"解决问题"的工作环节:由单个执法部门可以解决的一般性问题,通过各部门日常执法作业机制予以解决;需要协同的问题,以

[①] LF 街道《关于成立社区管理和公共服务委员会的文件》。

及通过巡查、投诉、补充发现的问题,由街区网格受理指挥中心分层次部署解决;疑难问题提交市政管理委员会办公室乃至市政管理委员会研究解决。

在日常工作中,街道领导要求同一个网格管理区中来自不同部门的行政管理人员相互合作、彼此配合,共同把管理与服务工作"下沉"到离居民最近的街区层面。

通过上述分析,我们可以发现:LF 街道在过去几年的行政部门管理和服务改革中,加大了资源整合的力度,并采取有效措施促进了不同行政部门间的资源开放。不夸张地说,如果研究者走入记载历年街道制度变革历程的档案室,翻看那一卷卷略显陈旧的文档,"整合"和"资源共享"也许是 2000 年后出现频次最多的两个词汇(笔者曾做过简单的统计,在 2001—2003 年的历年文件中,"整合"出现在主要条款中的次数多达 17 次/年,"资源共享"则达到 9 次/年;2003 年以后,"整合"的频次多达 25 次/年,"资源共享"为 11 次/年)。

三、一种"暗存"的反向运动:封闭和内敛的趋向

如果仅从各种文件和经验交流材料出发进行资料分析,呈现在研究者面前的将是这样一种印象:在过去多年时间里,LF 街道构造了一种凝聚力和向心力更强的制度安排,各个行政部门正在朝着"一体化"(或者至少是"紧密衔接")的方向发展。

然而,更为深入的访谈则揭示了在显性制度安排下隐秘运行的另一种制度特征,这就是封闭和内敛的趋向。如果说开放和整合的制度安排其推动者是当前这一轮社区建设的核心主体——块上党政部门(即街道党工委和街道办事处),那么封闭和内敛制度安排的深层根源则来自条上部门。

就组织形态和运行逻辑而言,单个的条上部门可谓不折不扣

按照现代科层制原则建立起的政府部门。在严格的行政职能分工基础上,每个条为了保证自身以最高效率"自成一体"地运作,都始终在制度安排上存在着两种潜在的取向:

1. 在信息资源上的垄断取向

这一点正如布劳和梅耶所分析的那样:"科层制通过保守特有信息来源的秘密性来提高自身的有效性……'公务秘密'概念是科层制的特有创造,没有比科层制更热衷于此的了。"①

据笔者分析,条上行政部门在实践中常常有意或无意地通过三种方式来实现自身对相关信息的垄断:第一种方式是在对资源的收集和运用上采用"独特化"的标准,这使得自身所掌握的信息在应用价值上具有较强的排他性。不同条上部门在信息收集上的这种潜在取向是在漫长的行政技术完善过程中逐步形成的,因而具有很强的"固化"特征。更重要的是,相比于各种促进信息整合的制度安排而言,这种条上部门的传统制度特征虽然并不显眼,但却对整合的取向有很强的"反作用"。在调研过程中,LF 街道民政科的一位老科长曾颇有感慨地说:

> 现在无论是上级部门还是我们街道,都强调"公共资源公共有";信息也是一种资源,在行政管理和服务中,常常还是很重要的资源。虽然从 2003 年网格管理开始,客观地看,信息共享的制度有很多,但这些强调共享的制度在实际运作中的有效性常常会遭到不同条上已有做法的影响。最头痛的就是,不同的部门关于信息收集的标准都不一样,我和你打个比方:光是街道里打工的这些人,对他们的叫法各个条上都有自己

---

① 转引自:彼得·布劳,马歇尔·梅耶.现代社会中的科层制[M].上海:学林出版社,2001.

的理解,比如"非常住人口""流动人口""非户籍人口"……那么有时候,就算我们能拿到别的部门的数据信息,我们也没法用……(访谈资料)

第二种方式则是在信息资源的储存与(内部)传输过程中运用自身独特的技术标准,并且始终不定期地按照自身业务需求对现有标准进行升级或改造。累进的升级和改造将使每一次依据已有通信规则建立起来的资源整合方案都会受到潜在的威胁。条上部门的这种制度取向大多要在长时期的历时性分析中才能呈现,它是实现条上信息资源内部封闭的重要保护机制。在调研中,街道办公室的一位同志曾有过这样的回忆:

> 大约在2002年,当时我们街道有感于大量的信息都是从居民区收集上来的,不同的部门往往要重复进行统计和收集,浪费了许多行政资源;更重要的是弄得下边居委会的干部苦不堪言,老是要花精力来收集信息。因此我们街道主要领导就做了个调研,我们发现:其实可以在街道层面建立一个相应的数据中心,然后把各个条上需要的资料大体归类收集并储存在我们的计算机里,当然我们的计算机是可以上传这些资料的。当时我们考察了不同部门的数据上传标准,感到这么做并不花大力气,更重要的是可以一次收集、多次上传,减少下面居委会干部的压力,实际上等于把不同条"自成体系"伸到基层的"手"给"拦"回去了。我们这么做完后效果挺好的,当时还有兄弟街道来取经,哪知道没过多久意外情况就发生了:先是民政系统改进了现有的网络,和我们街道的兼容性发生了问题;没过多久,劳动部门、计生部门在数据上传上有关技术标准也变了,我们以前做的工作也就大打折扣了……(访

谈资料)

其实,条上部门的这种技术"升级"是频繁而不确定的,这给横向整合带来了极大的困难。

第三种方式较为常见,条上部门常常通过对信息资源保密性的强调来实现对自身资源的封闭。其实,正如许多实践工作者已经清晰意识到的那样:需要保密的信息往往只是有限的一小部分,但是有关条上部门却倾向于把所有信息资源一股脑地加以保密。

上述三种取向都紧密地嵌入在条上部门信息管理的诸多制度内。在实践工作中,这些制度取向虽然并不被重点渲染(相反,那些强调"整合"与"开放"的各类创新倒是渲染的重点),但却有着顽强的生命力,它们顽强地抵御着横向协同的制度努力。

2. 在指令体系上抗拒外界"干扰"

条上行政部门始终强调保持着内部指令体系的"自成一体",这既是它们在相应业务领域内实现更高效率运作的必然制度安排,同时也是抗拒变化的重要制度性依托。

当国内企业界接受新管理理念开始强调"扁平化"结构的同时,中国各级政府也受相关国家"新公共管理运动"的影响,开始提出建设一种结构最优的政府架构(当然这种最优是从效率上理解的)。[①] 这种理念的最突出表现即为:在不同管理层级中,理顺权力配置和资源配置的格局,进而提升管理和服务的有效性。在街道层面,这种理念则体现为以块上党政机构为核心,横向整合各

[①] 一般认为,西方国家的"公共管理运动"是政府部门面对全球化、技术革新以及公民复杂需求等挑战的结果,其主要体现为市场机制在公共管理中的应用。而我国政府部门最初则在"结构"变迁的层面对这场公共管理革命做出理解——相关论述可见:陈振明主编.政府再造——西方"新公共管理运动"评述[M].北京:中国人民大学出版社,2003.

条上部门的革新尝试。

以块横向整合条,除了重建各种相互联结纽带,更重要的问题显然是建立一种横向间的指令和命令体系——无论这种体系是强意义上的还是弱意义上的。正因为此,在 S 市新一轮社区行政部门改革过程中,建立块对条的整合、协调机制始终是革新的重点(这一点正如前文在"显性"制度安排中已经指出的那样)。

而条上机构在改革过程中,虽然也乐于和块上机构保持密切联动,以使自身工作目标得到更好实现,但却始终潜存着在指令体系上抗拒外界"干扰"的取向。这种抗拒"干扰"的制度取向常常会使一些横向整合方案失去最重要的依托。LF 街道的一位老干部曾回忆道:

> 其实,从制度上来说,1997 年颁布的《S 市街道办事处条例》曾明文规定"街道办事处有权对区人民政府有关部门派出机构主要行政负责人的任免、调动、考核和奖惩提出意见和建议。区人民政府有关部门在决定上述事项前,应当听取街道办事处的意见和建议。"在长期的街道工作中,我们感到这项条例确实是条块协同的一个重要保证,我们区也曾出过专门的规定,我记得大体意识是说,像公安、税务这些重要部门的负责人在调动方面应该听取街道的意见;当时区委制定这项规定的时候,实际上是给予街道在一定程度上干预条上的一种实质权力,但运作起来就不一样了。我记得有一年,我们街道派出所的所长换了,我当时都不知道;后来过了几天到区里去开会,碰到区公安局的同志,他们笑着和我打了个招呼就算完了,呵呵……(访谈资料)

通过上述两个方面的分析,我们得以发现:新一轮社区建设所引发的行政部门改革促生了一种"追求整合与资源开放"的显性制度安排,这套制度安排以促进部门协同、更好地提供公共产品为最终目标,但与此同时,社区行政机构在运作过程中也潜存着一种"封闭和内敛"的制度取向。由于上述两种制度取向所涉及的相关调整措施常常是相互矛盾和抵触的,因此这两种制度取向构成了基层社区行政部门运作中一幅充满矛盾性的多线性图景。

小结与讨论:在科层与网络之间——既有结构的长程运动

从某种意义上来说,中国政府是以科层制和某种松散网络相结合的方式组织起来的(科层制特征体现在权力和资源的分级配置上,松散的网络表现为条与条之间、条与块之间相对封闭而又保持协同的结构形态),[①]以这种方式组织起来的中国政府,从1949年至今一直面临着两个重要问题,这就是:如何在保证科层体系中较高层级对较低层级有效管控(更好实现组织自上而下的效率)的前提下充分发挥下级部门的灵活性?如何在保持科层制整体特征的前提下,使内部网络以更高效率运作?由于这两个重要问题中都暗含着完全相反的取向,当中国政府以传统的分权、分税、部门重组等手段试图调整内部结构时,这两种完全相反的取向就会以一种矛盾的形态鲜明地呈现出来,最后表现为"一放就乱(赋予网络更多灵活性,但却导致自上而下效率的受损),一收就死(提升了自上而下效率,但网络的灵活性和活力大大受损)"的格局。

[①] 澳大利亚学者 Audrey Donnithorne 曾以另一种方式对此表述,他称这种结构为"蜂窝状"结构。

如果我们可以用一种简单的类比来进行讨论的话，那么今日城市基层社区中的条块行政部门所构成的政府公共管理与服务体系则可以看作是中国政府体系的"缩影"与"分形"。就 LF 街道的情况而言，自 20 世纪 90 年代中后期以来的社区行政部门改革实际上一直徘徊于两种制度取向所推动的运动之中：为了促进不同部门间的横向协同、打造一种"无缝衔接""敏捷服务"的基层公共服务体系、更好地提供公共产品，就有必要更好地构造不同部门间的横向互动网络；而这种横向网络的建设往往会干扰会危及单个行政体系内自上而下的权力运作，因而会引发相应的反弹——反弹的结果是对已有横向协同制度安排产生反作用，使其受到削弱，而这又势必会在新的层面提出新的横向整合问题——周而复始。

由此，我们将发现一种基层行政体系在科层与网络两极间长程运动的动态过程，相比于这个过程，既有研究提出的"以块为主"或"条强块弱"不过是这个长程运动中特定横截面的解读罢了。

本章揭示这个问题的潜在用意在于引出这样一个思考：如果说既有的调整由于不得不在两种矛盾的取向间徘徊因而难以达致一种"最优"效果，那么是否存在新的革新切入点？有没有可能在同时满足两种制度取向的情况下，以更为灵活的方式解决问题？这些思考恰恰构成本书对新一代信息技术嵌入政府部门运作机制解读的基础。

第五章
技术方案定型：治理结构型塑技术选择

在对作为新技术相对面的既有结构有一个相对清晰的认识后，现在让我们聚焦于 LF 街道在社区服务领域引入信息技术建设数字化一门式服务中心的过程。

如前所述，进入 2000 年后，LF 街道不仅开始加大社区公共服务供给的力度，而且日益强调通过促进部门协同、更好地整合资源来提升公共部门为民服务的质量。作为这一努力的重要尝试，街道于 2005 年建立了一个一门式服务中心。在初期，该中心仅仅是在物理空间上解决了"让老百姓跑一个门"的问题（即将相关为民服务机构搬入同一办公地址），还没有在流程整合、信息共享、联合审批等更深层次尝试进一步的革新。随着时间的推移，LF 街道越来越感到有必要以创新的方式和机制来进一步深化一门式服务中心的改革，因而开始尝试引入信息技术，全面提升一门式服务中心的运作效率。

据笔者观察，当 LF 街道管理层萌生如此改革意识时——作为一个全面引入信息技术解决方案较晚的街道，其至少面临三种技术安排上的选择。出乎意料的是，在具有充沛资金保障的前提下，LF 街道有关部门在反复权衡不同技术安排的特征后，舍弃了当时看来解决问题最彻底以及最先进的两套方案，却选择了相对保守的技术方案。笔者认为,这呈现了一个依据结构特征和偏好选择技术方案的独特过程。在本章的小结与讨论部分,我们将结合技术演进领域的相关理论研究,分析这一独特过程中暗含的理论意蕴。

第一节 一门式服务中心的初期架构及对新技术之期望

LF 一门式服务中心建成于 2005 年 3 月,总建筑面积 1 100 平方米(服务面积 850 平方米),设有 24 个服务窗口,集中办理劳动保障、民政事务、医保服务、计划生育服务等涉及群众基本生活和保障的 9 大类 76 项社区事务。

当时的一门式服务中心是在整合了多个异址办公的服务机构的基础上形成的,初步解决了老百姓办事"多门"的问题,把一些基本服务职能集中到了一个门里面,提高了便捷度。客观来看,当时这个"一门式"社区服务中心的建立主要基于一种基层管理人员朴素的看法:方便居民。LF 街道劳动科的一位同志在访谈中谈到:

> 最初其实也没想太多,街道的领导发现居民办事往往要跑多个政府部门,而这些政府部门(及其派出机构)分布又很散,这使居民感到"到政府办事实在麻烦"。为了缓解这种现象,我们在街道内找了一处集中办公的场所,并把民政、劳动、计生等主要涉及民生的审批部门集中在一起办公——这样,可以极大地给居民带来便利……(访谈资料)

虽然解决了老百姓"跑一个门"的问题,但是就内部运作机制而言,当时入驻 LF 街道一门式服务中心的各个行政机构在内部运转过程中仍然是"貌合神离":各办事职能互不联系、工作人员互不沟通、信息资源互不共享,系统化程度非常低。按照街道当时分管主任的说法,存在着"三多二少"现象:

> **专栏:创办初期 LF 街道一门式服务中心的运作特征**
>
> 1. 信息网络"多源"。各条线部门先后采取了计算机辅助处理手段,根据各自需要建立了中心数据库与专门网络系统,并分别将网络终端接到各办事窗口;但因为没有统一标准,导致各服务窗口的专网互不兼容、互不联通。据统计,存在着劳动保障、医疗保险、计划生育、民政救助、居住登记(居住证)等 5 条专线,它们的接入方式各不相同,既有光纤、又有 ISDN 传统网络,还有有线通 VPN 拨号,并且部分采用链路加密技术。
>
> 2. 事务办理"多口"。由于信息、政策、服务、管理资源没有统筹使用,各窗口各自为政,效率不高。公安、工商、税务等部门因为各种因素没有把对自然人服务的职能统合到一门式服务中心来;与此同时,进来的部门则因为办事规范和流程五花八门,所以群众往往要跑冤枉路、盖冤枉章、走冤枉门,而各部门又因为信息共享不充分,需要通过人工方式实现信息交互,只能延长办理周期、牺牲办事效率。
>
> 3. 人员管理"多头"。服务中心共有 28 位窗口服务人员(其中属于聘用关系的有 25 位,另 3 位为隶属于民政救助所的事业编制干部),分别归属于劳动局、民政局、信息委、综治

办、工会、计生委、医保局、司法局、信访办、残联、街道办事处等 11 个部门,由街道各职能科室具体按对口条线进行管理。同时,不同部门聘用的人员薪酬标准各异,共有 9 种不同的待遇。各主管部门分别按不同的方式下拨工作经费,有的属于"万人就业项目",有的直接与网络工作记录信息挂钩,经费直接到人。"费随人转"的情况比较多,"费随事转"的原则得不到充分体现。

4. 缺少质量控制。 由于没有实行实质性的统一管理,各部门对服务质量的要求不尽相同,管理考核方式亦不同,在办理服务的过程中往往随意性较大,加上没有导入基本的规范标杆,很难防止和降低窗口服务中的无形质量损耗。同时,由于服务信息数据分散,无法作出相对精确的统计分析,在决策及考核中不易实现量化,对受理服务状况的动态把握程度比较低。

5. 缺少人文关怀。 由于社区事务受理服务中心的建设主要是从政府的角度考虑如何"提供",没有很好地从老百姓的角度考虑怎样"接受",因此,在硬件环境、服务设施、便民举措、延伸服务等方面都或多或少地存在着便捷度、亲和度不足的问题,而且由于服务人员素质参差不齐,有时会给群众留下负面印象。

——资料来源:《关于 LF 街道社区事务受理服务中心试点工作情况的汇报》

随着 LF 街道一门式服务中心在实践中不断发展,街道有关部门越来越意识到现有一门式服务中心还有很大的改进余地。当时看来,改进的方向主要有三个:一是将服务中心的"业务窗口"改为"综合窗口";二是提升跨部门的信息与数据共享能力;三是整合服务中心的业务流,实现各部门间的高效协同。

之所以要将"业务窗口"改为"综合窗口",主要是因为街道管理部门打算进一步提升行政服务效率,提高居民满意度。在2006年之前,LF街道一门式服务中心内部是分业务条线设立服务窗口的,比如:专门办理民政业务的窗口、专门办理计生业务的窗口。而据街道干部观察,由于居民对不同业务的需求度不一样①,因此常常会出现各业务窗口"忙闲不均"的现象:在一些窗口外会汇集起排队的居民,而其他窗口却无事可做。这种"忙闲不均"现象同时也意味着行政成本没有得到最优的配置,因为在这种"业务窗口"的模式下,一方面要保证居民的需求得到尽可能多的满足就必须多开窗口,另一方面所有窗口服务人员因为被业务条线所分割又不能人尽其用地投入到饱和工作中去。而如果将"业务窗口"改为"综合窗口"的话,那么每个窗口都可以受理不同的业务,然后再通过后台协同的方式来为居民提供服务,这样就可以提高每个窗口的利用率,居民办事也不再需要到处"找窗口了"。不过,将"业务窗口"改为"综合窗口"却并非易事,这对窗口服务人员提出了极大的挑战——综合窗口受理所有业务,也意味着窗口服务人员需要了解街道几十项为民服务项目的所有条件、细则,这涉及上百种不同状况——一般的人倘若不借助信息支持系统是很难同时熟练掌握这些信息和规则的。

促进跨部门间的数据信息共享是改革的第二个重要方向。由于在日常行政审批过程中,大量的工作需要建立在相关业务部门实时共享、交流信息的基础上(比如当民政部门接到某位居民的

---

① 一般来说,居民对民政低保和劳动保障方面的需求度更大,而且这类工作办理起来也更为繁琐。

"最低生活保障"申请时,民政工作人员通常需要通过劳动数据库查询其就业状况),因此高效的信息共享是提高行政工作效率的重要基础性保障。在以往的操作中,这种共享往往是通过非正式的人际互动完成的,因此在 LF 街道领导看来,一门式服务中心改革的重要目标是引入信息技术实现数据的高效共享。

整合服务中心的业务流程是当时改革的第三个重要方向。经过几年的运转,街道有关部门日益意识到:"一门式"中心的许多业务都涉及多个部门之间的协同,而且随着 S 市经济、社会总体发展水平的不断提升,这些需要部门间横向协同的业务量还在不断加大。在这种情况下,以往的借助同僚熟人关系、非制度化的协同模式,或者在相关分管领导支持下短期性的部门合作机制已经越来越难以应对新的工作格局。新的发展方向是梳理街道不同部门的业务流程,规范地在需要横向合作的环节建立起对接点,建立起常态化、高效的合作与协同机制。随着相关探讨的不断深化,街道有关部门还期望通过整合、优化服务流程,建立起一种"顾客导向",关注过程(而非单纯关注结果)的服务机制。一位街道干部回忆说:

> 当时我们意识到,"一门式"服务中心是一种新的服务平台,进一步提升它的工作需要改变很多传统观念,其中很重要的一点:我们以往只注重上级考核,相对忽略居民的反应;注重最后的结果,而相对忽略过程。而流程优化这个东西,从根本上说就是还要考察每个部门的工作过程,换句话说,它的每个行为都会留下记录,而不是说单单记录结果。那么,这就会为我们的考核和事后评估提供新的依据……(访谈资料)

显然,上述三方面的改革目标的实现都或多或少涉及了新一代信息技术的引入。客观来看,到 2005 年 4 月,以新技术为突破口的改革方向几乎已经成为街道领导层的共识。相关领导普遍意识到：这次革新不仅需要理念更新，而且还需要新技术作为支撑，否则难以突破革新的许多瓶颈问题。因此，从2005年7月开始，LF街道开始筹划引入信息技术来支撑一门式服务中心的改革与效能提升。当时参与具体设计的一位副主任在访谈中谈到：

> 其实，我们街道在2005年开始试着引入系统的信息技术解决方案提升一门式服务中心的效能——这本身在S市并不算太早，因为据我所知，大约从2003年开始，一些兄弟街道就开始这么做了。但是，在技术引入上，我感到前面有探路者是个好事，相对来说，这给我们更多的选择空间，我们可以根据已有的不同改革经验和不同技术方案的实际效率来选择适合我们的方案……

在与相关专家、信息技术开发专业机构接触后，结合其他街道当时的实践经验，LF街道领导最初认为"一门式"服务中心引入新型信息技术主要是实现三个层面的功能提升：

一是在事务动态查询、受理上有新突破：查询功能是指受理人员可以任意组合查询自己"待办"的事件和"已办"的事件，当"待办"的事件出现时，受理人员通过改变事务的状态来通知下一人员，让其完成事务的下一步。对新来的事件，工作人员通过受理界面将其提交进数据库，从而完成事务的受理。对每一次受理的新事件，都给它一个唯一的编码作为认证，并且还打印一份告知单，居民拿到这份告知单，下一次来时很方便地通过告知单上的条码，查询出事务已经流转到哪一步，方便居民的查询。该功能具体又分为咨询告知模块（这部分软件是前台接待人员操作，主要包括各种事务告知单的打印、咨询、查询等）、触摸屏软件（主要是各种政策的查询、介绍、打印,事务的查询等)、网络延伸软件(事务受理情况与网络或网站同步)。

二是在事务的流转、审批上有新提升:在社区事务中约 3/5 的事务是不能当场办结的,此类事务需要在同级部门之间流转或需要申报上级部门审批。因此需要运用新技术促进前台与后台在系统内实现联动审批,前台受理了,后台可在系统内实现网上流转和审批;对于并联的项目,可以实现横向关联查询。

街道的一位业务分管领导专门提出,新的技术方案应该优化调整前后台的网络审批关系,事务每走一步都有状态变化,根据事务的唯一条码来追踪它的当前状态,通过颜色变化来通知、提醒办事人员此项事务是否在规定时间内办理还是在超出时间内办理。如果在规定时间内办理,亮起绿色灯;如果是超时办理,将亮起红色灯;当亮起黄色灯时,表示此项目离最终办结还剩下 5 天。

三是在事务的分析、统计上有新安排:这些新安排让社区服务受理事务的分析、统计功能做到相对的完善,用图、表相结合的方式直观地给出结果,以便于相关人员分析决策。系统软件可以做到报表的统计、工作量的统计以及事务平均办结时间的统计。

正如人们对所有新事物往往都会报以最美好的预期那样,虽然新技术安排还未到位,可是街道的一些资深工作人员已经开始憧憬新技术的良好效应。一位在技术安排定型和完善过程中都有着重要影响的人物(因下文还将反复出现,因此且让我们暂时称他为 G 主任),特别强调这次引入新技术安排要"系统引入",他谈到:

> 我们都为即将到来的革新感到兴奋!说老实话,我在街道待了 20 多年,以前的各种促进部门协同的老方式我都经历过,呵呵……在我看来,都不是解决问题的好办法,也不可能根本性地解决问题,所以应该说我们对用信息技术来提升行

政部门的协同效能是很抱期望的。正因为此,当时我们街道在一门式服务中心的技术安排选择上,要求做到系统性,也就是说系统地引入技术方案,而不是像一些街道那样,只在一两个环节上引入技术,那样和以前的做法有什么两样?——要知道,简单的、单项的信息技术我们在1997年以后就引入了很多,但因为不系统,结果怎么样?还不是产生了更多的分割和"资源孤岛"?所以当时的领导层是有魄力的,我们就是要系统地引入整体性的方案,争取有一个"一揽子"的解决……再说,市局(指市民政)和区府也都很支持,资金保障上我们也是有基础的……(访谈资料)

随着思考的深入,G主任和他的技术选型小组进一步对新技术应用的预期做出了描绘,以下材料摘自他当时的工作笔记本,这大体上描绘了新技术方便居民办事的全景和轮廓:

新的改革方案要进一步强调人性化,最终做到:实现流程化管理,方便百姓办事(前台受理、后台办理、物流送达);强化咨询功能,提供人性化服务(设立服务专线,由总服务台协助窗口人员解答各类受理事务咨询);实现全面质量管理(事务受理中心主任由街道办事处副主任兼任,实现全面质量管理,包括:控制办事时间节点,对临近期限和未按期办结的,系统会自动在服务窗口上发出警示,进行催办;强化工作考核,对事务窗口及工作人员进行量化考核,按月统计,年终综合评分……)。

第二节 三种待选技术方案

前面已经提到过,LF街道在2005年开始一门式服务中心的技术选型,这意味着可以在更多已有实践经验的基础上选择自身所需要的技术方案。

现在回过头去看,当时 LF 街道至少面临着三种备选技术方案,其中:第一种方案在当时提供了一种较为彻底解决问题的可能;第二种方案更适合大范围传播,在技术的应用上也更先进;第三种方案则是一种折中的技术安排。现在让我们聚焦这三种方案的具体特征:

一、方案一:自有数据库支持下的协同整合模式

该技术方案最早在 S 市中心城区的 WLQ 街道得到应用,其后 JSL 街道进一步改进了该技术方案的实现框架。

该模式的技术原型来自发达国家电子政务发展中的"后台信息共享模式"(该模式在芬兰、新加坡有较好的应用)。"后台信息共享模式"强调公共服务顾客导向的价值取向,它赋予了前台(公共服务受理的前台)较强的信息共享能力,包括前台顾客数据的收集、整理和定位存储,后台(公共部门协同提供服务的后台)政府数据和已储存顾客数据的索引、定位等。在这一技术模式下,无论是政府信息的简单提供,还是双向信息的交流以及事务处理中需要调用其他部门已经采集的顾客信息,都可以在已有信息中准确、快速地定位和提取,并最大限度地保持数据的唯一性、准确性。[①] 图 5-1 给出了从传统服务模式到"后台信息共享模式"转换的示意图。

在技术研发部门和有关主管部门的参与下,"后台信息共享模式"在 S 市的社区服务实践中得到了新的扩展,扩展的方向主要包括三个:

方向一:健全、优化街道内的相关网络。通过加载安全设施

[①] 参见:李靖华.电子政府一站式服务:浙江实证[M].北京:光明日报出版社,2006.

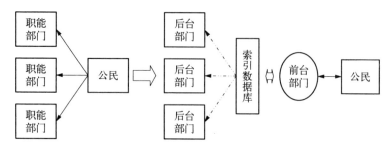

图 5-1 从传统服务模式到"后台信息共享模式"转换示意图

的社区网络,把"一门式"服务中心的前台受理和后台各业务部门之间连接起来、把街道与区有关部门连接起来,从而实现信息的高速传递与同步。

方向二:研发、设计专门的专业运作软件。系统整理不同业务部门之间的工作流程并进行优化,然后把这种对流程优化、整合的结果反映到软件的窗口、命令和菜单中去,从而通过训练服务中心人员使用软件的方式,强制性地在工作中引入新流程。新设计的软件要强化对服务的质量控制、促进部门间的快速协同。

方向三:建立基于自有数据库的社区事务服务综合管理平台。这一点也是该方案的一大创新。采用该技术方案的街道建立了以公安部门人口管理系统为模板的实有人口数据库,并在此基础上建立了综合管理信息平台。在该技术方案的推广方看来,这一平台的功能是重要的,通过它,街道不仅拥有了强大的辅助决策数据系统,而且还可以通过这个平台,同步在几个业务条线之间进行资料的快速查询和信息共享。

需要重点指出的是,在这种技术方案中,基于人口数据库的社区事务综合信息平台处于一个核心位置,它不仅为各条线业务受理部门提供基础的信息、为受理人员提供受理业务的"知识库",同时还充当着联结多个业务专网、获得同步信息的重要角色。换句话说,在这个技术方案中,各个业务条线之间自身并不建立物理上的直接联结,而是通过该信息平台来获得需要的协同数据。这样实际上就把街道办事处这一"块"上机构置于促进协同的核心位置之上。街道办事处不仅有义务、而且有责任来保障跨部门协同顺利开展。综合信息平台的出现,也为街道办事处承担这些责任提供了切入点。在这种格局下,尽管部门协同的困难仍时有出现,但街道办事处的及时干预往往会使问题变得易于解决。

图 5-2 呈现了自有数据库支持下协同整合模式的运作机制。通过这种技术上的安排,一门式服务中心的服务事项被划分为"政

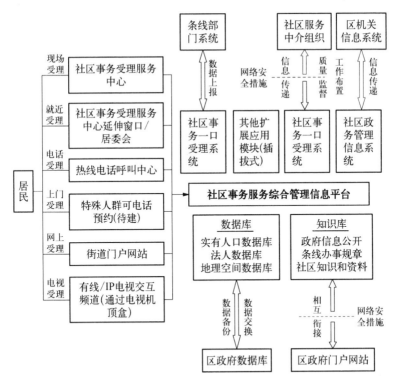

图 5-2 自有数据库支持下的协同整合模式

务受理""生活求助""事务办理""咨询服务"和"监督投诉"5大功能。由于业务得到重新整合和优化,以往的单一业务窗口将被综合窗口所取代。在此基础上,服务中心可以建立"一口受理,内部协办"平台,将办事流程优化为咨询、受理、办理、回复4个环节。对咨询环节实行"首问责任制",对办理环节实行"效能监察制"。该技术方案使不同条线业务部门的数据实现"一网协同,信息共享",一些原先跨部门、不能当场办结的事务,通过"一网协同"可快速办结甚至当场办结,办事环节被简化,行政效率明显提高。

从使用效果上来看,运用该技术安排的 WLQ 街道和 JSL 街道都在很短时间内提高了行政部门的协同效能。更重要的是,由于该技术方案通过在街道层面自建了基于人口数据库的社区事务综合信息平台,因此它客观上可以通过自己导入信息、其后不断更新的方式为不同部门协同和资源共享提供支持,而不必依赖其他条线部门的数据支持。从这个意义上说,该技术方案似乎比较彻底地解决了数据整合、共享和部门协同的问题(果真如此?那么 LF 街道为何不采用这一方案?本章第三部分将详细分析)。

二、方案二:网络联动支持下的协同整合模式

如果说前一种协同整合模式的核心与灵魂是街道自建的数据库系统,那么第二种方案的核心则是灵活的网络互联与共享技术。

在某种程度上说,第二种技术方案的原型是发达国家电子政务发展中的"过程集成模式"(该模式在美国和澳大利亚有较好应用)。在"过程集成模式"中,电子政府同样被分为接受公民事务受理的前台和部门协同解决问题的后台。前台作为一个虚拟的、统一对外的服务窗口,承担起公众请求的接受和最终服务结果的返回;后台作为各个实际的服务流程运作环节,由职能部门(或各职能部门)内的相关执行结构和人员组成,负责具体的服务执行。

通过这种安排,公民与后台被完全隔离开来,只需要与前台接触即可。而后台各部门之间的密切协同则建立在网络技术的协助同步基础上(换句话说,以网络联动来实现部门联动)。① 图 5-3 呈现了从传统服务过程模式向"过程集成"模式的转变:

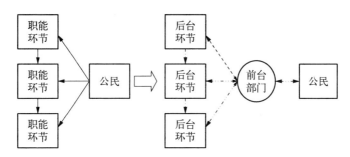

图 5-3 从传统服务过程到服务过程集成模式

在具体应用过程中,S 市的一些街、镇对过程集成技术模式又做了许多拓展,包括:

技术一:采用条形码技术,使办理过程"透明度、便捷度、亲和度"等"三度"不断提高。市民在窗口递交材料后,可拿到一张带有条形码的受理单。通过扫描条形码,一方面可以记录文件流转到每一个环节的时间;另一方面市民也可根据条形码数字,通过电话、网络、触摸屏、窗口等查询文件流转到哪个部门、还需多长时间等。同时,条形码的实施也便于政务内部管理绩效的提高,使文件处理时间得到控制。

技术二:建立区、局、街道全覆盖的网络联结各条线业务窗口,实现信息共享、业务协同。

技术三:采用六西格玛质量改进技术,开展对现有服务状况 12 大类 70 个服务质量问题的跟踪分析,编制了质量白皮书和具

---

① 参见李靖华.电子政府一站式服务:浙江实证[M].北京:光明日报出版社,2006.

有自我修复功能的改进方法和标杆体系,致力于政务服务的零缺陷。

总的来说,这种技术安排更注重通过网络联动在相关条线的专网间建立协同和数据整合机制。根据有关技术推广方的介绍,我们可以简单地分析该技术方案在这方面的优势:

在这种新的技术方案里,"关联技术"将得到最好的运用。"政务关联 eGgova03"技术为一门式服务中心提供了包含办公自动化(OA)、业务管理系统(MIS)和地理信息系统(GIS)的内在的,图文一体的电子政务管理信息系统,从而实现政府各个部门间互联协同。本技术方案将在三个层面上开展跨行政单位"关联":

(1)基于关联的工作流:主要是通过三层结构技术,将工作流引擎等封装入中间层,以适应不同网络结构的应用要求(从而使不同行政部门的专网之间可能建立密切的关联——笔者注)。针对政府部门各种业务管理和事务管理的多种流转方式,实现部门内和部门间的协同工作。

(2)基于关联的政务网络:主要是针对不同的网络条件,在区政府、各政府条线部门间快速实现电子化的政务关联,形成横向、纵向连接各级政府部门互联协同的工作系统,同时提供政务公开和社会化服务的互联网信息服务系统。

(3)基于关联的数据标准:主要是通过关联技术将各政府部门中原来相对独立的数据资源快速利用起来,实现基于信息同步的数据互联应用,并不断适应各种标准的变化。

在上述关联技术的支持下,不同政府部门间将以网络的方式建立起"高度相关的虚拟联系"。在本技术方案实现后,工作人员可以在工作中通过 IE 浏览器进行日常业务办公以及信息的(跨部门)浏览查询、统计分析,系统操作方便;系统根据有关保密要求,向不同类型用户提供不同级别的信息服务,不同用户可以查阅的信息不一样,功能和界面样式也可以根据不同用户权限进行配置;系统核心层采用三层结构,大大减少了服务器的负担,并且通过服务器负载均衡技术解决了多用户同时运行的瓶颈问题。系统提供了人性化的操作方式,简洁易用,在操作过程中还提供在线信息提示。……

网络联动支持下的协同整合模式应用了多项复杂的网络关联技术,从而有可能实现各部门间的高效协同。撇开那些复杂的技术用语和晦涩的技术线路安排来看,该方案实际上建立在这样一种基本的逻辑之上:既然在基层社会管理和社会服务中造成部门分割和信息割裂的主要原因是不同条线部门间的专网"孤立",那么有效的技术解决就应该以重建这些专网之间的动态横向联结为出发点。由于分属不同条线的专网采取了多种方式自上而下地保护自己的"封闭状态",那么就有必要寻求新的技术手段突破这些保护封闭的旧有"枝蔓"。

在实践中,网络联动支持下的协同模式在许多街道都有相对成功的运行经验。LF街道的考察人员发现:该系统的最大好处还不在于其技术先进(毕竟,对实践部门来说,"先进"本身不是目标),而在于它在促进部门协同的同时,还能减少许多额外的投入——比如,相比于前一种技术安排,它不需要街道再花力气去维护自己的数据库平台。

三、方案三:一种折中的技术安排

如果说在前两种技术方案中,第一种更强调在街道层面建立整合数据库,第二种更强调在不同政府部门间建立起灵活先进的网络联动机制,那么第三种技术方案则看起来更像是一种折中的选择。它同时要求在街道层面建立数据整合体系和网络互联(整合)机制,但在两方面所实现的功能都相对有限,整体技术安排趋于保守。

首先，就网络互联机制而言，第三种技术方案提供的网络技术并不足以支持不同行政部门之间专网的动态关联。它的基本思路是，在街道层面建立一个专网整合服务器，用该服务器整合各个专网的数据。（见图5-4）

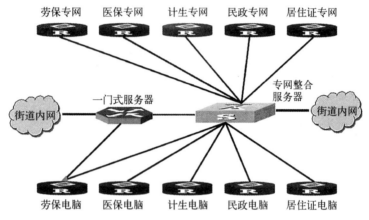

图5-4　网络整合方案

如图5-4所示，第三种技术方案运用专网整合服务器把各个专网整合到街道层面。但这种整合并无法直接进行各专网之间的实时数据交换，而只是将这些专网共同接到同一个虚拟平台之上（这和第二种方案有很大的不同，它可以在整合的同时直接进行不同行政部门专网间的数据同步），各专网之间仍然是彼此封闭的状态。在该方案中，数据信息之间的共享还需要第二个步骤才能解决，这就是运用装载专门软件的一门式服务器来进行信息协同。

当劳动、医保等专网被整合到专网整合服务器后，技术设计方通过一门式服务器来读取这些信息，并在此过程中提供数据整合与共享功能。一门式服务器运用的社区事务受理软件的数据库支持SQL Server数据库和Oracle数据库，这样可以更大限度地整合不同部门的数据库,保持数据的统一性、完整性和一致性。其中,专门设计的社区事务受理软件可以在读取专网数据的过程中实现以下功能:

与S市民政信息系统之间进行信息交换。该软件可以通过网页调用方式访问S市民政信息系统,工作人员在民政网上可以开展查询任务,即输入居民的身份证号后,到该网中查询该居民的相关信息,包括该居民的家庭情况、享受低保救助情况等。针对用户的需求,在社区受理软件系统中有一个输入身份证的输入框和确定按钮,工作人员输入居民的身份证号后,点击一下按钮,就自动转到S市民政网,查询出该用户的详细情况,提供给工作人员进行判断和使用。

与S市劳动保障信息系统之间的信息交换。该软件可以通过调用应用程序的方式对S市劳动保障信息系统进行访问,用户在该系统中可完成查询和录入功能。针对用户的需求,软件中也设有一个输入框和"确认"按钮,工作人员在输入框中输入居民的身份证后,点击一下"确认"按钮,后台程序会直接到劳动保障信息系统中去查询该居民的相关情况,并且显示给用户看;同时,还把查询到的居民基本信息,回写到社区事务受理软件中,解决了设立专门数据库"二次输入"的问题(从这个意义上说,第一种技术方案的确存在两次输入的问题:第一次输入把有关信息上报专网,第二次输入把信息存留在街道自己的数据库系统内)。

与S市医疗保障信息系统之间的信息交换。该软件可通过调用应用程序的方式对S市医疗保障信息系统进行访问。工作人员可在该系统中进行相关查询工作:在输入框中输入居民身份证后,点击"确定"按钮,后台程序将直接联结查询医疗保障信息系统中该居民的情况,同时也会将查询到的基本信息自动回写到社区事务受理软件中去。

需要说明的是,一门式服务器只能依据需要,有限度地从不同专网中读取数据(一般来说,能读取多少类别的数据取决于程序的事先设定),这与第一种技术方案中街道自建的数据库不同,它不能实现数据在街道层面的累积,更不能将这些数据随时用于其他决策活动(换句话说,它只能做到读取数据,但却不能存储数据)。

现在让我们简要回顾一下上述三种技术方案及其特征:第一种技术方案的核心是通过街道自建的数据库来支持不同部门之间的协同,一旦数据库建成并且保持实时更新(当然,这会带来实践中麻烦的"二次输入"问题),理论上街道自己就可以在一门式服务中心运行过程中保障不同行政部门间的数据协同和管理协同。

第二种技术方案的核心是"打通"不同行政部门间的专网,在它们之间建立起互通、互联的横向网络,从而保证相关行政部门可以快速从其他部门专网中读取数据。这种技术安排提供了更快速、更简洁的协同支持,但其运作的前提是在一定程度上得到相关条线的支持,一旦条线专网发生大的技术变化,那么其整合效能就会变得不确定。

第三种技术方案是一种折中方案,它运用专网整合服务器把各专网转到街道构建的虚拟平台上,在此过程中并不直接对它们进行整合;然后,它再运用一门式服务器从专网整合服务器上读取信息,各业务部门的电脑通过联结一门式服务器来获得协同数据,但不能存储信息。

大多数技术行家(从纯技术主义的角度出发)在分析了上述三种方案后都倾向于认为:若从解决问题的彻底性来看,第一种方案更佳;若从投入—产出的效率来看,第二种方案有更大的优势;相比之下,第三种方案的架构最复杂,但效率却不如前两种。

第三节 制度是如何思维的？

人类学家玛丽·道格拉斯(Mary Douglas)于1985年出版了一本有趣的著作《制度是如何思维的》(*How Institutions Think*),这本书涉及制度的起源及其如何发挥作用。其中有一个颇具社会学制度学派"标志性"特征的观点是:"制度影响人们的行为的一个重要原因是在于制度中储存着信息和规则。这些信息和规则替代了个人思维的必要性。制度的一个重要功能是强化人们对某些领域和规则的记忆,而同时忽略其他的领域和规则,通过这种记忆系统来引导人们的注意力。"[①]按照这种观点,当人们在诸多方案中进行选择时,与其说是根据理性原则和效率原则来选择最优,毋宁说是依据制度所赋予的认知,选择"被认为"是"最优"的方案。

当LF街道领导层面对上述三种技术方案时,他们又是如何思维的?

据街道G主任回忆,当时技术选型的过程几乎就是一个运用排除法来选择"最具可持续性"方案的过程:

> 说老实话,当时我们几个领导都不是搞技术的,但我们也知道这种由计算机和网络构成的技术方案和一般的方案不一样,一般的方案可以比较容易看出它的效率,但是这个很难。当时参与选型的有街道业务部门的,也有技术部门的,我们也请区信息委的同志参与评估。单纯从解决问题的角度来看,我们感到第一个和第二个可能要更好;从实践的角度来看,选择这两个技术方案的街道当时都有几家,印象比较深刻的是

---

① 引自:周雪光.制度是如何思维的?[J].读书,2001(4).

采用第一种方案的 WLQ 和 JSL 街道,确实提高了行政部门在为民服务方面的效率。

当时在和另外一个领导听完业务部门的比较汇报以后,我有一种感觉:虽然看起来这些方案都是技术的,比如网络啊、数据库啊什么的——但这些方案背后其实都有一个思路性的精髓。比如说第一个方案,我感到它很明显地延续了 S 市 1996 年以来社区建设的一个核心思路——"以块来整合条";那个数据库是街道建的,也是街道维护的,等于是由街道来给不同业务条线的相互协同提供支持和保障——相反,你看条上基本没什么事。事实上,采用这两个方案的街道 WLQ 和 JSL 也是块上建设搞得比较好、块上比较强势的街道。

第二个方案呢,我们都知道它的背景是条上某部门搞出来的,你看得出来,它的整合啊、协调啊什么都不落在街道,那些专线直接在区级层面就整合掉了。我当时听了这个方案半天,发现按照这个方案搞的话,街道把基本的设施弄齐后,基本就没你块上什么事了。我可以告诉你一个有趣的事:我作为分管领导还是比较认真的,有时开会我会和当时按照这个方案部署的街道领导交流,发现他们都说不上什么具体的,只能说说整体思路。这说明什么?说明这个方案其实带有很强的"自上而下"整合的味道,它和你街道办事处没什么关系,更多的是和相关条上部门有密切联系。

对于第三个方案,当时业务部门的人嫌它解决问题不彻底,技术部门的最初判断也觉得不是太有效率,但是我的直觉是:它虽然架构复杂些,但却提供了更多的余地。它在整合专网上看起来效率最不高,但由于它在根本上没有"动"那些专网,只是把它接下来,等于说还是保持了条上的"自上而下"一贯性;它在整合数据资料上,功能也不是很强大,但对于块上的协同来说足够了。

　　当时我就向领导汇报,可能我们不能仅仅看今天,不能仅仅从一些显性的数据来选择方案,而是要考虑技术方案可持续发展的一面……(访谈资料)

　　其实,这里需要交代的一点是:从 2005 年以来相当长一段时间里,虽然基层一直在探索一门式服务中心的数字化解决方案,但更高行政当局却一直没有对相关标准进行确定。在这种背景下,LF 街道的技术选型就变得更为谨慎,因为一旦自己选择的方案和最终确定的标准差距过大,这就意味着一切都可能"推倒重来"。

　　对于 LF 街道决策层来说,最理智的选择是依据未来基层社区行政改革的方向来确定一门式服务中心的技术安排。而在未来走向显得并不清晰的情境下,最保险的选择就是依据对现有体制结构特征的判断来选择技术方案——简单来说就是选择与当前社区行政体制特征最相近的方案,因为这样至少可以保证技术方案更有可能被整个结构所接纳,未来也有更大可周旋的余地。

　　当这种决策思路形成后,"排除选择法"就变得很容易操作了:第一个方案首先被排除,因为它需要块上街道办事处承担太大的职责,它的有效运作建立在街道办事处以一方之力承担起数据维护责任的基础上。从深层次上看,这个方案看起来对条上部门的依赖最弱(因为其不从条上部门获取数据),但恰恰因为依赖过弱,因此它反而更容易在体制调整中受到现有条块结构的冲击。

　　第二个方案也很容易就被排除了,因为这个方案的具体内容虽然和第一个方案不一样,但两者的基本逻辑却几乎是一样的,唯一的差异在于,它强调的是"以条整合"为主的思路(而非"以块整合"的思路)。此外,这个方案的网络互联机制在很大程度上"危及"了每个条"自成一体"的格局,因此也潜存着很大的不确定性——正如前文已经分析的那样,保持自身信息的垄断性一直是条上机构制度安排的潜在取向,一旦条上部门调整自己的专网技术标准,那么这一技术安排很可能就会陷入困境。

接下来的第三个方案反而成为最有"可持续性"潜力的方案,因为它的技术框架和现有的体制架构有很大的相近性。在这个方案里,人们即可以看到"相互独立"的专网,又可以看到发挥一定限度横向整合功能的块上"一门式服务器",后者在促进协同的同时,并未危及条上部门的相对封闭性。从这个意义来看,现有体制的特征"相得益彰"地并存于该方案中,同时它又提供了两者相互协同的有效弹性空间。

按照这种决策思路,LF 街道最终确定了第三个技术方案,决定引入相关技术力量在街道内搭建一个以专网整合服务器和一门式服务器为核心的信息技术应用框架。不过,确定整体思路和技术框架是一回事,具体的技术实施又是另一回事,下一章将聚焦新技术"扎根"于 LF 街道一门式服务中心的过程,且让我们比较在不同的阶段,技术与组织之间的互动关系有何差异?

小结与讨论:从制度偏好看技术选择

本章的行文和分析很容易让人联想起保罗·大卫(Paul A· David)于 1985 年发表的那篇关于"键盘的寓言"的著名论文。[1] 在那篇论文里,大卫提出了一个在经济学看来很"奇怪"的问题:如果人们确知某种技术更先进而富有效率,就会去选择它,可是事实上人们选择的常常是缺乏效率的技术,而且这些技术方案一旦被选

---

[1] David, Paul A. Clio and the Economics of QWERTY[J]. American Economic Review 1985,75(2): 332-337.

择,更有效率的方案也很难取代它。他以 QWERTY 打字机键盘为例,他证明 DVORAK 键盘比 QWERTY 好,但最终后者战胜了前者。

随之,W·巴兰·阿瑟指出,一些小的历史事件可能导致一种技术方案战胜另一种方案,从而被采纳。而具有了优势的技术方案又将产生 4 个方面的自我加强机制:

(1)协调效应。一项技术产生后,伴随着与其相关联的其他制度的产生与补充,关联制度与非正式规则所产生的协调效应强化了技术初始的作用范围和强度。

(2)学习效应。技术在设计框架内,在对其反复运作和多次重复循环中,制度会逐步完善和成熟,形成一种学习效应。

(3)成本效应。设计一种技术需要大量的"初始成本",但随着这项制度的推进,其单位成本和追加成本会逐渐降低。

(4)技术选择效应。一种新的技术之所以没有达到预期的效果,除了技术选择的因素影响外,实施制度的机制、能力和观念也起着重要的作用。[1]

某种意义上说,大卫和阿瑟都观察了绩效相对不佳的技术方案被人类选择、并不断强化的过程,他们的解释重在分析:为什么这些技术方案会不断被强化下去?而解释的机制则主要是从技术与制度之间的关联这个角度出发的,简单来说就是:被接纳的技术尽管并不比其他技术安排更好,但它会在运作过程中与组织的制度安排产生关联,一些制度甚至因为这些技术安排而产生,这样技术就逐渐得到了制度日益强化的过程。相比之下,大卫和阿瑟关于绩效不佳的技术方案被接受的解释都是弱意义上的,他们更倾向于认为这是一个偶然性事件;[2]而本章所讨论的恰恰在一定

---

[1] 卢现祥.西方新制度经济学[M].北京:中国发展出版社,1996.
[2] 相关论述还可见:诺斯.制度、制度变迁和经济绩效[M].上海:上海三联书店,1990.

程度上揭示了为什么绩效不佳的技术方案仍可能被接受的一种重要逻辑,这就是:以绝对标准而言(比如产出—投入比)它们虽然可能绩效不佳,但其确是最符合制度偏好的、是被既有制度结构认为"最适宜"的选择。简单来说,就是制度偏好型塑技术选择。

笔者认为,若将上述两种研究视角结合在一起,那么人们就有可能观察到一种特定技术经选择被植入组织并得到不断强化的机制性过程。

第六章
技术扎根：现有结构的"虚拟"再造

当 LF 街道确定了即将植入的信息技术整体方案后，便开始和技术推广方共同合作，正式打造数字化一门式服务中心。观察者可以在这个过程中发现一种复杂的双向运动：一方面，新技术开始在组织内扎根——扎根的标志是技术通过特定的安排在一个虚拟的空间内再造出与既有组织结构相近的设置；另一方面，组织开始形成与新技术匹配的新制度安排，并使植入的新技术安排逐步进入"自我强化"阶段。通过上述双向互动，技术开始融入组织，成为结构的一部分。

建立在前文分析的基础上，本章将在结尾处聚焦信息技术植入与组织接纳的问题，即：为什么一些技术会被组织接纳，而另一些则不会？

第一节　现有结构的虚拟再造

简·芳汀在其研究中曾做过一个有趣的假设：倘若韦伯能看到今日美国政府体系之变化，那么他还会认为这是一个科层体制吗？她认为，回答无疑是肯定的。美国联邦政府虽然自 20 世纪 90 年代以来大量引入现代信息技术，努力打造一个"少花钱，多办事的高效政府",①但变化只是发生在某些管辖权的界限上,信息技术并未消解科层体制的根本特征,相反,它还构造了一个虚拟科层体系②:

表6-1 韦伯官僚体系和虚拟官僚体系的比较③

韦伯科层体系的结构性特征	虚拟科层体系的结构性特征
功能区分,准确的劳动分工,清晰的管辖权限	依靠信息技术而非人来组织信息;组织结构建立在信息系统上,而不是人身上
官员和个人的等级结构	电子传播和非正式传播;团队执行任务和做出决策
文件、书面档案以及保管和传送文案人员	用传感器、条形码、应答机和手提电脑等电子维护和电子传送形式多变的数字化文件;记录、存储、分析和传送资料;系统员工维护硬件、软件和电信传播
雇员是中立的、不带个人感情的、依附于一个特定的办公室	雇员是跨功能的和授权的;工作不仅受制于专业技能,而且受制于计算机中介的程度和复杂性
由一般规则、标准运作程序、工作方案等组成的办公室	规则内嵌在应用系统和信息系统里;一个看不见的虚拟结构系统
因分批处理、多层人手等造成的处理时间过长	迅速、即时的处理
反馈和调整的循环周期过长	对反馈的持续监控和更新;更快、即时的调整成为可能

LF街道在信息技术的实际植入过程中,构造了一个具有何种特征的"虚拟"结构? 这种结构与之前社区公共管理与服务领域的组织结构又有何种联系? 这一部分的分析将聚焦这两个问题。

---

① 这是时任副总统戈尔提出的美国国家绩效运动之总体目标——笔者注。
② 简·芳汀.构建虚拟政府:信息技术与制度创新[M].北京:中国人民大学出版社,2004.
③ 同上。

一、在引入中调整的新技术

从 2005 年 4 月开始，LF 街道开始系统地引入信息技术打造数字一门式中心。按照之前的技术方案设计，具体的新技术主要在三个层面引入：

1. 打造面对内网的专网整合平台

本书在前面已经多次提到：有效地在不同行政部门间建立信息共享和交互协同机制，是当前的社区公共服务高效供给的重要保障。由于基层社区中不同行政单位的信息主要通过各自的专网或数据处理系统传输（如表 6-2 所示），因此要实现上述目标，必然要在某种程度上对这些专网进行整合。

表 6-2 社区管理和服务层面早期已经部署的信息系统

系 统 名 称	下发单位	使用方
S 市民政社会救助系统	市民政局	民政科
S 市医疗保险管理系统	市社会保障局	
独居老人管理系统	市民政局	
低保台账系统	国家民政部	
S 市社会保障卡系统	市社保卡中心	
社区服务系统	市民政局	
S 市残疾人信息网点系统	市残联	
S 市劳动保障管理系统	市劳动局	劳动科
支内补助登记系统	市总工会	工会
困难职工信息系统	市总工会	
S 市育龄妇女信息系统	市计生委	计生科
S 市人口信息采集系统	市计生委	

(续表)

系 统 名 称	下发单位	使用方
征兵工作管理系统	总参谋部	武装部
兵役登记管理系统	市府征兵办	
党组织及党员信息管理系统	中组部	组织科
S市人事信息管理系统	市人事局	
干部人事档案管理系统	市组织部	
青年卡共青团员信息系统	团市委	团工委
S市文明社区评测系统	市文明办	宣教科
统战人士信息管理系统	区统战部	
失业协保人员信息系统	区劳动局	劳动科

资料来源：根据S市信息化委员会提供的资料整理。

根据LF街道的摸底调研,一门式服务中心所提供的公共服务主要涉及劳保、医保、计生、民政、居住证5条专线。而在引入新技术之前,这5条专线的接入方式各不相同,既有光纤、又有ISDN传

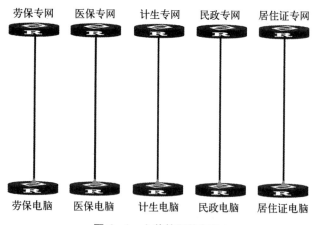

图6-1 之前的网络架构

统网络,还有有线通VPN拨号,它们之间彼此物理隔离。

这5条专网彼此物理隔绝,而且被固定在既定的接入位置。这种情况不仅不利于行政部门之间的信息共享,而且还在客观上限制了一门式中心的空间优化利用。这是因为:劳动和医保专线出于安全考虑都使用了"专网专机"技术,也就是说专网只能和专机接在一起。一位工作人员曾颇有感慨地回忆到:

> 在以前的情况下,不要说数据资料很难相互共享,就连劳保和医保的机器都不能随便移动,因为专网是在固定的位置接入的,这意味着和专网配套的机器根本就不可能移动到其他地方。这种做法很死板,也就是说,我们很难根据实际需要来重组服务中心的机器布局……(访谈资料)

针对这种情况,LF街道根据技术方案的设计,请专业人员设计了一个面向内网的专网整合平台,将上述5条专线全部接入到这个专网整合平台上去。但专网整合平台并不致力于打破专线之间的物理隔离,它仅仅是提供了一个专网与街道内网数据汇聚的平台。此外,在建立专网整合平台的过程中,LF街道有关业务部门充分考虑到未来社区服务任务有可能日益繁重的发展趋势,这也意味着未来还有可能会有更多的专网被接到整合平台上。因此有关技术实施部门加强了专网整合服务器的连接能力,为其预设了多个预备插口。

虽说LF街道的这个方案较为保守,它并不试图打通专网之间的"藩篱",但在具体实施过程中还是遇到了一些阻力。这些阻力来自相关条上的技术管理部门。LF街道的一位技术人员回忆到:

> 不同条线的专网有严格的管理条例,他们有技术设施专

门监察自身网络,主要时刻防止有非法接入。我们最初和有关部门打过申请,因为我们是试点街道,他们并没有说什么;但是一旦我们开始整合专网,他们的技术部门马上就发现了,就和我们交涉。那么我们把技术方案给他们看,告诉他们我们只是把所有数据全部用 VPN 接到一个虚拟平台上,只是改变一下它们的接入方式,本身并不在专网之间做直接的数据转换,但他们的技术部门还是很有顾虑。最后经过多方交涉,对方同意我们做这个专网整合,但有一个附加条件,就是我们必须向区政府申请专用 IP 段,只有在专用 IP 段的主机才可以联系专网整合服务器。而这个设计原来在我们的计划里是没有的……(访谈资料)

从上面的访谈中可以发现,LF 街道最初的设计是用专网整合服务器整合多条专线后直接联通街道内网,而上级技术部门则对这种做法有很大的顾虑,在双方协商下,原定技术方案变得更为复杂了,联结专网整合服务器的网络由一般的政务内网变成了指定 IP 段的内网。这种安排意味着,可以通过专网服务器读取数据的电脑范围进一步缩小了,只有 LF 街道内相关部门有业务操作需求的 10 多台电脑可以登陆专网服务器,其他的政府公务机器也被排除在访问范围外。

那么,这种技术安排的意义是什么?仅仅是安全考虑么?在研究中,一位专家谈了自己的看法:

其实这并不单纯是一种安全的考虑,坦率地说街道层面的内网本身是与外界网络物理隔离的,也就是说这个街道原先的技术安排并不是没有道理,它用内部政务网来联结专网整合服务器,本身是有安全保证的,再说加密的方式有很多种——那么为什么有关部门还要申请专用 IP 段呢？我的理解是,这其实是为了勾勒出一个架构的边界。大多数人看到一门式服务中心的时候,看到的是这个服务中心的物理地址,它的大楼、它的设施。其实就数字化一门式服务中心而言,作为电子政府的一个层面,在物理的结构背后还有一个虚拟的架构,那么这个虚拟机构的组织边界在哪？如果缺乏界定的话,那么就有可能会使虚拟组织的运作缺乏效率……（访谈资料）

这位专家的分析引出了一个很重要的线索,这就是：当 LF 街道试图通过专网整合服务器将多条专线集中在一个虚拟平台时,实际上它已经开始以自己的理解来构造一个虚拟的协同机构(专网整合服务器是这个虚拟机构的数据来源)。这种虚拟机构是这样一种组织：它由网络化的计算机连接而成,它是跨部门的一种"虚拟而真实"的存在。犹如在现实生活中,一个组织的边界不可能无限大、必须界定其边界一样,虚拟机构虽然更灵活,但为了构造其运作中的秩序、确定它的整合范围,更重要的是使其尽可能面对稳定的环境,[①]也必须确定它的边界、界定它的协调范围,在必要的时候需要将它与其他组织环境隔离。而 IP 段接入技术则是这样一种灵活的构筑虚拟机构边界的支撑性技术,人们可以通过定义 IP 段,来决定原本分属于某个现实机构(比如民政科、劳动科)的机器及其操作者是否有可能进入这个虚拟机构的"大门"。

换个角度来看,一旦虚拟机构的边界被确定,现实工作中的责任、义务、权利以及风险就都可以很方便地被重新定位到这个虚拟机构中去。从这个意义上来看,我们便可以分析出为何条上技术

---

① 参见：詹姆斯·汤普森.行动中的组织[M].上海：上海人民出版社,2007.

部门坚持要 LF 街道额外地申请 IP 专用段,这在某种意义上是在虚拟空间中再造出条上部门可以明确对应、指导的清晰组织架构——犹如现实中接受条上部门业务指导的对应部门一样。

2. 引入灵活读取数据的一门式服务软件(服务器)

当分属不同条线的专网被接入专网整合平台后,它们之间并未建立关联,那么如何方便数据共享？LF 街道通过引入一门式服务软件,可灵活读取专网整合平台中不同专线的数据信息。当一口式服务软件系统在各专网平台上安装调试后,街道一位技术人员曾评价说:

> 调试完成后,我们都比较兴奋,因为发现有了三方面的突破:
> 一是实现了数据的同步采集,做到了专网操作、信息互通。即在不改变原有各专网操作要求、不修改专网数据的前提下,将专网数据通过专业键的复制粘贴功能,传输到"一口式"软件平台数据库中,实现了数据的本地沉淀,从而避免了数据两次输入问题的产生。
> 二是实现了专网数据的联通查询。通过"一口式"软件的渠道,已可以在任意一台接入街道内网平台的电脑同步看到"一口式"平台、民政、计划生育、居住登记专网上的数据,同时对具有专网专机要求的劳动、医保专网亦实现了与"一口式"系统的信息交换。对尚未有专网的工会、房管等部门事务的信息则可直接在"一口式"受理软件的扩展信息中予以覆盖。
> 三是建立了数据统计分析功能。在任何一台接入内网平台的电脑上,安装系统并授予一定的权限后,就可以即时地掌握受理服务中心整体与各终端的办理状况,对有关服务质量指数进行监控和分析,从而可以进行科学的决策与干预,平衡全局与局部。

然而，就像专网整合服务器的建设并非"波澜不兴"一样，一门式软件及服务器的安装过程也遇到了一些意外的波折。LF街道最初曾试图通过一门式软件读取条上行政部门专业数据库，并做到"数据"落地，也就是根据自己的需要实时"下载"相关资料，并把这些资料存储到街道服务器上；这样时间一长，街道自身就具备了较好的数据累积，并可基于此更好地开展工作、辅助决策。按照这种运作模式，随着时间的推移，街道在数据协同方面将具备更大的整合能力。

但这种想法很快就遭到了上级行政部门的否定。一位技术人员回忆到：

> 我们的这种想法似乎阻力很大，不但劳动部门不同意，而且就连一门式软件的研发单位——S市民政局也不同意这种做法。他们拒绝我们的方法也比较策略，倒不是说完全没可能，而是说相关数据之间的统计标准不一样，因此我们下载下来没有用。最关键的是，他们认为，对于我们基层部门来说，只要能在工作中相互查询就可以了，因此软件最终只能做到自动链接相关数据库，然后根据居民身份证查询有限的几个信息项目……（访谈资料）

此外，在LF街道安装一门式服务软件的过程中，有关部门又提出了进一步的要求：强化授权管理制度。有关专网只能为街道提供有限的高级访问账户，其他访问账户也依据工作的需要，逐层被授予查询权限。比如，科长级用户的权限可以同时访问两个专网，并查询更多的数据；而普通工作人员的账户则只能根据命令菜单调用最必需的几个数据。而且即便是最高权限的用户（主任级）也不具备修正的功能（换句话说，就是明确发现信息有问题，自己也不能直接修改,而必须通知有关部门做出修正)。这种授权管理制度比技术方案的最初设计要严格得多。

这样,虽然借助一门式软件(及服务器),不同部门可以进行必要的数据协同,但这个协同所基于的虚拟结构仍然是具有科层制特征的——授权体系构成了这种科层体制的等级结构。

3. 作为新规则的评估与质量控制技术

在对网络布局和数据进行整合的同时,LF街道为了进一步提升跨部门的行政协同,还借鉴其他试点街道的经验引入了一些保障性的辅助技术,其中比较重要的有作为数字一门式中心新运行规则的评估技术和质量控制技术。

一是引入条形码技术,使办理过程"透明度、便捷度、亲和度"等"三度"不断提高。在这种技术的支持下,市民在窗口递交材料后,可拿到一张带有条形码的受理单。通过扫描条形码,一方面可以记录文件流转到每一个环节的时间;另一方面市民也可根据条形码数字,通过电话、网络、触摸屏、窗口等查询文件流转到哪个部门、还需多长时间等。同时,条形码的实施也便于政务内部管理绩效的提高,使文件处理时间得到控制。

二是采用六西格玛质量改进技术,① 开展对现有服务状况12大类(政策/许可、流程/接口、用工/考核、项目/设置、接待/窗口、硬件/设施、软件/网络、质量/意识、素质/心态、文件/规范、能力/技术、咨询/展示)70个服务质量问题的跟踪分析,编制了质量白皮书和具有自我修复功能的改进方法和标杆体系。

六西格玛质量改进技术从社区事务受理过程中的服务标准规范、服务提供规范和质量控制规范三方面改进和控制服务质量,从

---

① 六西格玛管理法是一种统计评估法,核心是追求零缺陷生产,防范产品责任风险,降低成本,提高生产率和市场占有率,提高顾客满意度和忠诚度。六西格玛管理既着眼于产品与服务质量,又关注过程的改进。

管理机制、硬件设施、项目归并、流程优化、信息公开、防错设计、信息互通、基础数据、服务规范、考核制度和培训教育等方面强化质量管理,致力于政务服务的零缺陷。主要改进目标是:

※ 实现一套班子、一类软件、一处场所和一个机构;

※ 优化流程项目、归并窗口设置,实现"一口受理";

※ 以延伸告知、前台咨询、一口受理、当场办结为目标;

※ 当场办结率达到33%以上;

※ 社区事务中心窗口工作零举报、零投诉,综合差错率小于1%;

※ 公众通过电子、书面和网络反馈的满意率达到99%以上;

※ 服务环境和功能设施达到三星级宾馆水平;

※ 服务态度和规范标准达到银行优秀窗口工作水平;

※ 市民意见、建议和投诉处理达到示范信访工作水平。

这些新评估技术和政务质量改进技术的引入,可以对不同行政部门协同处理事务整个流程进行监管。这些新评估技术为跨部门的协同树立了新的规则体系。新变化最引人注目的地方是:把以往单独的对事评估变为对"工作流"评估、对个人工作质量的改进改变为对整个合作流程的改进。而这实际上把评估和质量控制的重点由个人、具体单位而转向了合作流程,它要求加强不同部门之间的合作意识。从这个角度来看,评估技术是继网络和数据整合之后,LF街道植入技术方案中又一种促进部门合作的重要技术保障。

然而在实践过程中,这些新技术也遇到了较大的阻力。正如上文所述,由于一门式服务中心的许多工作人员都来自以往的科室,他们的评估在很大程度上是由科室所做出的,因此就存在着同一批人出现两种不同评估标准的问题。此外,对他们本人而言,他们显然也更乐于针对自身的工作绩效做出评估,而不愿意把自己

和别人绑定在一起,在所谓的"工作流程"中进行评估。一位工作人员曾这样说:

> 评估其实没那么复杂,就是说你干了多少事、干得如何?我们每个人可以把握自己,你说考核流程,那怎么搞?我尽责了,别人我怎么办?流程考核复杂得多,我说他方向是对的,但太超前了……(访谈资料)

当然,这些阻力和前面介绍的网络整合与数据整合所遇到的阻力有所差异,这些问题大体上还在 LF 街道自身的控制范围内(另外两方面涉及的问题关系到更高行政当局),因此街道通过相应组织和制度上的调整最终克服了来自操作层的阻力(这些在本章后文会更详细地提及)。

二、虚拟机构的结构特征

当新技术陆续到位后,一个虚拟机构(the virtual agency)逐步成型,这个虚拟机构由覆盖在多个正式科层机构之上的网络计算机体系构成,其以促进部门协同、提升公共服务供给水平、进而优化一门式服务中心的运作为目标。该虚拟机构有明确的边界(由 IP 段技术塑造)和清晰的等级制(由网络授权体系构成),它有以下三个方面的整体结构特征:

1. 在尊重独立中促进横向整合

从某种意义上说,由新技术打造的虚拟机构是一个跨行政部门的整合性组织。它从分属于不同部门的多个独立网络系统中获取信息,并对这些信息再编码和建立索引,使其能在最短时间里发挥最大效用,被需求者及时获取。信息技术在虚拟机构中的有效应用,使不同行政单位聚合为一个相互匹配的系统。与传统的整合性组织所不一样的是,它强调横向整合,但同时也强调系统所涵盖每个单元的独立性。

一些研究已经注意到,在现实的社区建设领域,"整合""信息共享"的提出往往意味着一种对"集体主义"的呼唤。[①] 这种集体主义可以说是传统"街—居"管理体制的价值遗产,它的思维逻辑是把不同行政部门比喻为管理体系中的"一个细胞",强调他们是社区管理体制的一个有机构成部分,进而强调它们应该"服从"更高协调层的安排,强调在此基础上资源的灵活配置——相对而言,却忽略了这些机构自身的主体地位。

而 LF 街道为配套一门式服务中心改革而打造的这种虚拟机构则不同:它从不同专网读取数据,但并不重组它们之间的关系;它为不同业务单位提供及时的协同信息,但并不对其行使权力;它重塑行政流程,但并不改造流程所涉及的行政单元。一言以蔽之,这种虚拟机构在建立部门间的横向联结的同时,并没有削弱部门的自主性——它以尊重每个单元的独立为基本前提。

虚拟机构的如此结构性特征恰恰更能适应前文所提到的基层社区中的制度结构:它在发挥街道办事处块上整合能力的同时,却并未干涉条上行政部门潜存的封闭与内敛制度取向。这正是虚拟机构更容易被实际组织环境所接受的重要因素。

2. 扩权与收权并存

大多数经典的管理理论总是倾向于认为任务的复杂性与人在等级中的地位正相关。在追求效率的过程中,为了简化任务、提高效率,许多工作中职能的分化已经达到了极致。[②] 从 20 世纪 90 年代中期开始,随着管理与服务任务的加重,S 市社区行政管理部门

[①] 马伊里.合作困境的组织社会学分析[D].上海大学博士学位论文,2005.
[②] 小艾尔弗雷德·D·钱德勒.看得见的手——美国企业的管理革命[M].北京:商务印书馆,1987.

中开始出现职能日益细化的现象(其最显性的标志是人员编制急剧扩大),每个行政人员开始面对越来越细化的职责,其权限也越来越有限。过细分权的后果是导致行政管理部门反应速度变慢,变得缺乏灵敏性。

而计算机化则使人们有可能将许多过度细化的任务合并起来,使每个人都有可能应对更多的任务,这在现代管理转型中被称之为"扩权"(empowerment)。

LF 街道在一门式服务中心改革中打造的这个虚拟机构,通过重组流程、赋予操作人员更多的信息来源等方式,使每个操作人员的权限扩大——他们进行计算机化的信息处理,并通过灵活获得更多协同信息得到"决策支持"(decision suppot),由此承担了更多的责任。在这个"扩权"的过程中,每个行政人员的自主性和积极性得到充分发挥,他们可以做出更多的决定。这为提升行政效能、提升公共产品供给效率提供了新的支持。

但另一方面,这种"扩权"又是有限的,行政人员的权力尽管被扩大,但他们所拥有的潜在选择范围经常受制于软件,即受制于内嵌在软件中的、上级行政主管们事先实现的控制。从这个意义上说,虚拟机构的核心管理层借助软件实现了最终决策权的向上集中。

"收权"的另一面体现在,只有科层制较高层级人员才可以接触更为丰富的信息资源,他们控制着整个行政协同的进度——在现有体制和工作环境下,这种格局被理解为是实现秩序和安全的必要保障。

此外,操作人员所做出的决定,对于科层制更上端的主管来说相对是透明的,一门式服务软件能自动报告操作人员执行标准程序时所出现的偏差,并对他们的各项工作状况进行统计分析。

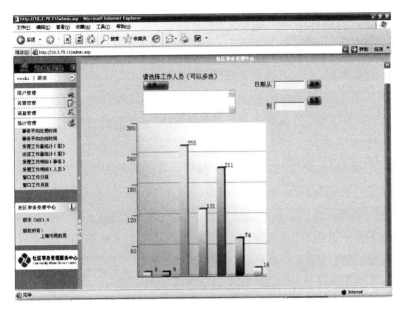

图 6-2　借助软件分析可对操作人员行为进行评估

这样,在这个虚拟机构中,观察者便可以同时看到一个职员得到"扩权"、但组织同时实现另一种意义上"收权"的过程。在日常工作中,这两个过程同时发生,使效率和秩序的维护同时得到关照。

3. 更具弹性和灵活性

在保持单个行政机构"独立性"的同时,实现"横向整合";在向基层"扩权"的同时,实现向上"收权"——虚拟机构在既有体制面临的"两难困境"中,却都能寻找到相互均衡的支撑点。据笔者分析,这与虚拟结构的又一特征密切相关:更具弹性和灵活性。

有研究者曾精辟地指出:信息技术在被运用于特定组织或社群时,提供了一种解决各种核心问题的空前弹性。它提供了一种在新的层面重组结构的能力,这在以不断变化和组织流动为特征的社会里是一种决定性的特征。① 它有可能翻转规则却不破坏组织,因为组织的物质基础可以重新设定与调整。② 这实际上意味着,革新的推动者可能运用信息技术在不改变既有组织及其根本运行架构的基础上,悄然地改变其具体运作规则——这种"静悄悄"的革命却有可能取得整体上体制革命所取得的相近效力。

就 LF 街道的案例来看,由网络、计算机构成的虚拟机构,其具有使不同结构和行为在新的纬度上具备"可通约性"的潜质,这使得改革者可以借助信息交换机制在不同部门间动态平衡开放的诉求和封闭的诉求,亦可使组织中促进活力和实现有序的安排相互兼容,最终促进组织效能的快速提升。

从另一个角度来看,信息技术是一种极为灵活的技术。它更加容易被拆分,而且允许无数的设计和使用。就此而言,由信息技术所搭建的虚拟机构,可以很方便地发挥其灵活性的一面,它可以根据整体制度环境的变化而灵活地更改部分设计,从而使自身具有更强的适应性。

建立在这种分析的基础上,我们可以反思这样一种具有较大影响力的观点,这种观点将信息技术植入现代组织,简单地视为两种结构间的碰撞(或者说:扁平化逻辑对科层化逻辑的挑战),而碰撞的结果则要么技术逻辑改变组织逻辑,抑或被组织逻辑所修正。笔者认为,技术植入组织后带来的深刻变化并非是这种"结构碰撞"的产物,相反,导致这种变化的深层原因在于:技术在虚拟空间中再造了与既有结构相近的虚拟结构,在获得合法性和进入

---

① 曼纽尔·卡斯特.网络社会的崛起[M].北京:社会科学文献出版社,2003.
② 阿尔弗雷德·D·钱德勒,詹姆斯·W·科塔达.信息改变了美国:驱动国家转型的力量[M].上海:上海远东出版社,2007.

自我强化的基础上,它提供了一种解决各种核心问题的空前弹性。

现在让我们做个简单的小结：LF 街道一门式服务中心在引入信息技术的过程中,再造了一个虚拟机构。这个虚拟机构在运作过程中展现出很强的弹性与灵活性,这使它可以同时满足块上行政机构"横向整合"的制度趋向和条上行政部门"内敛封闭"的潜在制度趋向。在虚拟机构创造的运作空间中,现有结构的特征得到了延续,而其潜存的内在张力则得到重新调整。

第二节 制度匹配与新技术的"自我强化"

当新技术被系统地引入 LF 街道一门式服务中心后,组织开始形成与新技术匹配的制度安排,并使植入的新技术逐步进入"自我强化"阶段。LF 街道 G 主任在访谈中曾提到：

> 当时这些技术在我们看来都很先进,但是再先进的技术也要有制度来配套,否则它很难真正发挥作用,特别是一些技术要落实,还要做人的工作。举例来说,最初的时候,当专家介绍六西格玛质量改进以及流程评估技术时,一门式服务中心的很多操作人员包括部分中层干部都不是太配合,为什么？这不能简单地怪他们、认为他们素质不高。在我看来,这背后的深层次原因是：这些评估技术服务人员的要求更高,而且更加能呈现出人的绩效；但是在当时的情况下,薪酬工资制度却没改革,有些人就算干得少但收入也高,仅仅因为他所属的条线薪酬标准高,那别的绩效高工资却低的人怎么办？所以制度的改进很重要,否则先进技术就难以真正发挥作用……（访谈资料）

据笔者观察,在新技术植入 LF 街道一门式服务中心后,街道领导层先后在人员管理、流程管理两个方面推出新的制度安排,这些制度安排使新技术的有效应用得到了更好的保证。

一、人员管理制度的逐步完善

由于新技术在很大程度上更提倡横向合作,其有效应用以更高的人员素质为基础,因此街道在技术植入后没多久就开始调整人员管理制度。

前面已经介绍过,在新技术植入前,服务中心共有 28 位窗口服务人员(其中聘用关系的 25 位,另 3 位为隶属于民政救助所的事业编制干部),分别归属于劳动局、民政局、信息委、综治办、工会、计生委、医保局、司法局、信访办、残联、街道办事处等 11 个部门,由街道各职能科室具体按对口条线进行管理。同时,不同部门聘用的人员薪酬标准各异,共有 9 种不同的待遇。各主管部门分别按不同的方式下拨工作经费,有的属于"万人就业项目",有的直接与网络工作记录信息挂钩,经费直接到人。"费随人转"的情况比较多,"费随事转"的原则得不到充分体现。在旧有格局下,人员素质参差不齐,有效的绩效评估难以展开。

于是街道开始出台新的制度安排,改变一门式服务中心人员多头管理的格局,实现操作人员管理上的统一化。具体措施包括三个层面:

一是确定统一的人员管理原则。LF 街道按照市里的规范设置人员岗位,归并各类行政事务服务机构的在编人员与聘用人员,合理确定人数,实行"统一录用、统一考核、统一调配、统一待遇、统一培训、统一管理"的合同聘用制度,采取分阶段"优胜劣汰""吐故纳新"的办法,逐步提高服务人员总体素质。

二是确定人员及岗位配置。由街道办事处分管民生工作的副主任担任中心主任,同时配备专职副主任 1 名(由劳动科长担任)、中心主任助理 2 名(分别负责协调前台和后台事务),建立统一的管理机制。制度调整的目标是在一门式服务中心工作人员配置上实现"统一调配、统一培训、统一管理"的"三统一"合同聘用制度,以完成工作人员的调整。

新制度实施两个月后,服务中心人员结构有了较大的变化:配置了总服务台工作人员 3 名(含 1 名中心助理)、前台工作人员 8 名、后台工作人员 9 名(含 1 名中心助理)、物流人员 2 名、档案专管员 1 名,共 23 人,比原先精简了 5 人,初步实现了人员的优化组合。

三是确定了持续培训的人力资源发展计划。这进一步提高了服务中心工作人员的业务处理能力和对新技术的运用能力。培训的内容包括三个方面:首先是业务培训,根据服务事项分 9 个专题,邀请了区 6 个部门具体负责社区事务受理服务事项的同志为大家集中讲解具体操作要求及举例分析可能碰到的特殊情况处理。同时对确定的前台服务人员实施重点培训,通过培训提高处理综合事务的能力,使之掌握政策的范围扩大。其次是软件培训,由一门式软件研发中心为一门式服务中心人员进行软件操作辅导,以提升工作人员对新技术的接纳和熟练应用水平。第三是规范及礼仪培训,为了营造一种使居民感到更亲切的公共服务环境,街道多次开展统一培训,对服务规范进行了进一步的明确。

通过上述人员管理制度的不断完善,服务中心工作人员对新技术的接纳程度逐步提升,大多数员工都可以比较熟练地在业务工作中对软件和计算机进行运用,这客观上为新技术在 LF 街道的扎根打下了基础。

二、进一步梳理和优化工作流程

客观来看,各项市民受理事务的具体实施流程是一门式服务中心运作的基础。因此,依靠先进的技术和架构建立起新型的一门式服务中心后,如何来管理、调度、维护庞大的事务受理过程,涉及每项事务的具体实施流程问题,其中包括社区事务受理中心的管理组织体系、规则、授权等。①

LF街道在新技术植入后,开始导入"前台一口受理、后台协同办理"工作机制,使一门式服务中心的办事流程得到有效优化,具体制度安排包括两个方面:

一是在前台一口受理的机制上实现实质性的突破。将原先8大类12个服务窗口优化至4大类8个窗口,分别为劳动保障(分为失业服务、就业服务、社会保险3项内容)、医保服务、居住登记、综合事务(含计划生育、工会服务、民政救助等原专网事务),设置更为合理、简化。通过这种组织设置,服务中心可以在同一窗口实现对民政、计生、工会、廉租房、居家养老、社区服务等事项的真正意义上的一口受理,即通过一个窗口可办理多项综合事务,为今后全面实现一口受理机制奠定了基础。

二是制订和细化了各项事务处理的工作流程,理清了当场办结和需流程办理的事项,将原先按条线业务设置服务窗口改为按条类相结合设置服务窗口。服务事项从原先的8大类76项调整细分为9大类108项,使前台做到既能对手续简便、证件齐全的45项服务项目一次当场办结,又能承担对多环节、跨部门、需后台调查、核实、审批的服务项目进行咨询和受理。后台的设置做到能完成对流转事项的调查、核实、材料递送、上报审批、协同办理等程序,

---

① 参见:上海市信息化委员会.上海市区县电子政务总体框架建设指南.

通过"首问责任制"等解决"多窗口、多环节、多门槛"的问题。系统还有流程的自动跟踪与预警功能,对办事人员形成了无形的监督。

通过上述安排,一门式服务中心的运作流程和一门式软件的运作得到了相对最优的结合。经过这种调整,大多数工作人员逐步熟悉了新技术所构成的组织运行环境。一位工作人员对此评论说:

> 这些软件和计算机其实包括了对事务处理最好方式的设计,但它只是一种设计。从我们操作人员的角度来看,一开始,我们更习惯已有的工作方式(即按条上业务部门属性进行工作的简单分类——笔者注),所以就对新技术要求的标准做法感到不大适应。那么当流程全部优化后,你就会发现:软件安排的流程和现在我们的实际流程完全对上了,这个时候我们才真的感觉到软件安排的科学性,才感到这种做法的效率……(访谈资料)

三、新技术的"自我强化"

技术的"自我强化"过程,最早在关于路径依赖的相关研究中得到呈现。它的基本含义是:起初组织可能在某种意图的指引下或者纯粹出于偶然的因素引入了某项技术,这项技术在某些方面具有效用,并可以为人们带来利益。人们为了熟悉这种技术安排会不断投入学习成本以适应它,结果又创造了一些与这个技术相配套的制度安排。这些制度安排使技术开始更为深入地嵌入到组织中去,并且朝着某个既定方向持续发展,这个过程便是许多持历史制度主义取向的分析家所看到的技术的"自我强化机制"(self-reinforce)。[①]

[①] 相关研究可见:诺斯.制度、制度变迁与经济绩效[M].上海:上海三联书店,1994.

以某种方式来看,技术的自我强化通常与人们对它的学习密切相关,当人们在某项新技术上投入了更多的学习并适应它后,要废除这项技术就变得更为困难。经济学家法雷尔曾举例说:这就好比对于今天的大多数文职人员来说,即便明知有某种更为科学的键盘,但他们也不会轻易更换现有键盘,因为他们已经在熟悉和学习这种和现有键盘相关的打字技术上花了太多的精力。[①]

当 LF 街道通过开展持续性培训来提升一门式服务中心工作人员对新技术的适应能力时,当这些培训进一步加大了人们对新操作系统和软件的依赖程度时,这实际上意味着新技术建立了一种有效自我强化的现实路径。一位工作人员曾说:

> 在一门式服务中心技术升级初步实现以后的两个月时间里,我们每天都要投入 3 个小时以上的时间去学习新操作系统、适应新的技术装备。当时街道的安排是专家讲解,然后每个人再谈体会、做小结。当时的过程现在看来蛮辛苦的,但是这两个月后,我们开始完全适应了新的装备,我已经很难想象一门式服务器突然停止运转会出现什么现象——虽然以前的两年里我们都没有这些装备。总的来说,你感到现在已经完全适应这套程序了,你觉得它的做法就是科学的……(访谈资料)

她的上级则更明确地表达了这种对新技术的依赖:

> 其实一门式软件的使用是比较复杂的,因为它集中了上百个办事流程,每个流程所需要的资料、信息也都不一样。可

---

① 参见:丹尼尔·史普博.经济学的著名寓言[M].上海:上海人民出版社,2004.

以说它其实是用很理性的方法对已有工作梳理后得出的一种最好的处理方法。其实我们很多操作人员的整体文化、技能水平并不是太高——尤其是年纪相对大一些的同志,那么他们花很多精力来学习这个软件后,能达到今天这个效果是非常不容易的。我敢说,他们现在在某种程度上也是稀缺人才,因为能这么熟练运用这些新技术装备的人现在并不多,而为民服务的需求又这么大……经过这样一个磨合、学习的过程,这些新的装备、计算机已经和我们的工作完全结合在一起了,所以我每次看到领导就和他开玩笑:"改革改革适可而止就好了,我们现在都蛮适应的,千万别再换技术软件和操作系统了……"(访谈资料)

从上述谈话中,人们可以感到,在两个月的培训中许多人已经建立了对新技术的依赖,当这种依赖在日常工作中被不断强化时,技术就不再仅仅是支持工作开展的基础,它本身的维系已经成为工作最为重要的内容之一。

从另一个角度来看,技术的自我强化还和它所暗含的价值全面渗透到流程优化中去有关。LF街道引入的一门式软件,是有关部门开发的最新软件,它通过更新工作界面、确定不同部门在流程中的位置以及它们间的协同关系,最终传递了这样的价值:打破部门与部门之间的壁垒,按需来组织资源,而非单纯地按职能划分来组织资源。当这种价值渗透到后来LF街道开展的流程优化中去之后,技术的价值基础就得到了更为稳固的强化。

当植入的新技术进入"自我强化"阶段后,它便逐步成为一门式服务中心所处制度结构中的一个有机环节。它可以有效影响处于其间的人们的思维方式,它"定义"了日常工作中关于"最佳"与"合适"的新标准,同样,它也约束了人们的相应选择。从这个时期开始,新技术开始融入既有结构,它在对组织的运行进行再安排的同时,开始和结构中其他制度要素结合,最终成为组织环境的一个有机构成部分。

小结与讨论:新技术扎根的深层基础

20世纪80年代以来,现代信息技术在各个领域所绽放出的夺目光彩曾使一些理想主义者认为:新技术的网络化逻辑可以有效改进按照科层制原则组装起来的现代组织,因此新技术必将在各类组织中获得空前的发展空间。一些研究者进而认为:随着信息技术的广泛运用,各种电信、互联网络日益扩张,这使各种类型的组织都产生了加入网络的欲望,因为在此过程中,身居网络的好处成倍增长——罗伯特·梅特卡夫(Robert Metcalfe)在1973年提出一个简单的数学公式,这个公式显示网络的价值会随着网络里节点数目的乘方而增加,这个公式是 $V = n^{(n-1)}$,其中 n 代表网络中的节点数目。①

但是其后更多谨慎的实证研究却表明,新技术在组织中的扎根并非一个自然而然的过程,其远非"网络化"逻辑战胜"科层制"逻辑那么简单。拉里·里布斯坦恩(Larry Ribstein)在对英国钢铁产业引入新技术的实证研究中发现:失败的项目并不比成功的项目更少。② 近期关于新技术扩散的许多研究一再提出如此疑问:为什么一些特定的技术更容易扎根组织?为什么相近的技术在一些组织中成功扎根,却不能适应另一些组织?

本章的分析潜在地提出了一种理论解释的可能路径:新技术

---

① 参见:丹尼尔·史普博.经济学的著名寓言[M].上海:上海人民出版社,2004.
② 转引自:卡斯特尔.网络社会的崛起[M].北京:社会科学文献出版社,2002.

扎根组织的过程,其实也就是新技术暗含的制度结构与组织既有结构相互碰撞、融合的过程。新技术在其植入基层政府代理机构的过程中嵌有某种潜在的"制度安排",这种制度安排代表了技术推广者对革新方向的不同理解。当技术方案被植入基层政府代理机构时,首先发生的碰撞并非是技术与结构之间的,而是技术方案内嵌的制度安排与组织原有结构之间的碰撞,这种碰撞带有较强的权力关系特征,当技术方案内嵌的制度安排最终以某种方式被原有结构接纳时,技术自身所拥有的特性才得以充分发挥,并形成新的约束结构。这一点正如本章所观察到的那样:当由新技术构造的虚拟机构在整体制度特征上与既有结构(一门式服务中心所处的组织与制度结构)相匹配时,技术才有可能进入"自我强化"阶段。

从这个意义上说,尽管唯技术主义者曾声称虚拟机构是因特网逻辑的、自然的派生物[1],但是这种论调显然忽视了技术逻辑内嵌于社会、政治、组织和制度生活的特征。虚拟机构运行必须与实体机构的制度逻辑以及构成组织间网络的社会关系相联、相合并。只有在所涉及的实体机构能够发展时,虚拟机构才有可能获得成功。这一点正如卡斯特尔所言:"因特网尽管为大幅度改善组织的传播提供了可能,但是这些好处只有内嵌在合适的知识、文化、社会和正式的规范、规则、关系中,才可能得到实现。"[2]

---

[1] Huber, George P. The Nature and Design of Post-Industrial Organizations[J]. Management Science, 1984, 30(8): 928-951.
[2] 卡斯特尔.网络社会的崛起[M].北京:社会科学文献出版社,2002.

第七章
刚性的呈现：技术作为结构的一面

一个有趣的理论现象是：在关于技术与组织互动的这一研究领域，大多数学者更强调技术对结构创新的意义；相反，技术作为结构的一面对结构维持所发挥的作用得到的讨论却相对很少。这其中或许暗含着该研究领域的某种现实价值取向。

本章将呈现当新技术通过"自我强化"扎根于组织后，其刚性作用开始发挥的过程。本章将技术的"刚性发挥"定义为：技术作为结构的一面，在组织运行中发挥其特质的效用，进而影响组织运行的过程。本章的阐述将聚焦以下两个问题：如何理解作为现代信息技术"刚性"的特质？如何理解新技术作为结构一面的作用？

第一节　新技术的刚性"外显"与组织运行

当新技术植入 LF 街道并借助"自我强化"机制而演变为既有结构一部分时，当虚拟机构开始在多个维度发挥核心作用时，新技术的刚性作用开始外显，这在很大程度上对革新后的一门式服务中心运行产生了较大的影响。本章从"技术标准化对运行绩效的稳定维持""保护结构稳定性"以及"促进制度变革"三个方面切入分析。

一、技术标准化对运行绩效的稳定维持

从 LF 街道一门式服务中心成立之初的情况来看,由于为民服务和政务受理涉及复杂的制度与条例体系,而具体工作人员对制度、条例的把握又不尽相同,因此服务中心的运作绩效常常是不稳定的。此外,政务受理还需要以部门协同为基础,而不同行政部门之间的协同水平也长期不稳定,这更使服务中心的绩效处于时刻波动中。在调研过程中,一位经常前往一门式服务中心办理救助事宜的居民谈到:

> 一开始的时候(新技术尚未引入——笔者注),他们的服务不好和现在比。比如我每次办的都是低保和救助申请,但每次办理过程中,工作人员的反应和熟练程度都不一样;有时有些操作员要我提供这个证明,有时又不需要。虽说是一门式,但还是要往返跑一两个来回……至于速度,有时好,有时快……要看他们的工作了……(访谈资料)

对于这种现象,一门式服务中心的值班主任做出如此解释:

> 这种现象在一开始几个月是有的,现在的政务受理项目越来越多,比如廉租房等,它都需要居民提供许多材料,那么不同申请事项所要求的材料是不同的;但我们的操作人员在熟悉程度上往往有差异……另外,在处理这些问题上,如果有好的流程去做就会节约时间,相反,则会浪费不少时间、增加居民的等待时间……还有就是,有的操作人员待的时间长,他和周围相关业务部门的人熟,那么他在办理相关业务时,需要

协同数据就方便一些,而其他人可能会慢些……总的来说,这种绩效的不稳定和多方的因素有关,在当时的情况下也很难进行标准化的量化要求……(访谈资料)

而新技术的引入在两个层面上使上述情况出现了根本性的转变。第一个层面是新技术(主要是一门式服务软件)提供了标准化的无差异操作程序,这使每个操作人员(无论其熟练与否)运用的都是相同的得到最优设计的工作流程。此外,新技术所提供的"政务知识咨询"功能,使人们可以在操作过程中随时得到计算机辅助政务助手的帮助,准确地告知居民每项业务所需要的基本材料和申请条件,这使操作人员从"强记"中摆脱出来,进而使他们的工作状态变得更趋稳定。

本章在深入调研过程中发现新技术所提供的标准化操作程序使得政务受理业务变得越来越"程序化",而操作人员面对"程序化"工作,其绩效往往能保持在相对稳定的水平上。下面以最为常见的民政低保、协保申请业务为例,比较新技术引入前后的操作程序。

在新技术未引入之前,居民向一门式服务中心提交低保、协保补助申请时,操作人员根据守则需要居民提交以下材料:户口簿、书面申请、劳动手册、身份证、社会保障卡、职工工资卡或工资领取凭证、养老金领取凭证、职工收入情况证明(街镇、乡镇劳动服务部门出具)、失业保险金领取情况证明(街镇、乡镇劳动服务部门出具)、协保人员和再就业特困人员生活补助情况证明、失业人员丧劳鉴定书(区县劳动保障部门出具)、离异家庭子女抚养费证明以及社会救助申请表。

上述材料都是同步递交的,工作人员在审阅材料方面并无严格的先后之分,对这些材料的上网查询验证也充满随机性。由于有时相邻部门不能及时提供协同信息(比如劳动部门不能提供失业保险金的验证资料),因此材料审阅需要的时间也高度不确定。

在新技术引入后,一门式软件对低保、协保申请提出了标准化的审阅路径:

(1) 首先提交劳动手册,操作人员调用劳动数据库进行信息比对;(2) 查阅居民书面申请,同步扫描进入系统,以备日后查阅;(3) 要求居民提交户口簿,与民政网上数据比对;(4) 提交身份证,同时记录居民的身份证号;(5) 出示单位所发职工工资单或工资领取凭证,并接受材料;(6) 出示养老金领取凭证,并接受;(7) 出示区县法院出具的离异家庭子女抚养费证明,并接受。自此之后,无需申请人再额外提交材料,操作人员开始在电脑上进行输入(身份证号和备注信息),电脑数据库系统自动调出申请人的相关资料,操作人员进行核对,最后系统自动提示还需要进一步确认的内容(比如居委会证明、职工收入情况证明等)。

可见,一门式软件、数据库系统以及便利的部门信息协同机制,使得原先繁杂而无规律的受理过程变得清晰而程序化;在这种背景下,操作人员将有可能实现稳定的操作,其工作绩效也会得到大幅度提升。

从第二个层面来看,新技术之所以可以维持一门式服务中心稳定的运作绩效,还和它提供的稳定的信息协同机制有关。

在新技术引入之前,行政部门之间的信息协同,其实质更多是建立在良好同僚关系基础上的沟通机制或者基于分管领导关注下的一种"协同默契",它带有很强的不稳定性和随机性(一个常见的例子是:基层人员的变动常常导致协同水平发生大的变化)。在这种背景下,行政业务受理的执行效率会在很大程度上受到许多不可预期因素的影响。

而 LF 街道引入新技术安排后,信息协同的机制变得相对简单而稳定：（1）通过专网整合服务器整合专网；（2）再通过一门式服务器读取所需数据。在此背景下，操作人员能否即时获得协同数据不再和他个人能力以及运气相关，而是有稳定的技术支持，在此基础上其工作绩效往往能得到更好的发挥。有关部门的统计资料很好地证明了这一点：

> 试点前（新技术未引入），每件事务受理平均近 10 分钟，每天单个窗口受理量仅 40 项左右。试点后（新技术引入后）每件事务的平均受理时间缩短至 8 分多钟，而受理量则提高到平均每天 55 项左右。经测算，中心整体运行绩效稳定，呈现逐步提升的趋势……①

二、保护结构稳定性

当新技术引入后，由计算机和网络所构成的虚拟机构不仅在维持一门式中心高效运作中发挥着重要作用，同时也在保护现有结构的稳定性方面发挥着重要意义，这意味着新技术成为维护既有结构的重要基点。

在第四章中，本书已经分析过：在当前 S 市城市基层社区公共服务与管理领域，同时存在着块上部门"整合"与条上部门"封闭与内敛"的两种制度取向。在这两种相反制度取向的影响下，以往基层社区的实践部门所发展出的信息协同与共享机制常常处于不稳定状态：若块上横向整合能力较强，则信息协同较为顺畅，但若一遇到条上自下而上的"收权"（这种行为不定期时常发生），既有的合作框架就有可能被破坏。

由新技术所构成的虚拟机构表现出了很强的弹性和灵活

---

① 内部研究资料。

性：它可以在同时满足块上部门整合与条上部门趋于封闭的诉求的基础上，保证信息协同的稳定进行；此外，虚拟机构在应对外界环境的变化方面也体现出强大的灵活性。这种特征使其在条块关系调整的过程中，依然保持稳定的绩效。如果说这样的分析还略显抽象的话，那么，且让我们进入具体案例，观察主要条上部门于 2007 年在信息网络方面的技术升级对 LF 街道一门式服务中心的影响。

当 LF 街道一门式服务中心运行近两年后，它遭遇了一次来自外界的危机。2007 年，多个上级行政部门同时部署了其专用网络的升级工作，这次升级涉及劳动、计生和社保三条专线。有关部门从技术上加强了专线的管理，主要措施包括：严格审查本部门以外单位对专线的物理联结；加强数据通信的保密性；改变专线接入方式（由保密性和通信性能更好的光纤接入取代以往的接入方式）；调整部分数据的格式和数据库结构。从条上部门的立场来看，这次升级当然是促进自身工作的重要方面，也是保证自身数据网络体系始终处于良好状态的必要调整。

然而条上部门的这次技术升级，其意义对许多在跨部门横向数据整合方面走在前列的街道却意义迥异。因为这直接影响到它们之前在跨部门数据协同方面的探索和经验能否继续维系。LF 街道的一位老领导对此曾谈到：

> 其实这种事情以前并不是没有发生过。相反，如果你在街道待的时间足够长，就会发现条上部门在自身信息的把握和控制上一直是很严格的，它不定期调整，就像一次次运动一样，每次都能对街道之前形成的信息共享机制或多或少产生影响——其实，这也正是"资源共享"的口号提了 10 多年，但老是不能实现目标的重要原因。举个例子来说吧，早在 2000

年,我们就形成了跨部门信息沟通的机制,但信息沟通的基本点则在公安部门定期提供信息资源。那时候通过办事处做工作、党组织促进整合、派出所所长同意通过定期给盘片的方式向街道提供基础人口信息,然后我们再根据这个基础人口信息进行加工,添加上由居委会干部收集的其他信息,最后可以和老龄委、计生等多个部门共同分享——这个经验不错吧,但2003年公安方面出了一个新的条令,大意是加强信息管理,整个信息共享机制就泡汤了。……(访谈资料)

上述访谈再次揭示了这样一个现象:条上部门不定期的技术升级始终有可能会对块上的横向整合产生相反的作用。因此当2007年多个条线部门同时升级自身信息网络后,许多街道都遇到了困难。LF街道的G主任谈到:

那些直接整合专网的或者通过建立自有数据库来进行协同整合的街道都受到了影响。因为专网的技术管理加强后,之前对专网的直接整合就必然会遇到困难,比如没法维持之前建立在专线之间的横向数据传输——而这个目标如果没法实现,整合专网的想法基本上就没办法继续了。……另一方面,通过自建数据库的方式来运作也会遇到很多麻烦,至少它没法再像以前那样下载信息了,那么只要信息不更新,它的自建数据库就没多大意义……(访谈资料)

由于LF街道的技术安排是一种更具弹性的安排,它在结构上更符合现有体制的整体特征,因此面对这次升级,LF的技术安排得以通过充分发挥其弹性空间来缓解来自外界的威胁、保证现有结构的稳定运行。在具体应对中,这种弹性是这样发挥的:

由于 LF 的专网整合服务器并非对各行政部门的专网进行实际整合，也没有在各专线之间建立横向的数据传输，而只是承担联结数据"落地"街道指定 IP 段内网的功能。因此，这次调整对已有技术方案最大的挑战并非数据整合上的，而是如何使调整过的专线重新落地街道的问题。这个问题解决起来就相对方便了，因为这些专线在区府层面都有终端，而且受到加密技术的保护，那么只需要重新在专网整合服务器与区府相关信息平台间建立 VPN 拨号就可以达成目标。

虽然升级后的条线数据库发生了很大变化，但由于 LF 街道的一门式服务器并不下载这些资料，也不对其进行加工，仅仅根据关键字段进行查询，因此只要修正一门式服务器中的相关技术参数就可以相应解决问题。

通过上述两方面的简单调整，LF 街道一门式服务中心的正常运作几乎没有受到影响。在这个过程中，我们可以看到一门式服务中心所依托的虚拟机构充分发挥自身弹性（这种弹性来自它的结构与体制既有特征相匹配），以保护既有结构不受外界干扰稳定运行的过程。

三、促进制度变革

新技术的应用同时也会促进相关领域制度的快速变革，这主要是由于新技术的应用会使之前不那么明显的制度缺陷以更快、更清晰的方式呈现出来，这一点在 LF 街道的技术植入过程中可以得到清晰的呈现。

比较鲜明的例子是基于横向协同的评估技术在很大程度上推动了一门式服务中心的人员薪酬制度改革。

在新技术引入之前，一门式服务中心的人员评估是由不同条上业务部门完成的，比如：劳动科聘用的职员由劳动服务所来评估。由于评估在彼此上分割,且无法呈现出一门式服务中心人员在工作量、工作绩效上的相互比较情况,因此虽然不同人员的收入薪酬不一样,但可比性并不突出,人们的心态也还相对平和。

但当新的基于业务流程和横向协同的评估技术投入应用后,不同工作人员在一定时间内完成的工作量以及他在流程协同中所发挥的作用都以非常鲜明的方式被计算机评估出来。在这种情况下,人们之间的工作绩效就变得可以清晰地横向对比——而工作绩效和收入薪酬不对称的问题也变得日益明显。一位工作人员曾在访谈中说:

> 如果说我做的没别人多、没别人好,收入也就比别人差点,这我是可以接受的;但如果我做的和别人一样多,却仅仅因为属于不同业务部门(用工方式不一样——笔者注),在工资上就比别人少,这就很难理解了。更离谱的是,还存在这种现象:某个同事绩效最好,收入却比不那么努力的人低很多……在我看来,如果评估以后,薪酬不能和评估结果对应,那么还不如不评估的好……(访谈资料)

由于新技术的运作很快把以往潜存的问题暴露了出来,这使得LF街道领导层不得不下决心改变这种既有制度——于是,街道党工委和办事处联名在一份写于2006年5月的工作请示上提出:

> 在人员整合方面,由于用工方式不同、薪酬支付渠道不同、考核捆绑方式不同、人员素质不整齐,所以仍要突破一定的瓶颈。请区委、区政府再次召开有关部门主要负责人会议,协调解决社区事务受理服务中心人员多头管理的问题。
>
> 一是请区人事局研究建立统一机构,并适时归并(取消)

原有各政务办事机构。

二是在合同关系方面,各部门统一将现有人员编制(含事业及聘用)及关系划转给街道社区事务受理服务中心,由中心与之签订工作协议(试用协议);将来各部门既定划拨的编制由中心统一使用,如发生人员变动,由中心直接招录;当使用"万人就业项目"等特定招募渠道的岗位编制时,由有关部门履行必要的程序。

三是请区各部门从 6 月 1 日(或适当时候)起将原核定的人员经费、工作经费统一核拨给街道社区事务受理服务中心,不再直接拨付给窗口人员;对市里经费直接到卡的,由街道负责补缺,其他的都由街道统筹调剂使用;如今后服务事项扩大或增加,应"费随事转、增量核拨"。

四是区各部门对不再直接招录、管理和考核从事社区事务受理服务的人员,改为对社区事务受理服务中心的业务指导和监督;各部门与街道社区事务受理服务中心签订委托服务协议,不干预中心对人员的具体分工。

五是将来行风、政风评议对象须对应作适当调整,届时请区监委、纠风办予以关心。

在上级部门的支持下,LF 街道很快推出了新的一门式服务中心人员薪酬标准:街道把各条线部门支付的薪酬统筹在一起,再加上街道自身的配套款,根据员工的评估绩效等因素,按照"鼓励优秀、公平合理"的方式确定每个人的薪酬标准。一位街道中层干部对这一制度的实行,颇有感慨,他认为这和新技术的应用有很大关系:

外人可能不清楚,其实在街道里类似服务中心之前的这种情况是很多的,仅仅因为你分属不同条线就会造成收入上的差距。举例来说,社工队伍也存在这样的问题,现在的社工里是司法社工工资最高,党群社工收入也不错,相反那些真的按照社工理念来开展工作的民间组织社工收入却最低。这种不合理现象,许多人都看到了,也都有呼吁,但那又怎么样? 事实上,关于社工的绩效,我们只是一个经验的估计,本身也缺乏一套相对客观的标准,因此若贸然改革这种制度,说不准又会产生新的不公平。但在一门式服务中心里,计算机评估技术发挥了很大的作用,它第一次以比较直观可比的方式把人们的工作量绩效统计出来,因此直接推动了薪酬制度的改革……(访谈资料)

从这个意义上说,新技术无疑是一种变化的赋能者,它促进了组织以更快的速度改革相关制度,从而协调技术结构与既有结构之间的张力。

第二节 理解技术治理的效率基础

当唯技术主义正遭遇空前批判之时,另一种理论和判断逐步变得更具影响,这就是低估信息技术给组织运行所带来的影响。一些分析家使用了这样一个词汇——"虚拟的美丽",用以表达两层含义:(1)信息技术对组织变革所产生的影响并不像先前所估计的那样巨大;(2)这种变化极为不确定,因此最好不要建立过高的预期。

然而通过本章的分析,我们发现,对信息技术影响组织运作的讨论不应在一般性层面以简单推论的方式进行。事实上,信息技术植入组织的过程是一个历时性的具有很强实践情境特征的"连续谱",在每个阶段里都会遇到不同的问题,而前一个阶段的问题往往会影响到后一阶段技术与组织的相互影响。一些"虚拟的美丽"之所以发生,在很大程度上是因为技术尚未完全扎根组织就遇到了其他挑战的干扰,技术的刚性自然也就无法更好发挥出来。从这个意义上说,技术的刚性发挥以及它对组织深层运作的再组织,都是在一个组织与技术互动关系动态演变的历时性情境中展现出来的。

信息技术的魅力在于它提供了一种解决组织问题的空前弹性,它可以在重组运行机制的同时却不打破既有结构(正如本书已经发现的那样,LF 虚拟机构可以同时面对既有结构两种矛盾性制度取向,却使其在新的层面上达到另一种衔接),但是这种弹性空间的产生确是需要特定的组织与制度安排予以支持的,只有当新技术被制度更合理地配置时,虚拟机构才有可能发挥更大的整合效率。

从这个意义上说,中国政府的信息化不是一个一蹴而就的过程,它需要在长期的治理过程中进行制度安排的反复调适,以适应越来越复杂的社会情境。

第三编：技术治理与共建、共治、共享的社会治理格局

——当前国家与社会关系的一种缩影

自党的十六届四中全会以来,国家就开始倡导党委领导、政府负责、社会协同、公众参与的社会治理新格局;党的十九大进一步提出要打造共建共治共享的社会治理格局,完善党委领导、政府负责、社会协同、公众参与、法治保障的社会治理体制,提高社会治理社会化、法治化、智能化、专业化水平,加强社区治理体系建设,推动社会治理重心向基层下移,发挥社会组织作用,实现政府治理和社会调节、居民自治良性互动。这意味着当前中国社会治理创新必须形成有效吸纳社会力量和社会组织参与治理的新模式,并在治理实践中处理好政社良性互动的问题,进而塑造具有中国特色的国家与社会关系形态。近年来,这一改革战略在各地政府的技术治理实践中也不断显现。

　　如本书第三章所述,当政府部门在技术治理实践中处理政社关系时,不仅要考虑技术安排的实现方式,更需注重从现有制度环境中提取诸多"要素"作为指导其在新技术平台上与社会力量互动的规则。于是,观察者可以发现技术治理领域的政社互动实际上潜移默化地"复制"了当前中国社会组织与社会力量发展的制度环境,这一领域的国家与社会关系形态也就成为当前中国整体性国家与社会关系的一种生动"映射"。

　　本编展现了地方政府在技术治理的改革创新中处理政社关系的三个案例,虽然这些案例发生在不同地区和不同治理领域,但其中却蕴含着相似的制度逻辑,表明当前基层政府和职能部门在技术治理领域面对社会力量时具有筛选互动领域、风险控制优先等相近制度偏好。在这个意义上,这些案例挑战了那些认为新技术应用必然会全面促成社会领域发展的"应然"理论想象,提醒我们始终注意研判制度环境的深层特征对于当代中国国家与社会关系的重要意义。

出于学术规范考虑,本书对案例中的地名和一些细节都做了匿名化处理。

第八章
公共管理多元参与的网格化治理实践：以 B 镇为例

当前,城市管理网格化是信息技术在公共管理领域的又一主要实践模式。这种技术治理模式的基本内涵是将城市社区精细化地划分为若干网格,同时将行政管理力量(如警力、城管力量)下沉配置到网格中,再借助快速的网格巡查问题发现机制,并借助网格中央管理系统和流程管理系统,从而实现管理事件与管理力量之间的精准对接。可以说,网格化治理实践是技术治理思路在城市公共管理领域的一种重要运用形式。

本章关于社区治理网格化的深度案例研究,聚焦了 S 市 B 镇以创新思维推动社区管理网格化的改革实践。研究发现:当前城市社区治理网格化已经实现了问题的快速发现、行政力量的有效"下沉",以及依托信息技术的流程管理。诸如 B 镇这样走在改革前沿的基层政府试图依托网格化信息管理系统进一步实现社区管理体系对公众的"敏捷"回应,但由于网格化的信息整合资源仍主要局限于政府行政体系,因此许多具有社会性效应和需要专业机构介入的公众需求仍无法得到有效回应。而当基层政府试图把社会力量也纳入网格化"派单"的流程管理系统时,却遭遇了网格化管理系统无力对社会组织资源供给现状进行调配的情况。这也意味着更具开放性的"社会网格化"工作理念缺乏现实的制度支持。因而,未来的社区治理要依托数字技术对政府、市场和社会力量进行有效整合,打造"灵敏服务"的"数字中枢",就需要解决社区内关键资源配置中的部门主义"碎片化"配置的问题。

第一节　B镇的网格化治理实践与改革尝试

B镇地处S市P区西部,面积24.91平方公里,下辖53个居委会和11个行政村,2014年辖区常住人口约27.74万人,属于经济水平较为发达、人口流动速度较快的区域。近年来,B镇一直在努力探索镇域范围内的高效率公共管理模式,并于2007年4月开始建设网格化管理平台,旨在以群众基本生活需求为导向,完善社区服务和保障,实现政府各职能部门、居(村)委、有关服务企业的一网协同,进而实现信息共享和及时沟通,便利居民生活。

B镇网格化管理实践经历了两个阶段的改革探索:第一阶段主要是通过引入现代信息技术和推动行政管理创新,实现了行政管理力量的网格化配置和精细化管理;概括来看,这一阶段的改革取得了较大的成功。第二阶段则从近年开始,镇政府试图把社会组织、专业机构也纳入网格化管理体系,形成基于群众需求的多元治理系统;但这一阶段的改革遭遇了许多深层挑战。本书认为这也表明网格管理技术从行政系统向社会领域扩展需要不同的制度支持保障体系。

一、行政管理网格化的治理实践及其成效

2007年以来,B镇在社会管理网格化领域的改革主要包括以下方面:

1. 网格划分以居委会和村委会为单位。与城市管理按一万平方米为基本单位的网格划分方法不同，B镇社会管理网格单元以居委会和村委会为网格单元。居/村委是最基层的社区管理单位，且是自然的行政管辖单位，本身有一定的自治管理功能，这种网格划分方法便于主动发现和处理问题。

2. 从流程上系统梳理社会管理事件。B镇网格化管理中心采取由职能部门上报事件内容、由中心进行规范和标准化的形式，对复杂的社会事件进行了梳理、归类、编码，对事件内容和管理流程进行了清晰化、规范化、标准化，并导入网格化信息平台，实现管理内容的数字化。到目前为止，共梳理社会管理类事件15大类、164小类。

3. 建立一口受理的多元服务需求汲取机制。网格平台"一口受理"来自5个方面的信息：（1）市民热线"5091****"接听的电话案卷；（2）上级政府派遣的案卷；（3）网上投诉的案卷；（4）城市网格化管理监督员和社区网格巡查志愿者发现问题的案卷；（5）视频监控发现的案卷。

4. 一网协同的部门合作服务机制。B镇社会网格管理平台向下同村委、居委联网，横向与镇政府内部办公室、镇属7大中心相联，向上通过区政府城市网格化管理平台连接P区各委、办、局及功能区派驻在B镇的各职能部门。通过指挥手册，明确各部门职责，由镇网格平台统一派遣案卷。

5. 建立分类处置的事务受理机制。第一类：事件、部件及管理类案卷，按照城市网格化管理模式处理；第二类：咨询及服务类案卷，告知联系方法及受理所需资料；第三类：市民投诉及事务类案卷，镇网格平台采用城市网格化管理的信息化技术手段，将市民电话投诉内容和原始电话录音制成案卷，直接派遣给职能部门，职能部门处理完后由镇网格平台回访投诉人作为结案依据。

6. 分层派单运作机制。镇网格平台对属于 P 区各委、办、局及功能区派驻在 B 镇的各职能部门处置的案卷,可以直接派单,如果派单正确、职能部门不执行,则按照 P 区"四级派遣机制"要求上报区网格化平台,区平台再次派单;再不执行,上报区监察委行政效能监察。

7. 制定监督、考核制度。为保证社会管理网格化的有效运作,B 镇社会网格化管理中心制定了管理制度,明确案卷处理规程、处置责任、管理办法和考核办法。同时,镇政府办公室负责监督,监察室参与评估考核。

8. 建立联席会议制度。为加强政府部门之间的协同,B 镇社会网格化管理中心建立了由镇政府和镇级问题处置部门共同参与的联席会议制度,研究分析社会、城市管理中的热点、难点问题,推动问题的解决。

通过上述做法,B 镇社会管理网格化工作实现了城市管理中需求信息的一口受理、行政力量的高效整合以及处置过程的精细化流程管理。更重要的是,据调研,B 镇早期在行政管理系统中实现高效网格化管理还有一个重要的制度条件,这就是依托了一个行政资源与绩效评估系统。镇政府根据网格化流程管理的评估机制,对网格化管理涉及的职能部门和行政处置单位进行了统一的行政效能评估,并实施相应的激励。调研中,镇政府一位分管副镇长对此谈到:

> 网格化管理的核心是基于信息技术的流程管理。流程管理不是一套"讲起来好听"的东西,它真正要发挥作用,核心是要确保流程管理中的绩效评估能有实质性意义。就是说,根据我的流程管理,你干得好和干得不好在激励上是不一样的。……这个问题可是个大难题,比技术设计要难得多,背后

涉及我们这个行政体制运作的很多难点。比如：在我镇域范围内，有些部门我是可以直接管理的，也可以直接给予你激励，但有些部门比如公安，它更多的是接受上级公安部门的垂直管理，我怎么来实施激励呢？如果你的流程管理做不到对涉及的所有行政部门进行一体化的考核、评估与激励，那么它实际上是没用的，技术再先进也没用……（访谈资料）

这位分管副镇长的话指出了早期行政系统网格化管理有效运行的重要基础，即镇政府通过自身努力实现了对网格管理所有涉及行政部门的一体化评估与激励。在实践中，评估的问题相对好解决，主要是基于行政部门反应速度以及群众的投诉、反应和满意度测评；难点在于实现根据评估结果进行统一的激励设置。调研发现，B镇的改革主要涉及两个层次：第一个层次的改革是通过向上与区职能部门建立联系和沟通，实现了对镇域范围内区直属行政部门的效能评估的向上动态反馈，通过上级职能部门来施加对"条"上直属部门的行政压力；第二个层次的改革是设置了B镇社区管理效能奖，每年定期根据网格化效能评估的结果来评选优秀单位，并予以物质和精神奖励。通过这两种做法，B镇范围内的所有行政部门都被纳入到一套标准统一、可测量、可观察的行政流程管理系统中，镇政府也就可以借助网格管理更有效地提升行政部门的运行效率，实现精细化的社会管理。

研究发现，B镇第一阶段的改革取得了较好的成效，具体表现为：

1. 更好提升了社会管理与公共服务能力。B镇社会管理网格化工作更为便捷地为居民提供了各种服务。仅在这套网格化管理模式运行不到1年后，就发挥了较好的效率。笔者统计了从2007年6月19日到12月30日B镇的网格化案件办理情况：此期B

镇社会网格化管理中心共收到社会管理类案件 508 起,其中立案 480 起,立案率 94.5%;结案 442 起,结案率 92.1%。在这些案件中,规建环保、房产管理两个大类问题最多,其次是社区服务类、社会稳定类、治安管理类。

2. 更好地探索建立了基层社会矛盾缓解的有效机制。B 镇社会管理网格化的重要工作理念是使社会问题在萌芽状态就得到有效处理,因而避免了矛盾的积累和激化,使基层社会的矛盾得到有效控制。此外,社会网格化管理的信息反映便捷渠道为公众表达自身诉求、发泄不满提供了有效的路径,这有利于缓解矛盾。调研中 P 区信访部门反映,B 镇区域大、人口多、情况复杂,是一个问题多发地区,但实行社会管理网格化以来,信访量锐减。这表明网格化有效的前端处置机制确实将许多矛盾控制在萌芽状态。

3. 更好提高了行政部门的工作效率和横向协同能力。社会网格化管理中心在日常运作中将群众生活与工作中的实际困难及时、准确地传达给政府部门。如果碰到这些需求涉及多个部门的情况时,则以网格平台派单为准,接收到案卷的单位作为首接责任主体,必须将案卷的处置负责到底,并协调相关部门进行综合处置,直至在规定时间内将案卷办结。此外,由于 B 镇社会管理网格化充分整合了劳动、民政、计生等条线业务系统,建立了集社区事务、社区服务、社区管理于一体的综合社区网格化管理平台,因此在受理居民公共服务需求时,实现一网登记,加速了行政部门之间的横向信息共享。这些举措都更好地提高了行政部门的工作效率和横向协同能力。

4. 更好调动了群众参与管理的积极性,加强了公众与政府之间的联系。"B 镇市民热线"开通以来,每天都会接到很多市民电话,这些电话除了反映市民生活中遇到的问题和困难,还有不少电话涉及公共利益的问题,如社区环境、社区设施等;也有不少市民通过热线电话,向政府提出管理建议;还有不少市民投诉政府部门管理中的问题。由此可以看出,通过社会管理网格化平台,进一步拉近了公众与政府之间的距离,群众参与管理的积极性也大有提升。

二、社会领域的改革拓展与瓶颈

2012年以来,随着"党委领导、政府负责、社会协同、公众参与"的多元治理理念在基层治理中逐渐扩展,B镇领导班子开始探索将网格化管理向社会领域拓展。一位镇领导在访谈中提到:

> 2012年以前,我们镇的社会管理网格化已经将管理领域拓展到了社会管理领域,并建立了一定的公众参与渠道,比如倾听民意诉求等;但总的来看,现有的网格化管理依托的资源和组织体系却仍然以政府公共部门为主。我们的社会网格化管理中心已经成为镇层面的公共服务供给与整合中心,但这种整合仍主要限于政府条线部门内部……从这个意义上来说,依托更大范畴的组织网络与资源体系,更好地整合公共部门、市场力量、社会力量是我们社会管理网格化进一步发展的重要战略突破点。(访谈资料)

在这种理念的支持下,B镇开始探索网格化管理向社会领域和专业服务领域拓展,改革的目标是实现B镇范围内居民的任何诉求都可以得到一口式的接入和受理。受前一阶段改革成效的激励,B镇领导开始将行政体系内网格化管理的经验直接推广到社会领域,而这种做法导致了后来的改革遇到许多深层次瓶颈。

B镇第二阶段的改革试图做到公众需求的一口受理,然后再根据需求性质和涉及部门的情况进行分流。这样就需要形成一个系统梳理需求的数字前台和有效分流、并实施流程管理的公共管理后台。实际上,在第一阶段的改革中,数字前台已基本就位,主要的难点在于公共管理后台的建设,尤其是如何将社会需求反映给社会力量。调研中,B 镇办公室的一位领导谈到:

> 比如说,我的网格管理中心接到了居民的需求电话,如果他的需求是政务类的,这个很好办,我们也比较有经验了。网格管理中心会生成网格派单指令,下发给相应行政部门去处置。处置的好与坏、时间与效率我们的网格指挥中心都能观察到……如果居民的问题涉及社会组织怎么办?比如他需要参加文化活动,那么我们的网格中心找谁派单呢?……不像行政部门,社会组织的领域往往都比较模糊和不清晰,当时改革设计的时候,网格管理中心的很多同志都提了这个问题。(访谈资料)

为了解决网格管理中心向社会领域派单的难题,B 镇最后决定充分发挥辖区内"社会组织服务社"的作用。"社会组织服务社"是 B 镇为了适应社会管理创新、激发社会活力而设置的"枢纽型"社会组织。镇政府的想法是通过这个"枢纽型"社会组织来实现对镇域范围内活动的各类社会组织、群众团队进行有效的协调、支持、服务与引导。在这种改革思路下,网格管理中心向社会领域派单也就找到了接单的中枢。按照最初的改革设计,B 镇社会管理网格化系统将在上一阶段的基础上实现进一步拓展,形成多元参与社会治理的新型运作模式(如图 8-1 所示):

在上述技术治理方案中,网格管理中心有了两个新"接口"作为多元治理体系的支持载体:

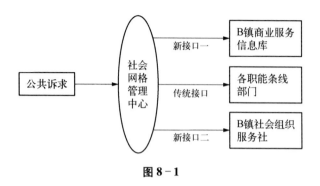

图 8-1

新接口一：B 镇商业服务信息库。B 镇试图结合城市地理 GIS 系统建立区域便民商业服务信息库，为有需求的居民提供便利的商业服务信息，从而进一步增进社会网格管理中心的服务功能。在 B 镇管理层看来，将商业信息库整合到网格管理平台上去，将最终实现以政府公共服务拉动社区商业服务的现代服务体系。不过，由于这一新接口需要一定的投入，且目前没有成熟的经验可借鉴，因此 B 镇计划在网格管理中心中先预留接口，待条件成熟时再具体实施。

新接口二：B 镇社会组织服务社。B 镇已于 2008 年 5 月成立"S 市 P 区 B 镇社会组织服务社"，以"民办非企业单位"的性质登记、以社团形式管理，承接政府部分转移职能；依托、引导现有的社会组织；培育、扶持新的社会组织；引导群众社团健康活动，发挥社团民间组织作用。可以说，B 镇社会组织服务社是未来 B 镇社会发展中的"枢纽型"社会组织，它可以汇聚一批以公益服务为目标的社会组织，因此可以成为数字前台的又一新接口——当网格平台将公共服务诉求转达给社会组织服务社后，服务社再综合考虑不同社会组织的发育水平、成熟度以及项目承接状况，决定把"单"进一步派到哪个社会组织，并为其完成派单任务提供相应的支持。

上述技术治理方案得到了镇领导的支持,并开始在2012年进行初步的探索,但很快就遇到未曾考虑到的新情况。突出表现为社会组织服务社难以对社会组织的接单和执行情况进行流程管理和实施激励,对此,社会组织服务社的负责人谈到:

> 当初的想法都很好,但实际上很难执行。这里有几个难题:首先,我自己也是社会组织,当然镇里的定位是"枢纽型社会组织",但我自己的组织能力很有限,很难去管理、协调其他的社会组织。其次,也是最头痛的问题,目前镇里的许多社会组织拿的经费都是政府购买服务的经费,它的经费是民政、文教等部门已经用项目化的方式支付出去了的,不管我对它评估得好还是不好,实际上它的经费都是那么多,那么你让我怎么去做激励和流程管理?(访谈资料)

这位负责人的话表明,当初在行政体系内实施有效流程管理的制度条件在社会领域却并不具备。网格管理中心通过社会组织服务社向社会组织派单的过程中,即使能对后者进行评估,但却无力对社会组织的经费支持等硬性因素进行干预,于是流程管理也就难以实施了。此外,一些社会组织也认为这种做法既没法呈现出社会组织的效能,又无法激励社会组织更好地承担公共管理事务。基于前述种种问题,B镇网格管理中心向社会领域拓展的改革尝试仅仅在实践了半年后便告一段落。

这段不成功的实践也表明,当前社区社会组织的资源供给存在着另一套制度逻辑,由于网格化管理的技术逻辑无法影响这套隐蔽的制度,因此技术方案实际上难以得到支持。那么,社会领域这套资源配置机制是如何运作的呢?

第二节　社会领域资源配置机制的模式与网格化实践的张力

B 镇第二阶段改革遇到的难题折射出当前治理格局下社会领域资源配置的逻辑难以和网格化技术方案衔接。为了深刻揭示这种张力的来源,我们以 B 镇为例,对社会领域资源配置模式进行了进一步研究。研究发现,当前基层社区中的社会组织主要以承接服务项目的方式从基层政府各职能部门处获得资源,而整个政府购买社会组织服务的过程又具有部门主义碎片化决策的特征,由此导致了这套资源配置模式无法和整体主义的治理体系有效匹配。

关于政府购买社会组织服务,首先要从购买资金的性质以及附着于其上的治理规则说起。据调查,目前,基层政府购买服务的资金有 3 种来源,分别是部门业务经费、专项资金以及社区基金(会)。其中部门业务经费占绝大比重,专项资金占据一定比重,主要分布在民政、残疾人保障等领域,作为新生事物的社区基金(会)仅占较小的比重。

在使用方法上,部门业务经费根据预算管理和政府采购法由行政业务部门决定使用。财政部、民政部、工商总局印发的《政府购买服务管理办法(暂行)》第 23 条明确指出:"对预算已安排资金且明确通过购买方式提供的服务项目,按相关规定执行;对预算已安排资金但尚未明确通过购买方式提供的服务项目,可以根据实际情况转为通过政府购买服务方式实施。"这些制度表明,购买社会组织服务的政府部门只要根据预算管理和相应购买服务条例规定,就可以确定具体的服务项目。而购买主体用部门预算来购买服务基本上是在体制内作出决策的,换言之,部门预算的独立性和相对封闭性意味着业务部门可以在缺乏社会参与和公共讨论的

条件下设计服务项目。一位长期操作政府购买服务的基层干部在访谈中提到:

> 财政部和市政府下发的文件都规定了购买服务的内容,但文件规定的太宽泛,基本无所不包……这对部门的约束很小,所以实际上往往是具体的行政部门想把哪块服务外包出去就可以……所有环节由行政负责人决定,谈不上什么社会参与,所以有时候会出现项目缺乏实际需求的"落地难"问题。(访谈记录)

根据我们在 B 镇的观察,镇属职能部门用部门预算来购买服务的资金使用模式预先就决定了购买决策具有很强的体制内运作特征。部门预算的申报、使用以及细则制定都由行政业务部门自身定义,审批也在行政体系内部完成。这意味着这部分购买服务资金总体上有体制内运行、技术化决策的特征,学界通常所提倡的"社会参与"在这个环节几乎没有制度化的接口渠道,而附着于部门预算之上的管理规定和财政要求则成为承接财政资金社会组织运行中最重要的前置约束。

专项资金大多由"条"上职能局掌握,其使用方法与部门预算经费相近,但往往有更加明确的使用范畴。以 S 市民政局运用福利彩票资金开展公益招投活动为例,该资金按福利彩票金专项管理条例要求仅能用于安老、扶幼、济贫和助残领域。由于大多数"条"上部门并不清楚基层社会实际的需求,因此往往会要求隶属区县、街镇的下级职能部门上报购买服务项目,经审核后予以资金支持。在此过程中,为保证专项资金使用效率,上级职能部门会要求下级部门在上报项目的同时提供社会需求调研、公众论证等资料。这意味着这种资金的决策方式虽然也具有很强的体制内化特

征,但已具备一定的公众参与基础——尽管实际执行时这种公众参与往往是"走形式"。B镇民政科的一位干部谈到:

> 基层部门做需求调查和论证,实际上形式高于实质,往往是走个过程,就把自己早就想做的事报上来。(访谈记录)

社区基金(会)的兴起是最近两年的事,其实质是在街、镇层面设立一笔相对独立的资金,用于支持社区内的各项公益慈善项目和购买社会组织服务。这笔资金既可以完全独立于地方政府财政,并以独立法人实体的方式运行(即社区基金会);也可以涵括于基层政府财政资金,但具有一定的独立性(即社区基金)。社区基金(会)的构成相对复杂,除了基层政府投入的财政资金外,有时还包括企业捐赠、社会募资等。具有法人身份的社区基金会购买社会组织服务时要经过代表多元利益的理事会讨论,并向出资人负责,向公众公开资金使用信息,因此具有较强的公共决策性质;而动用社区基金购买社会组织服务时也需要经过社区委员会等代表社区多方意见的共治平台讨论,其决策过程具备一定的公众参与性质。从B镇的情况来看,运用这种资金购买服务的形式尚未出现。

概括来看,基层政府购买社会组织服务的3种主要资金来源以及附着于其上的治理机制,决定了占资金总额最大比重的部门预算购买方式基本上在体制内技术化操作;专项资金留有一定的社会参与余地,但实践中难以保障;社区基金(会)更具公共决策属性,但比重有限。这种服务购买的决策模式导致承接项目的社会组织主要围绕行政部门的指挥棒运作,公众需求、利益表达与社会组织之间的有机纽带无法形成,这也间接地导致了部门主义碎片化购买社会组织服务的社会领域资源供给模式。

在这种格局下,我们也就不难理解为何网格中心的流程管理,很难实质性地作用于社会组织之上。因为后者主要是围绕着具体的行政业务部门的需求开展活动,其资源供给主要受到这些行政部门的影响——可以说,条块分割的体制在社会领域资源供给上以另一种隐蔽的形态呈现出来。在此情境下,网格化管理所强调的一体化考核评估与激励就很难在社会组织的"接单"活动中清晰体现出来。

第三节 小结与启示

B 镇网格化管理的案例表明,以技术治理的方法实现社会管理的多元参与,不仅涉及流程管理的科学设计问题,从深层次看,还涉及网格化管理理念与现有社区治理体系中的资源配置模式之间能否形成有效衔接。

B 镇网格化管理第一阶段的成功实践表明,由于镇政府成功地把行政体系内不同管理单元都纳入到了一个统一的绩效评估体系中去,并有效实施了评估与激励,因此基于流程管理的行政部门协同管理水平得到了很大的提升。这一阶段的改革表明,只有当基层政府的流程管理能与上级职能部门有效链接时,一体化的行政体系内部压力机制才有可能成型。此外,基层政府的财政自由裁量权也是一个比较重要的支持条件,由于 B 镇政府在条线部门的预算外提供了额外的公共服务激励机制,这使得网格管理中心的考核、评估具有更为实质性的含义。如果离开了这些重要制度条件的支持,B 镇第一阶段改革实践的运行可能就会遇到不少困难。

在第二阶段的改革中,B 镇试图运用网格化工作机制覆盖社会领域,使社会组织成为网格派单的又一新"接口"——据观察,这项改革所遭遇的瓶颈在于,基层社区中实际还存在着另一套隐蔽的社会领域资源供给机制。这一机制建立在部门主义的购买服务机制之上,由于网格化管理中心的流程管理无法干预这种碎片化的部门购买机制,因此网格管理实际上也就无法对社会组织参与公共管理的水平进行实质性的激励。这也表明,任何试图向社会领域拓展的技术治理模式必须深刻理解当前基层社区中社会领域运行的深层机制安排,并形成有效的对接举措。

在更注重激发社会活力的今天,B镇案例给了我们重要的启示。它促使研究者在分析社区技术治理的实现模式时,更关注基层社区国家与社会关系的实践形态,以及相应的支持机制。如果忽略了这些问题,而单纯运用"科学规划"的技术方案来实现政府治理与社会自我协调的有效衔接,都会遇到许多预期外的挑战与瓶颈。

第九章
转型中的网络问政问效：
以 N 市 Z 区为案例

互联网的快速发展给信息传播带来了革命性变化，网络越来越成为人民群众反映民声民情、表达利益诉求的重要载体和途径。各类新型媒体不断涌现与流行，其作用和功能也越来越受到各级政府及相关部门的重视。针对互联网发展日益融入经济社会生活的新态势，党的十八届三中全会提出了"坚持积极利用、科学发展、依法管理、确保安全"的网络管理方针与发展原则；习近平总书记在关于起草《中共中央关于全面深化改革若干重大问题的决定》的说明中，罕见地用了400字左右的篇幅，论述加快完善互联网管理领导体制的问题，把新时期合理运用网络手段、推进国家治理能力现代化提升到战略高度。

在此背景下，许多地区都开始探索以网络问政问效的技术治理方式来构建城市社区治理中的和谐政社关系，各类网络平台如雨后春笋般陆续出现。但与现实中丰富的探索和实践相比，迄今为止理论界关于网络政社关系的研究大多还停留于理念和应然层次，缺乏深入的微观研究以揭示其中的基本原理以及存在的挑战与问题。

本章的案例研究全程展现了一个区级政府搭建网络平台回应

公众意见、推动政府效能提升的改革历程,深描了基层政府引入新技术在网络公共空间开展治理的收获与挑战。该区为了应对社会治理的新形势新需要,在区纪委的指导下,以网络新闻中心为载体,先后建立起"民声快递""网络发言人制度""微博问效""网络效能监督""问政问效直通车"等多种制度,初步形成了一个以网络为载体来实现政府与社会良性互动和协商议事的问政问效平台。研究发现:互联网问政问效平台的发展面临的主要不是技术上的问题,其核心瓶颈在于尚未较好地形成与当前社会治理模式相匹配的发展战略。研究认为,在不同治理模式下,网络问效问政平台的发展有不同的定位与重心。过去10年来,中国政府的社会治理模式更强调以行政一体化的系统整合来有效覆盖社会需求,这种治理模式强调行政体系内部的有效整合,以及自上而下的"纠错"机制。国内第一代网络问政问效平台的出现,本质上都反映了这种治理模式的核心特征。由于"条""块"之间、"条""条"之间的有效协同本质上受到诸多深层次体制性因素的制约,第一代网络问政问效平台更强调在技术层次、社会监督层次和问效层次发挥互联网平台的作用。但十八届三中、四中全会以来,中央政府开始更强调系统治理、源头治理等社会治理新理念,并提出了国家治理体系与治理能力现代化的战略。在此背景下,单纯强调网络"问效"的技术治理逻辑的局限性日益显现,如何激发社会活力,形成高效的网络"问政"开始成为新问题,这就势必涉及互联网背景下以网络平台构建社区公共性的深层挑战,需要形成网络平台与基层民主建设、社区民主协商之间的有效对接机制。

本章案例研究历时两年,作者综合运用了质性研究和参与研究方法,对N市Z区网络问政问效平台运行中的深层次问题展开调研:(1)笔者先后于2013年12月、2014年7月及10月多次以深入访谈与跟踪研究的方式,考察了网络问政问效平台的运行机制,并实际参与网络问政问效的运行流程,亲身感受其中的问题与挑战;(2)研究者赴上海、北京等地实地调研同类问政问效平台建设,以通过比较研究获得启发;(3)开展社区调研和基层政府效能调研,对Z区网络问政问效的改革和拓展方向进行分析。

第一节 网络问政问效的缘起与基本经验

N市Z区网络问效工作起步于2008年。多年来,网络问效工作经历了一个不断转型与发展的过程,从民声快递(2008年)到网络发言人(2009年),再到网络问政(2010—2011年),网络问效(2012年)、问政问效直通车(2014年)经历了一个不断改革实践的过程。我们之所以选择该案例是因为Z区搭建网络问政问效平台的改革实践具有较强的系统性,且在许多方面都走在全国前列。比如:2010年,Z区建立了国内首家网络问政平台,并从软件开发、制度建设、硬件投入、队伍建设等多方面着手,构建了一套比较完整的网络问政体系,形成了"365天不下班的网上政府";2012年Z区又实施了网络问政向网络问效转移,改版后的网络问效平台成为国内首个以"问效"名义开办的官方平台,同时启动了微博问效工作,建立了由"1个主微博、10家微成员"组成的微博问效群体,人气指数和更新量、受理量居N市同类微博之首,成为"随时随地在身边的政府",大量民生问题、公共服务问题和效能作风问题通过这一平台得到很好解决。网络问效平台实际已经部分履行了区长信箱、市民热线、信访投诉及咨询求助的职能,不但底层群众遇到疑难事、困难事习惯找网络问效平台,就连机关干部甚至担任一定职务的领导干部,工作中遇到难以协调的问题,也会走网络问效渠道。网络问效平台成为区内最大的民生服务窗口和社情民意集聚地。

网络问效平台还是Z区开展"问计于民、问智于民"的重要通道。2010年至今,平台制度化地举办领导干部与网民网上对话直播活动,区领导和政府各部门采纳网民合理化建议日趋增多,许多民间"金点子"转化为行政决策。网络问政问效工作的深入推进,反过来推动了Z区施政理念的深刻转变,听取网民意见、接受网民监督成为许多政府职能部门的行政自觉,广大网民成为党委政府科学决策一支不可或缺的重要力量。实践表明,建设网络问政问效体系在保障人民的知情权、参与权、表达权和监督权方面,在促进各项工作决策的科学化和民主化方面,在推进服务型政府建设、提升机关工作效能方面,在化解矛盾、凝聚民心、汇聚民力、疏导民怨、推进和谐社会建设方面,以及在引领正确的社会舆论方面,都具有积极而现实的意义。

一、Z区网络问政问效的运行机制

问政问效平台由Z区纪委、区委宣传部、区政府办公室3个部门联合主办,区新闻中心Z区新闻网承办,设于Z区新闻网的问政问效办公室承担平台运行管理和督促落实工作。作为Z区问政问效工作的"一门式"入口,问政问效平台涵纳了区长信箱、"Z区发布"官方微博、Z区问政问效官方微博以及相应的手机客户端、问政问效热线电话、网络发言人工作平台、"Z区发布"微信、问政问效直通车等多种问政问效渠道。2014年6月,Z区网络问政问效平台实现发言人队伍街镇全覆盖,平台注册的网络发言人共计180家,其中一级网络发言人63家,二级网络发言人117家。总体上,该区网络问政问效的做法可以归纳为以下3个方面:

1. 线上收集问政问效信息

网络问政问效主平台主要下设9个版块,包括微博问效、民声快递、雄镇论坛、效能监督、网上发言、在线交流、民声追踪、网友播报、版主议事。其中,"微博问效"版块旨在处理民众通过"Z区网络问效""Z区发布"官方主微博反映的问题,该微博由Z区网络社会管理创新工作办公室主办,Z区新闻网承办;"民声快递"版块集中反映网友投诉、求助、咨询类问题;"雄镇论坛"版块集中反映网友问政、议政性内容;"效能监督"版块集中反映督办件的进展情况;"网友播报"版块供网友主动发布所见所闻;"网上发言"版块供各职能部门主动发布信息;"在线交流"版块是各职能机关负责人与网友对话的阵地。

与此同时,民众通过问政问效热线电话、手机客户端、微信、区长信箱、问政问效直通车反映的问题也一并纳入问政问效工作的网络中,在问政问效主平台设置"一门式"入口。由此,该问政问效平台建立起多层次、多渠道的问题收集网络,逐步形成了敏捷反映民生诉求和公众意见的信息采集系统。

2. 线下监督与即时处置

民众通过问政问效平台反映的问题,经由网络平台工作人员分流至各相关职能部门,并对其办理过程进行全程监督和跟踪。通过建立信息化监管制度,将网络问效工作纳入机关效能和作风建设的考核体系,建立"亮红灯"系统、网民评价系统、网络发言人短信自动催办系统等辅助系统加以监督。网络效能监督由区纪委、区委宣传部、区效能办、Z区新闻网络中心等部门定期和不定期进行专项督查、明察暗访。区政府办公室会同区机关效能建设办公室及Z区新闻网络中心,负责对各部门网上回帖、答复的考核,定期对各部门的办理情况进行统计评议。区机关效能建设办公室将在线答复工作纳入部门年度效能建设目标管理考核内容之一,以网上答复率、满意率等情况作为考核的重要依据。由此形成了依托网络信息技术的跨部门协同治理机制,有效提升了政府公共部门对公众需求、意见的反应速度。

与此同时,"舆情分析联席会议""网络发言人联席会议""督办件""内部通报"等线下监督和处理问题的辅助系统发挥着重要的作用。区合署办公机构每星期一定期召开联席会议,分析网上反映的民生和效能热点问题,提出分类落实方案,进行跟踪报道。区效能办每月一次牵头召开协调督促会议,对平台上久拖未决或办复质量未获网民满意的网帖,经梳理后放入民生实事督办件,提交区委办、区政府办、区纪委、区委组织部4部门进行联合督办,督办工作全程网上公开,接受网民评议打分。区效能办每季度书面通报网络发言人工作进展情况,剖析办事不力的案例。根据平台上报的每月统计评议报告,区纪委进行内部通报,督促相关职能部门提高行政效能。

2014年,以党的群众路线教育实践活动为契机,"在线交流"版块对原先的问政问效对话栏目进行改版,推出"Z区问政问效直通车"节目。"直通车"将政民互动现场下移到基层,围绕民众反映的热点、难点问题,由相关区职能部门、街道负责人与居民代表进行面对面的交流协商。"直通车"模式成为解决问题、反馈答复的主要着力点。

3. 多层次网络问政问效

各网络发言人在线回应民众反映的问题,及时做好网上沟通工作,并主动在"网上发言"版块公布相关信息。问效主平台仍然是反馈答复的基础平台;对于一些热点问题和难点问题,"直通车"则是主要的处理和反馈平台。自2014年2月以来,"问政问效直通车"每月一期,截至2015年4月底,已累计开展活动13期。"直通车"在区内各大媒体设置了话题征集、活动报名等专题专栏,同时通过网络问政问效主平台、Z区电视台"民声爆料"热线接听、街镇联席会议等方式收集民生类问题,并采用录播VCR的方式对关注度较高的话题或问题进行现场报道。在"直通车"节目现场，区级相关职能部门、街镇相关负责人、区人大代表、区政协委员、居民或村民代表、网民代表、特邀观察员等互相围绕问题进行对话。对于节目中反映的难点问题，新闻中心进行追踪报道，区纪委重点督办并设置责任追究机制。

由上看出，Z区问政问效网络将解决民众诉求、引导和处理舆情、提供民生服务三者合一，形成了一个多层次、开放的问政问效网络格局。以问政问效主平台为基础，不断拓展问效阵地和方式，整合和拓展信息入口，同时发挥网络问效和线下问效的双重优势，加强政府内部监督的同时纳入社会监督、舆论监督，提高问责力度，以此提高问政问效的效能、公信力和影响力。

二、网络问政问效平台的作用与效能

根据调研分析，Z区网络问政问效平台依托新技术承担了以下角色：

1. 多种媒体手段覆盖的"民声"采集平台

Z区网络问政问效平台是综合应用电视、电话、网络等传统媒介工具和微博、微信、APP手机客户端等新型媒介平台，问效问政于民的多种媒体手段一体化的"民声"信息采集平台，人们可随时通过上述多种媒体渠道，将日常生活需求、政策咨询和政府效能监督等相关信息反映给网络平台。

2008年至今，Z区形成了以问政问效平台为中心的"一口式"信息开放平台。网站不同版块间分工明确，形成了功能互补、紧密衔接的网络沟通机制，例如："微博问效"和"民声快递"版块是老百姓反映问题的渠道；"网上发言"版块为各职能部门的网络发言人提供主动公布政策及信息的平台；"在线交流"版块则主要实现领导干部与网民面对面交流并答疑解惑。于是在问政问效平台内,各职能部门、领导干部与老百姓实现了双向实时互动,民生问题不再"问之无门",政策信息不再"限于衙内"。此外,"网友播报"版块网罗了Z区内各种自发组织的市民活动信息和爱心事迹播报,形成了一个微型的公共讨论空间,市民们在其中自发组织和开展公益活动,丰富了民众的精神文化生活。

在不断拓展问效功能的同时,Z区网络问政问效平台还逐步整合信息入口和采用新的媒介工具("智慧问效")。例如,先后纳入区长信箱、"Z区发布"官方微博、Z区问政问效官方微博、问政问效热线电话,采用手机客户端及微信平台,对老百姓关注的热点问题在多个媒体之间实现同步更新,由此形成了多个媒体融合的"民声信息"采集系统。

自问政效平台开办以来,Z区公共民生服务方面的信访量逐年下降,而问政平台的网帖每年同比增长100%以上。2010年至今,问政问效平台举办领导干部与网民网上对话直播活动和面对面座谈会80多场,区领导和政府各部门采纳网民合理化建议2 000多条,有效推进了以公众需求为导向的公共服务型政府改革进程。

2. 一门式信息整合与民生需求的对接平台

网络问政问效平台主要负责信息整合、分流以及督促各职能部门及时受理并做出有效答复或办复,这使得问政问效工作在办理效率上实现跨越式发展。

首先,依托Z区新闻网,问政问效平台开设了《民声追踪》专栏频道,2010年以来通过实地调研采写民生热点报道1 300余篇,解决了许多民生热点和难点问题。例如,某镇农户种植白枇杷大丰收,却遭遇销售难,问政问效工作室记者实地采访,通过"Z区发布"微博发出《帮帮白枇杷农户》的爱心接力帖,引发市内媒体联动报道,白枇杷销售迅速好转。

其次,Z区网络问政问效平台建立了网络发言人制度,首批有

37个政府部门网络发言人进驻Z区新闻网论坛,在线听取网民意见,受理网民的咨询、投诉与求助。目前,网络发言人单位已发展到159家,其中二级网络发言人96家,与民生需求紧密相关的各职能部门及其下属单位均设立了网络发言人。对Z区新闻网"雄镇论坛"和"民声快递"版块中群众所反映的各种民生问题、意见和建议,按照"网上来、网上去"的原则,进行在线答复处理。

第三,2014年,Z区网络问政问效平台通过改版对话节目,推出"问政问效直通车"节目,把"演播厅"搬到村(社区),把对话现场下移到基层,面对面收集群众最关心的问题,通过效能监督、社会监督和新闻中心4家媒体的全媒体监督,邀请相关职能部门负责人直接面对群众,现场回应相关问题。

通过上述媒介渠道,民众生活的多样性需求信息在问政问效平台集中、汇总和分流。这种一门式的信息整合使老百姓无须再各个部门跑、各个单位找,只需发个帖子,由问政问效平台进行分流,就可以找到相应的政府职能机构。每年下半年,问政问效平台会梳理出被民众广泛提及和关注的老大难的民生问题,由区委办、政府办、纪委和组织部联合督办,相关职能部门相互协调解决。

3. 全流程监管的综合性督责和部门协同平台

Z区网络问政问效平台建立了"问题反映——平台分流(网上流转、系统短信通知)——职能机关受理——平台监督或督促(通过电话)——职能机关回复——网友评估打分——平台后期监督"的开放式(社会)监督管理流程以及"每周舆情分析会——每月统计评议通报——季度统计评议通报——年度效能考核"的网络效能监督管理流程。这相当于依托网络平台,形成了自下而上对职能部门施压的新型监督机制,从而超越体制内自上而下整合的单一改革路径,形成了一种新型的公共服务改善机制。

以"网络问政问效直通车"为例,从直通车进村、进居委进行主题的征集和选取,到责任主体部门与民众面对面地互动释疑解难和处置承诺,再到事后的落实跟踪,"直通车"对群众所反映的基层治理疑难和疏忽问题及治理盲区进行跟踪管理。"问政问效直通车"开通后,公众所反映的问题被权责明晰地分流到各职能部门,通过网络平台实现"3小时内初步回应、3个工作日内答复、5个工作日内办复"的全流程监管。

此外,Z区网络问政问效平台还组建了由网管、网宣、网警、效能办等相关单位组成的合署办公机构,配强了网络问效办公室力量,保证"网上政府"全天候不间断运行。区合署办公机构每星期一定期召开联席会议,分析网上反映的民生和效能热点问题,提出分类落实方案。区效能办每月一次牵头召开协调督促会议,以效能杠杆推进疑难问题的落实。

4. 引入媒体和社会参与的多方效能监督平台

Z区网络问政问效平台运作的基本机制是:效能杠杆通过第三方开放性平台推动政府部门工作。区纪委把网帖视同投诉,网媒和网民成了效能监督的直接参与者和推动者,促进了有效的第三方监督。

效能监督与舆论和社会监督紧密结合,产生了较强的压力机制。例如,2013年,区效能办会同问政问效办公室,对平台上久拖未决或办复质量未获网民满意的网帖进行梳理归类,遴选出13件民生实事督办件,提交区委办、区政府办、区纪委、区委组织部4部门进行联合督办。督办工作全程网上公开,接受网民评议打分,网上老大难民生问题有了圆满结局。区效能办还每季度书面通报网络发言人工作进展情况,剖析办事不力的案例,2010年至今已有14家网络发言人单位或个人被考核扣分和效能问责;而对于在直通车活动中承诺却未兑现的职能部门,直通车采取曝光的问责方式,在区内外引起强烈反响。

5. 过程和结果双管齐下的综合性绩效考核平台

Z区专门出台《网络效能监督实施办法(试行)》(以下简称《办法》),从办件效率、办件质量、处理结果、网民满意度等多个维度,对网络问政问效工作的过程和结果进行全方位的绩效考核。在办事效率上,《办法》规定:网络发言人在工作日必须浏览2次以上"民声快递"和"雄镇论坛",及时关注论坛内容,听取网民意见、建议,认真受理网民投诉;实行受理投诉"亮红灯"制度,在工作日内,网络新闻发言人应在3小时内对涉及本部门、本单位职能的帖子给予回应,并在3个工作日内将处理意见进行反馈;如遇特殊情况,应在5个工作日内进行反馈,逾期将"亮红灯"。在办事质量上,《办法》要求网络新闻发言人增强工作责任心,对职责范围内应办理的事项进行耐心细致的解答,要态度和气、用语规范文明;按承诺时限及时将办件工作进展在网上进行反馈,对涉及正在处理的问题,在首次答复后要及时做好补充回复,做到在线答复有头有尾、善始善终。在办事结果上,《办法》要求各单位对拟办理的网民留言做到事事有着落、件件有结果;对网民反映的问题一时确实难以解决的,要给出合理解释,求得网民谅解;对已经承诺为网民办理的事项,应在一个季度内有实际行动或成效。在绩效考评上,《办法》要求各单位要把网民满意度作为机关效能建设的重要标准,广泛听取网民意见,客观公正地处理网民投诉,并适时委托Z区新闻网开展在线网民满意率测评,评选"十佳网络发言人";同时还把网络发言人工作质量纳入机关效能和作风建设的重要内容,与机关年度目标考核和干部奖金相挂钩,如果网络发言人工作搞不好,"不仅领导丢面子,干部还要丢票子"。

这些改革探索在一定程度上不仅推动了Z区公共部门的服务与管理绩效,而且在完善服务流程的同时强化了各单位"向下负责"的观念和规范操作的行政履责意识。

第二节 网络问政问效平台运行遭遇的深层挑战

Z区网络问政问效模式已经形成自身鲜明的运行特征。经过多年的摸索,这套网络治理模式在运用新技术收集民意以及推动职能部门更好地以公众需求为导向提升服务质量方面都发挥了重要作用。同时,这种网络问政问效模式在很大程度上体现了渐进式的体制内优化的改革创新思路。但从深层次来看,其在运行中已日渐遇到一些深层挑战。

一、现有运行模式过于依赖体制内的强力保障,社会化运作能力仍有待提升

由于问政问效的主要问题都是一些需要跨部门协同和整合方能治理的难题,因此,需要有一个强有力的牵头单位。Z区网络"问政问效直通车"能有效协同和督促各部门履职的重要依托,在于区纪委的全力参与和宣传部的支持。例如,"问政问效直通车"的开展,首先得到了区委书记和区长的批示,"直通车"下基层所征集上来的问题的最终处理和解决,纪委监察部门的强力介入不可或缺。

因此,Z区网络问政问效平台,还只能说是在传统治理的既有组织结构下,创造性地应用互联网和新媒体等新技术的工作手段的创新,它并没有改变基层政府作为单一治理中心自上而下地行政授权和发号施令的治理逻辑;尽管在具体运作的过程中会主动向社会公众征求意见甚至邀请社会力量参与,但其离十八届三中全会提出的"系统治理""激发社会组织活力"等治理转型要求,仍存在较大的改进和提升空间。Z区网络问政问效平

台运作6年多来,在加强平台建设之外,适应创新社会治理要求的社会性力量、社会自身的活力、社会的参与尚处于起步阶段,这一方面的发展相对滞后于技术的运用和机构的建设等。近年来各版块发帖量的升降变化、公众满意度的变化在一定程度上体现了这一特点。

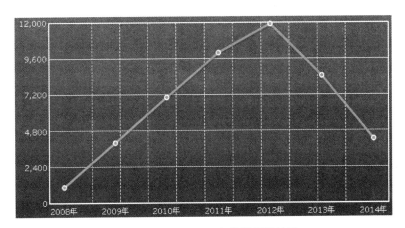

图9-1　2008—2014年发帖量统计图

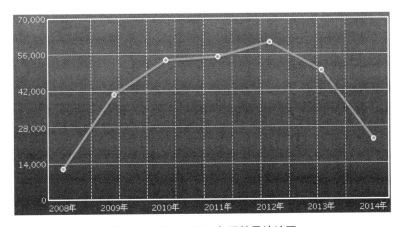

图9-2　2008—2014年跟帖量统计图

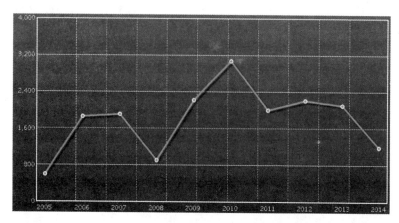

图 9-3 2005—2014 年网络会员统计图

如以上 3 图所示,Z 区网络问政问效平台的社会参与度在最近几年开始进入下降轨道。这主要是平台改革中过于强调行政力量的支持、社会活力不足所致。

二、在工作重心上偏重"问效"而忽视"问政",平台的可持续发展受到一定限制

从过去经验和当下情况来看,Z 区网络问政问效平台的"问效"工作远远胜过"问政"工作。从各版块发帖量统计来看,问政问效平台所发挥的功能重点逐渐由最初的"网络问政"向后来的"网络问效"转变。以集中处理网友投诉、求助、咨询的"民声快递"和"微博问效"版块持续活跃,而集中反映网友问政、议政性内容的"雄镇论坛"版块的活跃程度则越来越低。突出的表现是 2008—2013 年间,"民声快递"版块的发帖量以每年至少递增 1 000 帖的数量上升(从 147 帖上升到 3 660 帖),而"雄镇论坛"版块的发帖量则是先上升后下降——2008 年为 359 帖,2010 年上升到最高值 1 810 帖,2011 年以后开始逐年下降,2013 年降至 647 帖。

实质上，网络时代的"问政"与"问效"的本质及其各自对治理转型所能发挥的作用和局限有一定的差异。"问效"主要是指通过引入外部压力，督促政府职能部门认真履职，着重于流程重塑，是一个治理机制创新的问题。其优点是短期效果十分显著，实践一开始便具有显著的社会影响力；其缺点是在现行体制下制掣太多，难以真正意义上长效化。而"问政"则指的是在公共管理和服务中引入社会力量，属于治理模式和体制创新。其缺点是必须经过长期的经营和系统投入，需要假以时日才能形成稳定、长效的公共空间，因此践行的难度较大；而其优点是社会自治的活力一旦激发和形成，将具有长期的治理效应和典型的体制创新特点。从这个角度来看，可持续发展的网络治理平台应将两者有机结合起来，在初期不断通过网络问效提升平台的公众影响力，随着平台的成熟，改革的重心则应调整至问政功能的强化，逐步依托网络形成区域内的公共议事平台。

以这种改革视角来看，Z区网络问政问效平台的运行还需要进一步探索网络时代"问政"的新形式和新载体。单独依靠"问效"的运行模式，未来平台的影响力和公众关注度将难以持续。在目前的行政治理体系中，区级政府能直接解决的问题相对有限，许多公共服务和治理领域的"急、难、愁"问题一般涉及更高层次的政策调整和改革布局，例如某镇居民反映的外来务工人员子女上学问题等。由此，单纯以"问效"为突破口的运行模式常常会遇到难以突破的瓶颈，公众对平台的满意度和认同度也就难免下降。事实上，"直通车"项目的运行就隐含着这种趋势：在"直通车"下基层听取居委村委意见、征集节目议题的时候，居委村委、街镇在上报选题时，都能较清楚地知道什么问题提出来可以通过"直通车"的渠道得到解决、哪些问题即便上报"直通车"也难以处理——因为这些问题往往涉及现有的体制问题。由此导致"直通车"制作组必须非常谨慎地识别出可行的公共议题。这一格局如果长期难以突破,公众满意度就很难保持在较高水平,网络平台的公信力也会因此受到影响。在这一情境下,Z区网络问政问效平台有待发展出新的"问政"机制,吸纳公众围绕社区公共问题而开展讨论。

三、传统运行机制的效能逐步衰减,基于互联网思维和社会创新思路的新型运作机制缺失

围绕"问效"的工作重点,Z区网络平台形成了一套与体制内监督—反馈运行方式较为相似的运行机制(如网络发言人、网络直通车等)。但随着时间的推移,这套运行机制例行化、缺乏弹性的问题逐步显现,由此导致网络问政问效平台中的一些版块和栏目的活跃度和公众关注度有一定的下降。从网络发言人制度的具体运行来看,各部门及其负责人在回复和处理舆情分析时,对所挑选出来的追踪事件的回应逐渐变得例行化。经过较长时间的工作,许多网络发言人掌握了一套婉转的言辞技巧来应对各种问题,部分发言答非所问却又中规中矩、没有漏洞,部分发言只说明情况而不解决问题。对于网民而言,面对这类网络回应,往往会有"隔靴搔痒"的感觉,这也就一定程度上导致网络发言人制度产生的互联网吸纳效应逐步弱化。这一点从近年来Z区网络问政问效平台几大传统版块的网络关注度下降可以折射出来。

近年来,上海、北京建立的一些网络治理平台(如上海长宁区的"虹桥志愿服务网")开始探索互联网+社会创新机制,策划了大量网民喜闻乐见的公共活动和网络项目,通过这些活动与项目,新型网络平台持续有效地吸引公众关注,并成功地推动社会力量参与社会治理。这表明,网络问政问效平台的建设在这方面还有很大的创新空间。

四、平台在提升公共服务效能方面，开始遭遇体制内瓶颈

Z区网络问政问效平台接受区纪委的工作指导，具体运作由区新闻网负责，区编办批准新闻网建立一个专门科室——区问政问效办公室，核定事业编制3人，科级职数1个。新闻网实际为平台配备7名工作人员，24小时负责平台的运行管理和民生实事的督促落实工作。在投入方面，近6年，Z区区级财政对问政问效体系的投入累计超过1 000万元。无论是在人力及资源配置上，还是在合法性授权方面，Z区均为网络问政问效平台提供了强有力的行政支持。但是，问政问效平台在实际运转过程中依然面临一些难题。

突出的问题表现为公共管理和服务中的协同困境日益凸显。以问政问效"直通车"为例，当主题确定之后，落实协同治理依旧是个难题。如何配置和协调政府各层级部门在解决具体问题中的职责是实际操作过程中的巨大挑战。基层调查反映，镇政府认为都是镇一级在解决实际问题，各职能部门参与低，如何动员各职能部门履职很困难，一些本应由职能部门落实和解决的问题最后全都落到镇政府的肩上，而其中不少问题实际上超出了镇这一级政府的能力。比如说房产证问题，只有区一级职能政府才具备权力和资源给予解决。换言之，一些问题只有在区甚至更高一级政府层面才能解决，但最终面对具体问题的又是街镇为代表的基层政府，出了问题就靠属地化管理。即便上级条线部门承诺解决的问题，最终也会将具体落实过程和责任分解到下面各个块。"直通车"的主要作用在于督促各职能部门应该怎样作为，它可以曝光问题，但是对于不作为和部门推诿、条块分割的体制性问题依旧无能为力。其结果往往是能解决的问题都解决了，剩下的问题都是"直通车"和基层政府解决不了的体制和结构性问题。

第三节　改革的选择与困境

经过多年的运行，Z区网络问政问效平台的主管部门开始意识到：以网络问效为重心的工作运行模式，对体制内的改革会提出很高的要求。做为区级政府，实际上能推动的改革幅度有限，随着网络问效不断向深层次发展，群众提出的许多问题都超出了区级政府的处置能力；而当公众觉得"问效"的回应度下降时，就会弱化网络参与的积极性，这样Z区最初试图通过互联网平台推动政社关系紧密互动的改革目标就会受到影响。于是，2014年以来，Z区网络问政问效平台开始强化"问政"的功能，试图不断鼓励、引导公众参与到Z区的经济、社会建设中来，通过鼓励公众参与多元化社会治理，从而形成政府治理与社会自我调节的有效结合。

在此改革意图下，Z区依托网络问政问效平台和"直通车"模式开始"走进社区，问政于民"，同时开始引入社会组织参与到"雄镇论坛"等问政平台的运作中去，但总体收效有限，突出表现为公众参与公共治理的积极性不足。据研究，主要的问题在于这种依托互联网的技术治理模式虽然在制度形式上塑造了一种开放、多元参与的公共事务讨论平台，但却未能解决更为核心的公共事务生产机制问题。这集中表现为三点：

一是网络问政平台与现实生活中的社区自治、共治制度平台间缺乏有效对接。许多时候，公共事务的形成需要依托共同生活社区之上的公共议事制度载体，这些载体可以帮助公众基于共同的生活体验和际遇形成共同话题。在当前中国城市社区，居委会和街道层次的各类委员会（如社区委员会）就是这样的制度载体。但Z区网络问政问效平台的运作却很难与这类社区自治、共治制度平台间形成密切联动的关系。这是因为，网络问政问效平台的上级主管单位是纪委和宣传部门,而社区自治和共治制度网络却主要由民政和组织部门主管——由于存在着行政管辖权的分割,网络问政问效平台很难实质性地与基层社区的居委会运行发生密切关联,这样其也就很难发挥社区公共性的塑造等深层次功能。比如:我们在案例观察中发现,Z 区网络问政问效平台曾试图覆盖区内的居委会议事工作网络,使后者依托网络而更好地推动公众参与社区治理,但由于难以得到居委会的支持,最终这项尝试变成了居委会在网络空间中例行性地向公众汇报工作。

二是网络问政平台与公共资源的配置间缺乏紧密的衔接。在大多数现代国家,公共事务的形成意味着公共讨论议事活动与公共财政预算制度、政府绩效评估制度以及公共资源配置制度捆绑在一起,这样一来,公众的议事活动才能切切实实地发挥实质性作用,从而保持较高的参与热情。相比之下,Z 区网络问政问效平台虽然试图构建公众多方参与的网络问政平台,但诸如"雄镇论坛"之类的网络平台在制度设计上仍较为简单,且并未与公共生活中最为重要的权力配置、资金安排等要素相关联,这在很大程度上导致了公众参与行为的边缘化地位。研究者曾访问过参与论坛策划的社会组织,其负责人表示:由于论坛的活动缺乏吸引公众注意力的公共事件,因此很难吸引网民的实质性参与,从而许多活动都会遭遇"空转"的境遇。

三是网络问政的运行缺乏社会化、专业性机构的有效支持。现代社会的公共事务治理以及自治、共治活动日益体现出专业化特征,因此不是单纯依赖积极性、参与热情和善意就能自然而然地解决的问题。诸如小区停车难、物业设施维修等问题都需要相当的专业知识才能有效解决。因此,网络问政平台的有效运行还需要一些专业化机构的支持,比如:为问政平台设计富有吸引力的公众动员活动、为治理问题的解决提供专业支持等。但现实中,Z

区网络问政问效平台主要都由体制内的区媒体宣传机构运营,即使最近开始引入社会组织,也只是在有限的活动中借助这些社会组织的社会动员能力开展活动。就此而言,网络问政一直缺乏开放性、专业化机构的支持。

在此背景下,Z 区网络问政问效平台的工作重心从问效向问政转移就遇到了较大的挑战和困难,突出表现为网络问政活动难以在深层次上推动 Z 区内社区公共性的生产,许多问政活动都存在形式化运行的情况。从 Z 区案例来看,互联网问政问效平台的发展面临的主要不是技术上的问题,其核心瓶颈在于尚未较好地形成与当前社会治理模式相匹配的发展战略与制度设计。该案例也启发我们,网络政社关系的优化不是单纯的网络技术和平台建设能解决的,还需要现实层次的许多重要制度保障与组织支持,比如将网络问政与现实生活中的社区自治、基层民主、社区协商等制度紧密结合起来。

第十章
"社区通"的实践与制度内涵：
以 S 市 B 区为例

相比于 N 市 Z 区的网络问政问效实践而言，S 市 B 区通过构建"社区通"技术平台以吸纳居民参与社区治理的改革体现了许多独特的制度内涵，比如："社区通"将吸纳社会参与和公共讨论的层次限制在基层的社区层次、居民参与网络互动以居民区为单位等。作为一种发轫于 2017 年的新近技术治理实践模式，我们认为这一改革实践是地方政府更精确地把握当前中国政社关系制度环境特征前提下的一次改革，其中蕴含的经验和理论问题值得进一步深入分析。

第一节 "社区通"技术治理
实践的方式与成效

S 市 B 区处于快速城市化进程中，社区类型多且不同地区的发展水平差异较大。近年来，随着社会治理深入推进，B 区开始面临一些关乎社会治理效能的新问题：一是居村党组织联系群众、发挥作用不够直观和具体。居村干部某种程度上仍习惯于按照上级指令开展工作，直接聆听群众呼声、及时回应个性化诉求不够。

此外，居村治理在工作效果呈现上缺少渠道的鲜明特征，往往是基层干部做了大量工作，但除了少数当事人，许多群众"不知情"乃至"不领情"。二是居村民"主体"地位呈现不足。居村民在基层治理过程中的"主体"意识及实现途径都较弱。受时间空间等所限，社区活动中"老面孔"多、新人少，居家老人多、"上班族"和年轻人少，一般性的活动多、自治共治项目少。总体而言，社区居民参与面和参与深度都需进一步拓展。三是多层次工作体系有待进一步形成。社区治理中各工作系统之间联通互融不够，迫切需要更有效的平台载体，以提升基层工作的整体效应。四是社区生活"共同体"有待进一步加强。由于 B 区地处城郊，人口流动速度快、新建小区多，社区往往容易成为"门对门的陌生人"，重塑"邻里文化"、增强共同价值引领的归属感和家园意识、建设更有温度的社区生活共同体愈加迫切。

在这种背景下，B 区于 2017 年推出了基于移动互联网、以居村党组织为核心、以居村委会为主导、以城乡居民为主体、相关各方广泛参与的党建引领社会治理网上平台——"社区通"。通过设置"党建园地""议事厅""身边事""邻里互助"等功能模块，推动居村党组织、居村委会和广大群众线上线下积极互动，即时回应群众需求，帮助群众解决问题。

一、"社区通"平台的技术实践

社区治理是一个多层次的复杂治理体系，不同层次的政府在其中发挥着不同的效能。此外，政社互动也存在不同的层次，且不同层次的政社互动可能涉及的问题、风险也不尽相同。B 区在搭建"社区通"技术平台时充分考虑了这些因素，区有关部门设计的总体框架也分为 3 个层次：

区级层次："社区通"不仅是一个社会治理平台，更是一个立体的统筹管理系统。在区级层面,系统可以实时查看B区所有上线居村的数量、上线的人数和亮出身份的党员数量。在各个街镇列表中,区有关部门既可以对街镇的上线情况做一个概览,也可以直接进入某个街镇,查看其中任何一个居委或者村委的平台情况。

街镇层次:在这个系统界面,街镇的管理人员可以直接查看自己所辖地区上线居委和村委的数量、上线人数以及党员人数。在居村列表中可以概览各居村的上线情况,也能直接点击某个居村、进入查看该居村的平台情况。

以上两个层次被称为"社区通"的"观察模式",这一模式清晰地展示了各层级"社区通"的上线情况和运行情况,为管理层构建了"我的区域在平台、我的(服务)对象在平台、我的管理在平台"的一掌式架构,有效地做到了"我的区域我管理、我的区域我了解"的扁平化、透明化治理模式。

居村层次:在"社区通"平台上,居村委工作人员和普通居村民是平台的主要使用者。除了某些功能不同以外,这两者的使用界面基本一致,分为"我爱社区""社区公告""党建园地""办事指南""议事厅""左邻右舍""小区群""服务"等版块;"物业之窗"这个版块正在部分居委试点,因此只有观察模式和试点居委才可见。

和常见的政务APP、微信公众号或者网上社交软件不同,"社区通"有4个特点:

一是实用性很强,基本覆盖基层社区的各类需求。"社区通"根据基层工作中关键性的"大需求"与居民社区中一个个具体的"小需要",合理设定了"公告""议事厅""身边事""互助"等基本版块,并按照实用的标准不断优化功能。

二是以方便、亲切为核心增强对居民的吸引力。"社区通"以对微信公众号的深度开发为基础,使用者不需要专门下载APP,只要关注"B区社区通"微信公众号,1分钟内就可以注册成为用户。在最大限度"便捷参与"的同时,也借助微信近乎"全覆盖"的普及率,加快"社区通"的推广。

三是有强有力的后台支持。"社区通"系统建立了有机衔接的"区—街镇(园区)—居村"三级联动工作体系,制定了《实施意见》《工作规范》《指导手册》等配套制度,形成了"即时反应、线上线下联动、制度保障、工作监督、数据分析研判"等工作机制,确保有效处置居民群众反映的各类诉求。

四是兼顾"充分参与"和"有序可控"。"社区通"以制度、技术与党建引领相结合的方式,在有效保证入库信息安全、[1]引导更多居民参与的同时,保持平台的"正能量"。"社区通"赋予了居村党组织"提出议题""开展讨论""形成决策"等关键环节的把关权,通过发挥基层党组织的核心引领作用,确保居民的参与围绕社区发展大局展开。社区通实行实名认证,以每个居村为单位设定"网上社区",确保上线的是"真正的邻居们",发布的是"真切的邻里事",让居村民们摘下"网络面具",更慎重地参与。此外,由于居民参与网络互动主要是在各自居民区中,这样无形中就划小了动员网络的边界,防止在特殊情况下网络意见在失控状态下"滚雪球"式扩散。

更重要的是,B区在推动"社区通"技术平台发展的过程中,领导层敏锐地意识到了要将技术平台与社区治理的制度体系紧密对接,从而推动新技术在社区治理平台的扎根。这突出表现在以下方面:

首先,"社区通"平台紧密嵌入于居村治理制度网络。平台强

---

[1] 在数据安全方面,"社区通"平台中各居村之间的数据严格隔离,平台采用加密方式实现系统管理数据、鉴别信息和敏感数据传输、存储的保密性,通过身份鉴别、访问控制、通信保密性、软件容错、资源控制、应用防火墙等措施做好应用安全的防护。

调推动居村民"自我管理",探索居村党组织主导的网上听证会、协调会、评议会等制度,并加强线下对接,围绕小区综合整治、便民设施兴建、活力楼组创建、共享单车整治等小区事务,引导群众自己的事自己议、协商定、共同办、大家评。与居民区自治的方向相结合,"社区通"不断推动"自我教育",由居村民主导建立网上学习组、文艺群,挖掘社区达人,上传原创作品,引导文明新风,培树健康生活情趣。"社区通"平台在网上设置健康自我管理、独居老人看护、闲置物品交易、亲子活动等专题内容,提倡守望相助,促进邻里和谐。此外,平台还推动"自我监督",对乱搭建、乱堆物、乱停车、乱毁绿等行为网络曝光,形成强大的舆论监督压力,督促自行整改。这样一来,"社区通"平台在居村层次的功能就实现了与基层治理"自我管理""自我教育""自我监督"的目标相匹配。

其次,"社区通"平台紧密嵌入于当前基层社会治理共治的制度网络。B区有关部门通过平台广泛收集群众的个性化诉求,充分讨论、酝酿、票选形成小区共性需求清单;依托后台分析筛选,整合区、街镇和居村的区域化党建资源,形成有针对性的服务清单,促进供需精准对接;聚焦停车难、平安创建、物业服务、绿色环保、社区服务等社区公共事务,在"议事厅"组织居村民、物业公司、业委会、驻区单位等多元主体开展民主协商,凝聚共识,形成共治议题和项目,让各方在深度参与中提升认同感。目前,全区439名社区民警全部进入平台,与广大居村民实时互动。房管、卫生、食药监等与群众密切相关的职能部门在区社建办的统一协调下有序接入、发挥作用。

第三,"社区通"平台有效嵌入了当前政府多层级条块治理结构,区职能部门、街镇园区、居村各尽其责,联动处置:针对咨询建议类问题,区职能部门为居村制定"回复指南";针对处置类问题,居村党组织牵头协调,组织开展自治共治,难以即时解决的纳入网格化平台,生成网格工单进行跟踪处置;针对疑难问题,约请相关部门协商,督促条线部门眼睛向下、"条"服务"块";针对共性问题,区委、区政府督查室会同相关部门及时研判,督促落实。同时"社区通"积累的大数据还为政府职能部门更好地开展服务提供了重要的前置支持,因此得到了 B 区政府体系的支持。"社区通"后台数据分析统计可以向区职能部门和街镇定向推送信息,甚至建立特定区域、特定阶段、特定人群的数据综合分析和利用机制,真切了解城乡居民的实际需求和困难,这为区政府各职能部门有效治理提供了重要支持。

二、"社区通"技术平台的效能

据观察,平台建立以来在以下方面取得了显著成效:

一是提升了社区凝聚力。如"B 区公告"版块整合区相关部门资源,及时发布各类服务信息,自 2017 年 9 月 18 日上线以来,已发布全区公告 26 条,阅读量 71 万人次,真正把 B 区的重要信息和各类声音直接推送传递到 35 万受众手中;居村发布小区公告 72 154 条、办事指南 8 383 则。同时,居村民发布小区身边事 25 427 件、互助和闲置物品交换 10 742 条,居村民在平台上总互动交流 771 万次,居民逐渐从"门对门的陌生人"变成"社区里的老熟人"。2018 年 7 月,为帮助两位走失的失智老人,"社区通"上开展了"爱心大接力",广大居民热心相助,很快就帮老人找到了亲人,其中一位老人在网络平台的帮助下只用了半个小时就找到了亲人——这些都让居民感受到了一定的社区凝聚力。

二是提升了社区居民参与社会治理的主体意识。在优先引导居民对社区普通事务开展自治的基础上,"社区通"平台引导居民按程序参与解决社区重大事项,共收到来自居民的议事项 6 573 项,其中 496 项转化为居民区公约,社区自治共治活力明显提升,如：B区Z街道某村推出了"小区亭子征名"活动，500余名居民参与了投票和讨论，最终票选出他们心目中最喜欢的小区凉亭的名字，充分激发了居民的主体意识和自治热情。

三是提升了基层政府精准提供服务的能力。"社区通"平台既能掌握社区的共性问题，也能了解居民的个性问题，还可结合居村民的阶段性需求，适时调整社区服务的内容和方式，做到精准施策、精准服务。比如，在推进全区352个老旧小区的综合治理过程中，各街镇借助"社区通"平台开设专栏，及时发布公告、收集居民意见建议，及时公布进展、回应居民需求，广泛接受监督，切实提升了居民对区委、区政府实事工程的知晓度、参与度和满意度。

四是提升了公共部门快速处理事务的能力。"社区通"平台建立了较为完善的制度保障和工作协调推进机制，增强了各方工作合力，有力推进了自治共治与行政手段相结合。如：B区一家大规模超市在区内的所有门店一夜之间全部停业，居民们充满疑虑，担心购物卡不能继续使用；相关镇的派出所联合各居村在"社区通"平台发布了安民公告，及时公布实际情况、安抚居民情绪，公告阅读量达数千人次，有效避免了事态扩大，没有发生一起居民上访事件。同时，区、街镇网格化中心与"社区通"试点对接，立案"社区通"案件1 949件，结案率97.53%，切实提高了处置效率、提升了处置效果。

五是共建共享更深入。"社区通"充分发挥居村民个人特长、驻区单位资源优势和社会组织专业优势，把各类社会资源引入社区，引导居村民共享共治成果。如：B区Y镇某居民区深入挖掘共建资源，与共建单位某电影院共同推出面向"社区通"注册居民的特价电影票活动，凡是注册了"社区通"的居民，都可以低价购入当期热映的电影票一张，活动一经推出深受居民喜爱，居民们纷纷呼吁居民区举办更多类似的活动。

第二节 "社区通"技术平台的制度内涵与启示

B区"社区通"技术治理平台投入使用以来,得到了S市多个市级职能部门的高度肯定,类似的经验也开始迅速向其他地区推开。实际上,依托微信平台的这一技术治理模式在技术上并不复杂,甚至与前一章Z区的网络问政问效平台相比显得更为简单。那么,为何"社区通"经验能在短时间内得到各方面的关注?内中的一个重要原因在于其简洁的技术设计背后映射了当前公众参与领域的主要制度特征,以下我们一一分析。

平台分级参与的技术理念,与当前渐进式治理改革中公众参与的制度逻辑紧密贴合。"社区通"平台一个较为显著的特征是,社区居民的参与主要是在第三个层次的居村维度,而区以及街镇层次则主要是信息的发布者和数据的浏览者。这种技术安排与当前公众参与社会治理逐步从基层向上拓展的改革趋势是一致的,既可以用各种丰富的形式吸纳居民关注身边的社区事务,又避免了在中高层政府层级公众参与决策和资源配置制度尚有待健全的背景下公众直接参与区、街公共事务可能会遇到的问题。可以说,技术平台中的这种分级参与理念与当前地方政府推动社会参与的改革实践理念是一致的,因此不难理解其广受欢迎的重要缘由。

平台"划小动员规模"的技术理念与控制治理风险的制度逻辑紧密合拍。区级部门设立的网络政社互动平台通常是面向辖区内所有居民的,由于网络的开放性,外区的居民也能方便地进入平台表达公共意见。如前一章中N市Z区打造的"问政问效"平台中有多个版块都吸引了来自全区居民的热烈讨论。但对于政府部门而言,在网络新技术平台上推动公众参与不仅要考虑到正面效应,也必须考虑到可能产生的治理风险以及平台的风险控制能力。B区"社区通"通过将实名注册的居民与居民区版块绑定的方式,既有利于居民融入身边的社区生活,同时又相当于将全区的网络动员平台划分为数百个小规模的居民区动员平台,这样由于网络动员的规模更小、边界更清晰,就不容易出现跨居民区的、大规模的社会集体行动,这无疑与风险规避的治理逻辑紧密贴合。

平台的大数据分析技术与治理转型中日益注重的"按需配置资源"理念紧密结合。"社区通"在凝聚了大量居民并表现了一定的社区"黏性"之后,就成为居民表达观点、传递诉求的重要平台。基于此,平台形成了有效的数据收集、分析和精准传递给相应职能部门的运行机制,这对于当前城市治理精细化运行有着重要的支持作用,也贴近了职能部门近年来围绕"精准治理"改革的方向。因此,"社区通"的这一技术特质很快就得到了B区多数职能部门的认可,并成为技术扩散的重要支持因素。

综上而言,"社区通"及类似社区信息化平台的扩散本质上是技术治理暗含的理念与现有社会治理体系制度安排紧密融合的产物。由于前者在许多关键环节都"复制"了现实中政府治理体系运行的重要逻辑,因此这类技术平台在可预见的未来还将得到快速扩散。由此引申出的一个问题是:如果技术治理实际上是对现有制度环境的不断"复制",那么一些更为深层次的改革又如何实现?背后的机理又是什么?本书结语部分试图对这个问题作出初步的讨论。

结语
技术治理及其超越

本研究历时多年,对城市社区技术治理的运作机制展开深入分析。我们的最初研究目标是讨论新一代 ICT 信息技术在社区治理中的应用。正如前述案例部分所展现的那样,通过对技术治理主要领域的案例进行深度分析,我们发现:几乎所有的技术治理方案都需要与现有治理体系之间的深层次结构特征有所呼应,才可能发挥积极作用。这实际上把技术治理的问题开始引入了一个广阔的制度分析领域。

更重要的是,随着研究的不断深入,尤其是当作者试图了解城市社区在政务服务、政社关系以及公共管理领域的既有治理结构和改革者的行为逻辑时,我们逐步发现了另一种隐蔽的"技术治理"逻辑正在当前基层治理领域日益蔓延。这种隐蔽的技术治理逻辑倾向于将体制和结构层次的问题化约为行政技术的问题;将"存量"改革转化为"增量"创新;将事关价值与关怀的制度安排转变为以成本、收益衡量的机制设置。由于这种技术治理逻辑的不断自我强化,当前城市社区治理的许多领域都开始遇到新难题。作为本研究的结语,本章试图对这种隐蔽的技术治理现象从理论上进行勾勒与描述,以引出新的研究领域。

第一节　作为一种治理机制的技术治理：源起与表现形式

对比20世纪80年代以来经济领域的改革,我们能清晰地感受到与当前社会治理领域的改革迥然相异的情境,比如：同样在宏观政策信号模糊的背景下,地方政府面对经济改革展现了"打左灯,往右转"的改革力度,但对待社会领域改革却是"绕开存量,走增量";同样在面对不确定风险时,经济领域常有"打擦边球"的实践推进举措,[①]社会治理领域却总体追求风险控制的政策执行思路。[②] 可以说,社会治理领域的改革实践背后呈现了以工具主义的技术逻辑来应对、吸纳和化解总体结构层次的改革压力。这种逻辑既区别于改革前的总体性治理模式,[③]又区别于改革以来经济领域大刀阔斧的体制变革,我们可称其为"技术治理"的实践逻辑。

这种改革实践路径的鲜明差异促使我们追问技术治理逻辑背后的组织学原理,这就势必要对当前社会治理转型领域改革的独特性进行深刻剖析。本文认为基本的理论线索可以从以下方面解读：

首先,宏观政策的模糊性及其导致的"模糊发包"政策实践是技术治理的重要导因。近年来,国家一直在强化推动社会治理转型的宏观政策信号,尤其注重激发社会活力,推动"政府治理和社会自我调节、居民自治良性互动"。[④] 但在相应政策信号频频发布

[①] 孙立平.实践社会学与市场转型过程分析[J].中国社会科学,2002(5).
[②] 黄晓春.当代中国社会组织的制度环境与发展[J].中国社会科学,2015(9).
[③] 相关研究参见：孙立平,王汉生,王思斌,林彬,杨善华.改革以来中国社会结构的变迁[J].中国社会科学,1994(2).
[④]《中共中央关于全面深化改革若干重大问题的决定》,2013年11月12日。

的同时,宏观层次并未形成关于社会领域体制改革目标、方向、基本路径的清晰路线图。一些重要的政策关键词(如"社会体制""社会组织体制")甚至并未形成操作化和具有普遍共识的政策工具。此外,宏观政策中有时还存在一些暗含张力的要求,比如在社会组织领域一方面希望发挥其协助党和政府开展社会治理的功能,因而强调发展;另一方面又担心其发展失控,影响社会稳定,因而强调引导和管控。在宏观政策具有一定模糊性的背景下,中央政府推动地方政府改革探索就具有典型的"模糊发包"政策实践特征,即地方政府承担一定的治理风险,同时又面对弱激励。[1] 此时,地方政府普遍缺乏在改革的内核与深层领域开展探索的动力,也避免对体制和结构层次的存量问题做出系统性调整,而是用技术主义的行政管理创新来承载改革的战略目标。在此情境下,我们也就不难理解"绕开存量,走增量"之类的技术治理逻辑为何普遍存在。

其次,社会领域政策实践中"控制权"的碎片化分布模式强化了技术治理逻辑。宏观政策的模糊性导致地方治理实践中不同职能部门、不同层级政府可能从不同角度来理解政策环境中的不同要素,并形成相异的实践做法。以基层民主领域为例,关于民主的推进速度和改革进程,民政部门、基层政府以及更高层次政府可能会有完全不同的看法,进而形成多重制度逻辑。[2] 近年来,随着以改善民生为重点的社会建设不断提上政策日程,越来越多的政府部门都开始介入社会领域的政策执行,此时如何协调、整合跨部门的政策执行就是一个无法回避的新问题。现实中,这种协同机制的建立面临着极大的挑战,我们可以借由中国政府行为研究中最

---

[1] 黄晓春.当代中国社会组织的制度环境与发展[J].中国社会科学,2015(9).
[2] 周雪光,艾云.多重逻辑下的制度变迁:一个分析框架[J].中国社会科学,2010(4).

近发展出的"控制权"理论进一步理解这一点。周雪光在研究中国政府的治理模式时,引入了控制权这一维度来分析不同层次政府机构之间的权威关系,他借鉴经济学不完全契约和新产权理论的视角把不同层次政府机构间的控制权概念化为目标设定权、检查验收权以及激励分配权。[①] 本文认为控制权的不同配置模式不仅是理解中国政府上下级权威关系的关键,而且还是理解政府协同治理行为能否有效运行的重要切入点:对那些涉及多部门的治理行为而言,只有当目标设定权集中归属某一核心部门、且检查验收尤其是激励分配权的设置也高度支持这一治理目标时,不同部门才可能开展协同治理。但在社会治理领域,上述三种控制权的配置是高度碎片化的:一方面并不存在类似经济领域发改委(或改革早期的体改委)的目标设定中枢;另一方面"条""块"分割的现状也导致检查验收和激励权难以跨体系实施。在这种情境下,各部门都很难跨行政系统推动更为系统性、整体性的改革,"一事一议"的项目制技术治理模式也就变得日趋普遍。

第三,自下而上的压力机制不足为技术治理不断自我强化提供了重要条件。在一个自上而下的压力型体制内,各级政府和职能部门的行为与激励设置有着密切关联;[②]在锦标赛体制的激励模式下,[③]政府各部门更注重的是短期化、外显化的经营化治理绩效,这些绩效更容易被上级政府识别出来。相对而言,改革者对那些需要长期投入、效果外显度低,甚至有一定不确定性的治理领域则缺乏积极性。而社会领域的核心改革大多具备后者意义上的特征,因此如果不能形成强有力的自下而上压力机制和公众导向的

[①] 周雪光,练宏.中国政府的治理模式:一个"控制权"理论[J].社会学研究,2012(5).
[②] 相关研究参见:周黎安.转型中的地方政府:官员激励与治理[M].上海:格致出版社·上海人民出版社,2008.
[③] 周黎安.中国地方官员的晋升锦标赛模式研究[J].经济研究,2007(7).

政绩评估模式,社会领域的政策实践就很容易长期停留在"外围突破,内核浅尝辄止"的状态。近年来,国家一直强调基层政府要对下负责,并引入自下而上的公众监督机制。但总体来看,这些方面的改革尝试仍处于起步阶段,这种自下而上压力机制不足的现状导致基层政府在社会领域的改革中缺乏长期的、累积性的推进思路,这进一步强化了技术治理的实践逻辑。

上述三个方面的因素相互缠绕、互为强化,导致社会领域技术治理的实践逻辑不仅成为科层体系内符合工具理性的最优选择,而且日益成为一种具有普遍影响力的观念制度。在这个意义上,以行政技术的调整、优化来应对体制转型压力已经成为一种实践者视之当然的观念并开始发挥日益稳固的制度内化作用。① 比如:我们常会发现"绕开存量"的做法已成为当前许多部门推动改革的默会知识;在制度形式上和运行机制上精雕细琢却不涉及改革内核的做法也日益普遍。

建立在上述梳理的基础上,我们可以进一步概括技术治理的实践形态与表现形式,从而使这个概念从长期相对模糊的表述向一种具有分析效力的"术语"转变。着眼于技术治理的源起,本书认为可以从以下几方面来勾勒其形态:

第一,以风险控制为优先原则。由于社会领域宏观政策存在模糊性,风险结构向下配置,而地方政府又缺乏强有力的激励来对冲风险,因此风险控制就成为优先的治理原则——这是技术治理的基本逻辑之一。这一逻辑会将治理创新长期锁定在风险系数较低的行政技术层次,倾向于以行政技术的革新来应对各种体制性难题;同时也会精巧地选择改革的切入点,回避那些存在不确定效

---

① 关于观念制度的作用及视之当然的认知要素形成,可参见:Meyer, J. W.& B. Rowan. Institutional Organizations: Formal Structure as Myth and Ceremony[J]. American Journal of Sociology,1977, 83(2).

应的改革领域。回顾近年来社会治理转型各领域的前沿研究,无论是社会组织发展中的公共性困境,[①]还是基层自治组织出现的内卷化趋势,[②]抑或基层政府改革中的"避重就轻",[③]实际上都与改革推进部门过于注重风险控制、因而在社会领域赋权不足有关。从这个视角看,技术治理表现出了和改革初期经济领域进取型治理逻辑显著不同的特征。

第二,强调"事本主义"的改革观。社会领域政策执行中的控制权碎片化配置模式导致跨部门、跨系统匹配的制度创新面临很大的挑战。在激励不足的背景下,各行政部门都没有积极性去构建更具全局性的制度安排,而是倾向于用"事本主义"的逻辑绕开治理结构层次的改革,以项目化的方式来解决问题。这种逻辑一方面兼顾了解决问题的灵活性,另一方面又导致治理体系内的横向协同变得日益困难。受这一技术治理逻辑的影响,近年来,注重单一工具理性的项目制已成为体制内外日益盛行的一种问题解决机制。其后果是项目愈来愈多,各种临时性的设置叠床架屋,但体制的总体优化却变得更为困难。以近年来各地盛行的政府购买社会组织服务为例:理想的情境下,市、区层次政府应设立统一采购社会组织服务的平台,从而将分属不同部门的财政资金集中起来面向社会统一招标——这样既可以提高财政资金的使用效率,又可以推动社会组织间的适度竞争。但由于上述改革涉及众多部门的资金,且统一采购还需要形成跨部门的联动机制,因此往往无法推动。最终后果是各地普遍形成了部门主导的项目化购买社会组织服务模式,整体的公共服务外包体系则无法成型。这个例子清

---

① 李友梅,肖瑛,黄晓春.当代中国社会建设中的公共性困境及其超越[J].中国社会科学,2012(4).
② 何艳玲,蔡禾.中国城市基层自治组织的"内卷化"及其成因[J].中山大学学报(社会科学版),2005(5).
③ 李慧凤,郁建兴.基层政府治理改革与发展逻辑[J].马克思主义与现实,2014(1).

晰地呈现了技术治理的"事本主义"实践特征。

第三,工具主义地动员社会。近年来各地政府普遍注重在社会治理中动员社会力量,譬如:围绕环境整治、交通秩序维护等专项活动发动志愿者、开展社区动员等。这种社会动员往往是围绕某些具体治理目标而展开的,动员者更注重的是社会动员的规模以及解决问题的效率,但相对而言不太注重此过程中社会主体性的培育和公共性的构建。作为后果,这种社会动员的累积性效应大多有限,可称为"工具主义"的社会动员方式,这也是技术治理的又一表现形式。其实质在于基层政府更注重社会机制之"形",却较少关注社会主体之"实"。这种治理模式背后的深层原因在于,各级政府主要受到自上而下压力的推动,因此其动员社会往往也是围绕着体制内治理压力的指挥棒运转。自下而上社会压力不足的现实导致技术治理逻辑在深层次上并不关注社会自我协调能力建设和"社会本位"的价值导向,进而导致中国社会的自我组织、自我协调能力长期处于较低水平,这也是当前社会领域改革深层瓶颈的重要原因。

经过10多年的发展,具有上述鲜明特征的技术治理逻辑在社会领域已经成为主导性的政策执行和改革推动逻辑,并对诸如社会组织发展、基层民主建设、政府运行体系改革等治理转型领域产生了深远影响。可以说,离开对这种技术治理逻辑的条件、边界的深层揭示,我们也就难以对社会领域改革中的深层问题做出准确的理论回应。

第二节　新视域下的治理转型及其深层问题

近年来国内政策研究和理论部门已逐渐形成一种过度制度主

义的改革研究思路,即但凡遇到问题就把问题的源头直指各项政策"文本不合理",进而提出新的改革思路。这种解读过于夸大了政策文本在国家治理中的作用,[①]相对忽略了那些影响政策执行者判断以及政策执行逻辑的深层次治理机制。我们认为,技术治理逻辑就是这样一种相对隐蔽、却发挥着总体性作用的改革实践逻辑,其一旦形成就会以各种形式不断自我强化,并紧密嵌入当前治理转型各领域改革之中,最终以隐蔽形式影响治理转型的方向与进程。

历史地看,技术治理改革逻辑的出现有一定合理性,它呼应了那些"小步走改革"和"渐进式转型"的变革观念。尤其是对一个疆域辽阔、广土众民而地区发展又极不均衡的特大国家而言,技术治理的改革推进模式有助于形成平稳的转型格局。具体而言,技术治理服务渐进式转型主要表现为以下三点:

一是有助于控制改革中的不确定因素。社会治理转型不仅涉及公共服务、公共管理、公共安全领域的制度建设,在深层次上还涉及治理结构中不同权力主体的关系形态、合作模式以及力量配置。这些深层次问题的调整不是一个自然而然的过程,很容易引发一国政治体制和权力结构层次的重大变化,在处理不好的情况下也有可能把治理转型问题转变为政治危机。技术治理的改革逻辑强调风险控制,倾向于把体制、权力结构调整等容易引发不确定因素的改革化约为更为可控的行政技术层次问题,通过机制改革的不断完善来解决问题。这种做法相当于形成了一种自上而下、一以贯之的改革"风险过滤器",有助于将已有体制的灵活性和潜

---

① 孙立平在《实践社会学与市场转型过程分析》一文中曾指出相近的观点,即:中国转型的特殊性很多时候不能单纯从制度和结构层次来分析,而是要深究转型过程中的深层机制。参见:孙立平.实践社会学与市场转型过程分析[J].中国社会科学,2002(5).

力最大限度释放,因而有助于平稳转型。

二是降低了许多改革的初始门槛条件。诸如社会组织发展等一些焦点领域的改革,通常需要一国在立法以及宏观政策框架上形成立足长远、稳定的结构性安排才能有效推进。但在渐进式改革的背景下,这些结构性安排总是难以实现。这时技术治理通过从行政合理性着手,无形中为这些领域的改革提供了更低门槛的进入条件。举例来说,我国迄今为止仍未形成社会组织专项立法,[①]很多宏观政策也不够清晰,但近年来地方层次的许多政府职能部门从公共服务优化的事本主义角度扶持社会组织,并推动了社会力量的发展。虽然有研究指出这种推动中仍带有行政对社会的"反向嵌入",[②]但这毕竟提供了社会力量生长的一种可能,也为今后的进一步改革提供了初始条件。

三是提供了一种总体性的控制机制。借助技术治理的工具和手段(如行政体系内的目标考核责任制、层层加码的压力机制以及数字管理技术),上级政府可以更为便利地对基层民主体系建设、社会组织发展、协商民主改革等领域的改革节奏和速度进行调节,最终实现一体化的协调与管理。[③]

概括来看,技术治理的改革逻辑至少在社会治理转型的改革初期具有重要价值,其对于风险控制和改革启动都具有较好的实践作用。但面对当前日趋多元、流动和分化的社会形态,传统社会治理模式的潜力已释放到极值,在此情境下,技术治理改革逻辑不断自我强化开始引发一些深层次的挑战和瓶颈。

首先,系统改革困难重重。社会治理是一个系统工程,需要跨

---

① 目前的《社会团体登记管理条例》等都属于国务院颁布的行政法规。
② 管兵.竞争性与反向嵌入性:政府购买服务与社会组织发展[J].公共管理学报,2015(3).
③ 王汉生,王一鸽.目标管理责任制:农村基层政权的实践逻辑[J].社会学研究,2009(2).

部门形成总体联动、相互合作的政策执行框架。但"事本主义"逻辑的不断强化导致体制内每个治理单元仅关注本部门治理任务的最优配置,不关注跨任务、跨系统之间的横向对接。许多改革都仅仅围绕单一目标推进,不考虑多目标之间的协调与整合。久而久之,许多最初本可以用较小改革成本来解决的协同问题在经年累月的"绕开存量走增量"改革后变得越来越难应对,这也导致系统改革常常停留在宏观规划层次,实际执行难度极大。

案例 1:电子"孤岛"日趋强化。中国政府从 20 世纪初就表现出了建设电子政府的极高兴趣,国家甚至把 2002 年命名为"电子政务年"。新一代 ICT 技术可以更为便捷地帮助政府部门提高公共服务效率,也可以提升部门横向信息交流与合作的效率。[①] 但长期以来,各部门都仅在自身业务领域内以"事本主义"逻辑发展电子政务,如:海关、公安等部门推动的"金关""金盾"等工程都极大地推进了业务部门系统内的电子政府建设水平,但跨部门的信息整合却变得越来越困难。这些专线、专网的技术体系构成了比以往信息孤岛更难跨越的电子"孤岛",这使得更为整合、高效配置资源的电子政务系统建设遭遇深层困境。[②]

其次,社会力量和社会机制的主体性效应难以成型。现代多元治理体系中社会力量和社会机制具有不同于政府的重要作用,是社会横向秩序整合体系的重要构成。[③] 而社会力量和社会机制要发挥这些重要的治理功能,首要前提是在现有治理体系中占据重要的主体性位置。但在技术治理的运行逻辑下,基层政府以体

[①] 黄晓春.理解中国的信息革命:驱动社会转型的结构性力量[J].科学学研究,2010(2).
[②] 黄晓春.技术治理的运作机制研究——以上海市 L 街道一门式电子政务中心为案例[J].社会,2010(4).
[③] 李友梅.中国社会管理新格局下遭遇的问题——一种基于中观机制分析的视角[J].学术月刊,2012(7).

制内目标为出发点培育社会力量、购买社会组织服务,更注重基层民主等社会表达机制的制度形式建设,却疏于实质性的社会赋权——这些做法一方面导致社会力量在围绕行政部门运作的同时与社会诉求、价值日趋分离,另一方面导致社会机制始终处于辅助性地位。因此可以说,技术治理逻辑若不改变,实质性意义上的"多元治理"结构就难以成型。

案例2:城市基层民主长期面临深层瓶颈。作为城市基层民主核心构成的居委会制度长期以来一直处于一种"名""实"分离的悖论性情境中。根据《中华人民共和国城市居民委员会组织法》,居委会是"居民自我管理、自我教育、自我服务的基层群众性自治组织",但现实中却日益成为行政部门开展工作的"末梢",具有很强的行政组织属性。新世纪以来,国家高度重视居委会的自治建设,并先后颁布一系列文件。但在实践中,基层政府更注重从技术治理的逻辑发展出居委会自治的制度形式——时至今日,这些自治制度叠床架屋,已变得日趋丰富。相比之下,基层政府却很少把公共资源配置、重大公共问题的决议等功能赋予居委会,这导致居委会自治制度形式上的丰富性和实质性授权的匮乏形成鲜明对照。

第三,治理成本日趋高昂。技术治理把许多原本需要体制改革才能解决的问题化约为一事一议的行政技术问题,这意味着这种治理模式不太注重在规则和制度化的框架下形成一揽子方案,也难以形成普遍主义的规则意识,而是高度依赖特殊主义的应对机制。而后者作为一种非制度化的问题解决方案,往往意味着极高的治理成本,对行政体制也会造成很大的工作压力。近年来,许多地区政府即使把工作强度提升到"五加二、白加黑"的水平,也难以应对辖区内的治理压力,这就是治理成本日趋高昂的表现。尤其是,当前我国在劳资、征地、环境保护和城市建设领域,一直未形成社会多元利益表达和利益协调的体制性安排,有关部门总是试图在行政体制内解决所有问题。其后果是,这些领域出现的各类问题都高度依赖各级地方政府"做工作"——这常常意味着一系列个案化、特殊主义的问题解决方式,甚至存在许多非制度化的谈判与妥协。这些领域逐步形成"小闹小解决,大闹大解决"的社会运行惯习;而基层政府在付出极大治理成本的同时,自身公信力也受到严重影响。此外,"行政吸纳政治"和"行政吸纳社会"的不断强化,必然导致各级政府直面所有的社会矛盾和社会问题,这无形中进一步导致治理成本的急剧上升。

案例3:"邻避"效应背后的体制缺位。近年来,全国各地频发邻避运动,许多对城市公共事业具有重要作用但可能影响附近住户的公共设施(如养老院、垃圾处理设施、卫生机构)都遭到了社区居民的抵制,基层政府只得四处"救火",在花费极大治理成本的同时甚至还无法收回已经投入的公共设施成本。其背后的重要因素在于:有关部门一直未形成由社区居民和多元主体参与城市设施规划、选址以及补偿联动机制,往往是居民抵制后再被动地以"一事一议"的方式开展工作。这种技术治理的做法已经导致了日趋增多的"邻避"运动。

第四,改革进程被逐步锁定。技术治理强调风险控制的特质导致该逻辑主导下的改革具有很强的路径依赖特征,改革者往往避免对既有体制的核心部分产生冲击,而在外围推动行政技术创新,或是在面对新事物时却自觉不自觉地将其吸纳到既有成熟经验中去,这显然导致社会治理领域深层次的改革难以有效推进。另一方面,考虑到技术治理源起的重要因素,当宏观政策模糊且激励不足时,基层政府也没有动力探寻那些需要投入大量成本的实质性改革举措,这导致社会治理领域的改革很容易停留在"形式创新""文本创新"的层次。近年来一些改革前沿城市的公共服务投入水平越来越高,但"精准服务""需求导向服务"却始终难以实现,就是这种改革被低水平锁定的表现。

案例4:社区委员会制度的"空转"。近年来,在中国基层治理转型前沿的一些城市出现了社区委员会这一制度框架。在上级政府看来,其代表着社区多元力量共商、共议社区发展的新机制,因而富有很强的改革意蕴。但实际执行中,基层首先考虑的是这种多元共治平台与街道办事处之间的权力边界问题。出于风险控制的考虑,许多地区在实践中都并未赋予该委员会实质性的治理功能与资源。比如:某市出台的《社区委员会工作条例》中明确指出该委员会不具备公共决策权限,于是这项原本寄托改革新思维的制度在实际运行中就变成了"议而不决"的状况。其后果是,街道层次的多元治理结构改革长期处于形式化空转的闭锁状态。

上述讨论表明,技术治理作为社会治理转型领域的一种总体性实践逻辑,在以低成本启动改革的同时也为转型带来了许多深层挑战。某种意义上,技术治理的持续自我强化使得科层制的运行规则和工具主义的治理逻辑广泛地嵌入到社会运行的各个系统,使社会生活出现"范行政化"的态势;另一方面,技术治理从中观层次构建了一种以行政技术过滤宏观改革目标的政策执行机制。因此,如果我们的研究不能从中观维度提出超越技术治理的政策思路,宏观体制改革就会持续遭遇难以"落地"的问题。

第三节 超越技术治理的基本思考

如果我们深刻理解了技术治理所植根的组织和制度条件,就会发现超越技术治理实际上是一个非常严峻的改革挑战。许多常被提起的改革思路都低估了相关领域改革的难度,比如:理论界常呼吁国家要形成一套社会治理转型的系统顶层设计,这实际上忽略了宏观政策模糊性的根源所在。宏观政策中之所以蕴含多种政策信号,这并非工具理性不足所致,而是折射了中国现代转型中的深层挑战之根源。如孔飞力所述,中国现代国家的发展中涉及三个根本性问题——其中第一个问题即为"政治参与的扩展与国家权力及其合法性加强之间的矛盾"。[①] 这个问题在过去上百年的实践中一直未找到恰当的均衡点,在此情况下清晰、明确、系统设计的宏观政策自然也就难以自上而下依据某种理性形成。因此可以说,试图以自上而下的改革来厘清技术治理的模糊性难题具有相当的困难。相比而言,本书认为可行性更高的改革着力点实际上要落在技术治理另外两大导因之上:

第一,运用政党跨领域、跨体系组织优势推动系统改革。社会治理领域控制权"碎片化"的现状导致政策执行时"事本主义"逻辑不断强化。面对这一问题,单纯通过政府改革来实现优化是比较困难的。中国政府"条块"分割、"职责同构"[②]的组织构架特征,必然会导致诸如激励设置、检查验收等控制权难以跨体系整合。比较可行的思路是通过发挥政党组织的政治和组织覆盖优势,推动不同行政部门之间、行政部门与社会力量之间的跨体系协同,最终推动社会治理领域的系统改革。中央有关部门近年来在各地推动的"城市大党建"就蕴含着这一改革思路。这就要求地方党组织围绕城市治理的核心难题,形成以政党组织优势为依托的"互联、互补、互通"系统改革框架。

第二,努力推动地方政府尤其是基层政府向下负责。这一改革的实质在于使自下而上的压力机制成为地方政府推动社会治理

---

① 孔飞力.中国现代国家的起源[M].陈兼,陈之宏,译.北京:生活·读书·新知三联书店,2013.
② 相关研究可见:朱光磊."职责同构"批判[J].北京大学学报(哲学社会科学版),2005(1).

改革的重要动力。由于公众更容易识别出实质性的改革举措和"虚而不实"的改革花架子,因此当这种自下而上的压力机制足够大时,基层政府就有动力推动相关领域的实质性改革。这就势必需要改革地方政府层次的政绩考核指标、官员任用标准、政府绩效评估模式,并引入相应的民调技术。近年来,一些转型前沿的城市已经开始了这方面的探索,比如:上海市自2015年全线上收街道办事处的招商引资权,使街道政府的工作重心从经济工作方面转移到公共服务、公共管理、公共安全领域;同时改变了街道政府的政绩考核模式,从以往更注重上级委、办、局打分评估,转向开始注重公众自下而上的社会评估。这项改革实施以来,基层政府在社会压力推动下开始更大幅度地向社会领域赋权,[①]一些技术治理的传统思维得到一定限度的扭转。

从更为本质的角度来看,技术治理蕴含的以行政技术和工具理性吸纳社会领域价值诉求的问题或许需要相当长时间、更为艰巨的认知领域的变迁才能化解,这就需要公共领域和话语体系的相关改革予以深层次呼应。

---

① 如:上海的基层政府开始普遍地向居委会赋予"自治金"等自治资源;许多街道开始突破以往改革的限度,尝试建立代表社会诉求的"社区基金(会)"。

主要参考文献

[1] 世界银行.中国的信息革命：推动经济和社会转型[M].北京：经济科学出版社,2007.

[2] 宋朝龙.社会生产方式的二重结构——技术决定批判[M].北京：经济管理出版社,2007.

[3] 简·芳汀.构建虚拟政府：信息技术与制度创新[M].北京：中国人民大学出版社,2004.

[4] 理查德·H·霍尔.组织：结构、过程及结果[M].上海：上海财经大学出版社,2003.

[5] 理查德·斯格特.组织理论[M].北京：华夏出版社,2002.

[6] 李靖华.电子政府一站式服务：浙江实证[M].北京：光明日报出版社,2006.

[7] 约翰·希利·布朗,保罗·杜奎德.信息的社会层面[M].北京：商务印书馆,2003.

[8] 金太军,等.政府职能梳理与重构[M].广州：广东人民出版社,2002.

[9] 曼纽尔·卡斯特.网络社会的崛起[M].北京：社会科学文献出版社,2001.

[10] 罗伯特·丹哈特.公共组织理论[M].北京：华夏出版社,2002.

[11] 詹姆斯·汤普森.行动中的组织——行政理论的社会科学基础[M].上海：上海人民出版社,2007.

[12] 皮尤.组织理论精粹[M].北京：中国人民大学出版社,1990.

[13] 埃弗雷特·M.罗杰斯.创新的扩散[M].北京：中央编译出版社,2002.

[14] 玛丽·萨姆纳.ERP—企业资源计划[M].北京：中国人民大学出版社,2005.

[15] 埃哈尔·费埃德伯格.权力与规则——组织行动的动力[M].上海：上海人民出版社,2005.

[16] 米歇尔·克罗齐埃.科层现象[M].上海：上海人民出版社,2002.

[17] 米歇尔·克罗齐埃.被封锁的社会[M].北京：商务印书馆,1989.

[18] 米歇尔·克罗齐埃.法令改变不了的社会——论法国变革之路[M].北京：商务印书馆,1989.

[19] 邱泽奇.技术与组织的互构——以信息技术在制造企业的应用为例[J].社会学研究,2005,33(2).

[20] 罗伯特·金·默顿.论理论社会学[M].北京：华夏出版社,1990.

[21] 雷洁琼.转型中的城市基层社区组织[M].北京：北京大学出版社,2001.

[22] 朱健刚.城市街区的权力变迁：强国家与强社会模式——对一个街区权力结构的分析[J].战略与管理,1997,26(4).

[23] 朱健刚、张来治.城市基层政治权力结构的变迁[J].探索与争鸣,1998,37(3).

[24] 周雪光.组织社会学十讲[M].北京：社会科学文献出版社,2004.

［25］道格拉斯·C·诺斯.对制度的理解［M］//制度、契约与组织——从新制度经济学角度的透视［C］.北京：经济科学出版社，2003.

［26］张静.国家与社会［M］.杭州：浙江人民出版社，2002.

［27］J.J.Baroudi, M.H.Olsen, B.Ives, An Empirical Study of the Impact of User Involvement on System Usage and User Satisfaction［J］.Communications of the ACM, 1986, 29(3).

［28］Stephen R.Barley. Technology as an Occasion for Structuring: Evidence from Observation of CT Scanners and the Social Order of Radiology Departments［J］.ASQ1986, 31.

［29］Wilian J.Bruns, F.Warren McFarlan. Information Technology Puts Power in Control Systems［J］. Harvard Business Review, 1987(9-10).

［30］Michel Crozier, Erhard Friedberg. Actors and Systems: The Politics of Collective Action［M］. University of Chicago Press, 1980.